本书由中国社会科学院大学教材建设项目专项

U0596477

Technological Economics —Theory and Methods

技术经济学
——理论与方法

▶ 王宏伟 蔡跃洲 郑世林 编著

经济管理出版社
ECONOMY & MANAGEMENT PUBLISHING HOUSE

图书在版编目（CIP）数据

技术经济学：理论与方法 / 王宏伟，蔡跃洲，郑世林编著 . —北京：经济管理出版社，2023.1

ISBN 978-7-5096-8944-8

I.①技… Ⅱ.①王… ②蔡… ③郑… Ⅲ.①技术经济学—高等学校—教材 Ⅳ.①F062.4

中国国家版本馆 CIP 数据核字（2023）第 013559 号

组稿编辑：杨国强
责任编辑：杨国强
责任印制：黄章平
责任校对：张晓燕

出版发行：经济管理出版社
　　　　　（北京市海淀区北蜂窝 8 号中雅大厦 A 座 11 层　　100038）
网　　　址：www.E-mp.com.cn
电　　　话：（010）51915602
印　　　刷：北京晨旭印刷厂
经　　　销：新华书店
开　　　本：710 mm × 1000 mm/16
印　　　张：20
字　　　数：410 千字
版　　　次：2023 年 1 月第 1 版　　2023 年 1 月第 1 次印刷
书　　　号：ISBN 978-7-5096-8944-8
定　　　价：49.90 元

前　言

　　技术经济学具有鲜明的中国特色，受到党和国家的高度重视。技术经济学20 世纪 50 年代借鉴苏联经验，在中国社会主义建设实践中不断总结和吸收国外相关学科的理论与方法，逐步发展成熟。1963 年，《1963—1972 年科学技术发展规划纲要》把技术经济与工业技术等其他六大重点科技规划领域相提并论且单独成章，标志着中国的技术经济学正式诞生，也彰显了技术经济在国家科技发展和经济建设中的重要地位。1978 年，《1978—1985 年全国科学技术发展规划纲要（草案）》列出了 108 个重点研究项目，第 107 项即是"技术经济和生产管理现代化的理论和方法的研究"，归类为"自然科学理论方面"。1992年 11 月，国家技术监督局发布国家标准（GB/T 13745—92）学科分类代码，将技术经济学列为经济学下的二级学科（790.41），下设 13 个三级学科。1998 年，教育部颁布的《普通高等学校本科专业目录》将技术经济及管理列为工商管理下的二级学科（120204）。技术经济学研究范围从建设项目经济评价、价值工程、技术选择、设备更新与技术改造评价等传统领域，扩展到技术进步贡献率测算、技术进步与产业结构、科技政策、创业和创新政策等方面，由此形成了今天技术经济学在众多领域中迅速扩展的局面。

　　技术经济学的作用及影响主要体现在理论和方法的普及与应用上。技术经济学在中国经济建设和发展中发挥了极其重要的甚至是关键性的作用。从新中国成立初期奠定中国工业基础的"156 项工程"实施，到改革开放后冶金、化工、机械等行业重大装备及关键技术引进，以及三峡工程、南水北调、高速铁路、载人航天等跨世纪重大工程建设，技术经济分析和可行性研究发挥了重要的决策支持分析作用，可行性研究已经成为各种项目决策的通用方法和基本依据。

价值工程不仅对我国企业新产品开发、技术创新和改进原有产品质量、提高技术生产水平发挥着重大的推动作用，而且有效地推进了政府的管理创新和高校的转型发展。价值工程在广州、北京、上海等地以及在机械、电子等行业的应用，起到了重要的示范效应。

随着科技进步日新月异，中国经济社会发展不断加快，对技术经济学的需求日益强烈，技术经济学的作用和影响也在技术进步对经济增长的贡献、环境与资源评价、可持续发展、科技发展规划和战略制定、技术创新和管理、战略性新兴产业发展等许多方面迅速扩大。

技术经济学面临着重大发展机遇。从经济发展的形势和趋势来看，进入21世纪以来，我国正处于经济社会转型发展的关键历史时期，既处于极好的发展机遇期，又正面临资源、能源和环境压力增大，经济全球化竞争，科技创新的全球化竞争等战略性挑战。新的具有全局性、战略性、长期性、前瞻性的重大技术经济问题层出不穷，例如：如何加快转变经济发展方式，加快经济结构优化，尽快走上创新驱动、内生增长的轨道，突破资源、环境的刚性约束，提高我国经济发展质量和效益；如何建设创新型国家，提高可持续发展能力，实现从中国制造向中国创新飞跃，这些都为技术经济学研究提出了新的历史性任务和世纪性课题，同时提供了重大发展机遇。

技术经济学面临着前所未有的发展压力和挑战。技术经济学整体研究处于发散的发展阶段，尚没有形成完善的理论体系和方法论体系。由于技术经济学学科设置缘故，对学科建设造成严重影响，技术经济学界对其学科属性、理论构架、学科体系、研究对象和研究内容存在较多争论，技术经济学理论较零散，实践经验缺乏系统的归纳和提炼；技术经济学研究方法借鉴其他学科并为各个学科所通用，缺乏研究方法的学科独特性，方法体系既庞杂又不够深入，难以满足实证分析的需要；技术经济学开创了许多新的研究领域，如网络技术经济分析、低碳技术经济分析、循环经济等，但这些领域的研究往往与该领域的其他经济学科或管理学科高度融合，缺乏对技术经济学理论的概括和分析。因此，技术经济学需要对原有学科体系进行梳理、完善、再创新甚至重构，以满足发展实践的需要。

目前，适应技术经济新发展趋势的教材比较少，我们历时三年从技术经济的发展脉络、技术经济发展的新特点和新要求等角度出发，试图出版适应技术经济发展的教材。这期间，我们和国内技术经济学界的老一辈专家、中青年骨干进行了多次探讨，这些讨论启发了我们，也帮助我们逐渐理清了思路。但由于技术经济学的争议广泛存在，我们厘清的可能是窄带宽的技术经济学。本书对技术经济学的定位是应用经济学的一个分支，从技术经济学的理论和方法角度进行编著。未来，我们将继续从项目分析角度编著技术经济学教材。

本书的结构如下：第一篇，技术经济学的发展和理论基础，共五章，由王宏伟完成；第二篇，技术经济学方法体系及部分典型工具，共五章，由蔡跃洲完成；第三篇，生产率测度的理论方法，共四章，由郑世林完成。

技术经济学在中国的诞生和发展不是偶然的，有其深厚的理论根源和现实基础。技术经济学生命力最深厚的根源在于中国经济发展现实涌现的大量技术经济问题，及其对解决这些问题所需要的技术经济理论方法。由于新的重大技术经济问题层出不穷，涉及领域急剧扩大，技术经济学面临不断创新的巨大压力和客观需求。因此，本书不可能涵盖技术经济学的所有领域，许多内容有待于我们继续研究和探讨。由于我们的水平有限，书中的内容还可能有疏漏和不完善之处，恳请读者提出宝贵的意见。

目 录

第一篇 技术经济学的发展和理论基础

第三篇　生产率测度的理论方法

第一篇
技术经济学的发展和理论基础

第一章 技术经济学概论

内容提要

技术经济学是具有中国特色的应用经济学的一个分支。它从苏联引进，在我国经济建设和社会经济发展的实践中，经不断总结和吸收国内外相关学科的理论与方法，逐步发展成为跨技术学科和经济学科的新兴综合性交叉学科。技术经济学经过半个多世纪的发展，在研究对象、研究领域、理论体系和方法论方面都有很强的积累。为适应不同历史时期我国经济社会发展的需要，技术经济学科的理论内涵不断深化，外延不断拓展。本章首先对技术经济学的发展历程进行回顾，其次对技术经济学目前发展中存在的主要问题进行剖析，再次明确技术经济学的主要研究对象和研究领域，又次梳理技术经济学的主要流派，最后对技术经济学的发展趋势进行展望和分析。

第一节 技术经济学发展历程回顾

早在 20 世纪 50 年代我国第一个五年计划展开大规模经济建设期间，我国就开始运用技术经济论证方法对项目综合经济社会效益及可行性进行论证评估。1963 年，中共中央、国务院批准《1963—1972 年科学技术发展规划纲要》，把技术经济列为第七大科学技术之一，标志着中国技术经济学的正式诞生。

进入 20 世纪 80 年代后，我国改革开放的力度逐渐加大，经济体制的改革方向逐步向市场经济过渡，技术经济学的研究逐步适应社会实践的需要，引进了大量西方工程经济理论与方法以及西方经济理论中有关技术的研究成果。

进入 20 世纪 90 年代后，技术经济学界的注意力转移到应用研究领域，而且所涉猎的领域越来越广泛。进入 21 世纪以来，随着中国逐步融入国际经济技术竞争中，中国面临着经济全球化竞争、经济社会协调发展、国家安全威胁和资源环境等战略性挑战。为此，中央提出加快转变经济增长方式、走中国特色自主创新道路、建设创新型国家等战略目标。这些战略的实施为技术经济学研究提出了新的任务和课题，同时为技术经济学科的深入发展提供了良好的机遇，使技术经济学进入全面发展时期。

第二节　技术经济学发展中存在的主要问题

技术经济学在中国的发展经历了 20 世纪 50~60 年代的初创期、80 年代以后的快速发展期，目前正处于一个调整期。这一时期的主要特征是：研究领域不断扩展，关注的问题比较分散，有分量的成果不多，学科的理论方法体系不完善，研究队伍的组织交流不足。具体而言，中国的技术经济学发展存在以下几个主要问题：

（1）学科理论和研究方法有待创新与完善。目前，关于学科的研究对象和学科属性等还存在争议，技术经济学科尚没有形成完整的理论体系，技术经济学界对它的理论构架、学科体系、学科属性、研究对象和研究内容存在较多争论。技术经济学已经开创了许多新的研究领域，如技术创新、生产率分析、资源经济、环境经济、知识经济、循环经济等，但理论较零散，缺乏技术经济学科理论上的系统归纳。

以上的分析虽然表明技术经济研究的对象范围不断拓宽，但也反映了技术的理论研究和应用研究还处于一个发散的时期，尤其是近年来理论研究的比重日益减少，有分量的成果不多。学科的基础理论体系建设还需进一步明确方向，应尽早形成有自身特色的理论体系。同时学科的理论方法体系不完善。原有的学科体系和理论架构需要完善和再创新。另外，技术经济分析评价方法发展缓慢，评价方法需要新的突破和发展。

（2）需要进一步处理好学科的中国特色与国际相关学科的融合。由于国际上没有与技术经济学完全对应的学科，影响了该领域与国外学术界的沟通、交流与合作，在一定程度上影响了技术经济学科的发展。国外有关技术发展、技术转移、技术扩散以及技术创新的理论研究等值得关注，有待交流和借鉴。

（3）实践应用性专题研究进展速度较慢，学科在宏观经济领域的应用需要加强。技术经济学科的理论与方法在微观经济领域应用较为普遍和普及，但学科在国家宏观经济与重大决策中的应用，特别是在经济增长的技术要素和技术发展的经济规律领域方面的应用研究有待加强。如何利用当前国际技术向中国扩散的历史机遇期，实施技术追赶和技术跨越战略，将技术引进与消化吸收、自主创新有机结合起来；如何处理好制造中心与技术研究开发中心的关系问题，走出一条低成本、高效益的技术创新之路，促进经济增长方式的转变；如何运用技术创新周期与经济周期的关系，化解经济危机，促进经济平稳发展；如何贯彻创新型国家的科技战略，加强科技管理，等等，都是技术经济学急待加强的研究领域。

此外，能够体现中国特色的技术经济学的教科书很少，有关技术自主创新、技术转移与扩散等核心研究领域的专著也较少。

第三节　技术经济学的主要研究对象和研究领域

技术经济学的根本任务是为中国经济建设实践服务，技术经济学是经济建设科学决策的主要工具之一，其研究成果为各层级的技术经济决策提供理论和方法论支撑。

技术经济学的研究领域，按其研究的层面可包括建设项目的技术经济问题、企业层面的技术经济问题、产业/地区层面的技术经济问题，以及宏观经济层面的技术经济问题；按其研究的内容包括项目评估、各层面的技术经济问题、技术进步理论、生产率分析、产业政策/科技政策的技术经济分析等。

在企业层面，技术经济学科主要关注企业技术创新管理、技术过程管理、知识产权管理、创新产权的有效配置等。在产业层面，技术经济学科主要关注竞争前技术预测与选择、行业共性关键技术、产业技术创新与技术扩散、产业技术标准战略、产业技术升级的路径与战略、高新技术创业管理等。在国家层面，技术经济学科主要关注"跨越式发展"的国家技术战略和技术创新战略、国家技术创新体系的机制与建设、基于国家经济安全的科技安全与信息安全等问题。[1]

---

① 雷家骕等. 技术经济学前沿问等［M］. 北京：经济科学出版社，2004.

第四节　技术经济学的主要流派

我国学者对技术经济理论基础的研究多散见于教材和少量专著中，而专门的学术论文较少。在教材和专著中，对技术经济理论基础进行研究且比较有代表性的教材有：于光远的《论社会主义生产中的经济效果》，徐寿波的《技术经济学概论》，吴岐山等的《技术经济学》，李京文的《技术经济理论与方法》，傅家骥的《工业技术经济学》，许晓峰的《技术经济学》，李京文等的《技术经济手册（理论方法卷）》，陶树人的《技术经济学》，吴添祖等的《技术经济学概论》，武春友等的《技术经济学》，傅家骥等的《技术经济学前沿问题》等。迄今为止，关于技术经济学的学科定义和理论学派可以归纳为以下几个。

一、计划-效果学派

代表人物是徐寿波。该学派认为从广义上看，技术经济学中的技术是"包括劳动工具、劳动对象和劳动者的劳动方法技能等内容的总称"，而经济的含义是指"节约"[①]。因此，"广义的技术经济学，也可以说是生产与生产力节约学""技术经济研究的对象是技术经济问题""由于各种技术经济问题大都是以各种技术政策、技术措施和技术方案的经济效果形式出现，所以各种技术政策、技术措施和技术方案的经济效果也就构成了技术经济学的研究对象""具体地说，就是研究技术的经济效果问题，或者说是技术的可行性和经济的合理性问题"[②]。需要特别注意的是，在徐寿波（1980，1986）建立的技术经济理论框架里，所说的"经济效果"指国民经济层次的宏观经济效果，至于企业或项目的经济利益（包括经济损失）则忽略不计。

徐寿波（1980）在其著作《技术经济学概论》中还提出了"技术经济比较原理"，这一原理提出了两个以上技术方案进行经济效果比较必须具备四个可比条件：一是满足需要上的可比；二是消耗费用上的可比；三是价格指标上的可比；四是时间上的可比。1984年、1986年和1988年，徐寿波在《技术经

---

① 徐寿波.技术经济学概论［M］.上海：上海科学技术出版社，1980.
② 徐寿波.技术经济学［M］.南京：江苏人民出版社，1986.

济学》中先后提出的技术经济学理论除了技术经济比较原理以外还有六个原理：技术经济矛盾统一原理、经济效果指标原理、经济增量原理、时间效应原理、供求效应原理、系统相关原理、六力替代原理。

吴岐山（1994）在其主编的《技术经济学》一书中指出："技术经济的基本原理，揭示着技术经济领域中一些基本的规律性问题。"吴岐山认为，这些基本原理包括：一是科学技术要密切结合生产，不断提高劳动生产率；二是技术经济的不平衡性；三是技术经济的可比性，包括产品质和量的可比规范、时间动态的可比原理、成本效益的比较原理、系统分析原理、技术经济社会协调发展原理。

许质武（1993）探讨了技术经济学的基本理论体系。许质武认为，技术经济学的基本理论体系可以概括如下：一是技术和经济相互关系原理。阐明技术和经济既相互依赖、相互促进，又相互制约的辩证统一关系。二是技术进步原理。阐明技术进步的模式、形式和方式，技术发展变化规律，技术寿命周期理论，技术研究与开发、创新、扩散理论，技术进步动力和约束机制等。三是经济效益及其评价原理。阐明经济效益的含义、实质和表达方式，经济效益与经济增长的关系，经济增长的促进因素，经济效益评价原则、标准、指标体系等。四是技术进步与经济效益关系原理。阐明技术进步经济效益的表现形式，技术进步促进经济增长，技术进步与产业结构、产品结构变化，技术进步与经济效益的辩证关系，技术进步经济效益的评价指标、方法等。五是技术经济分析的可比性原理。阐明技术经济分析的可比性与技术方案的选择原则，包括满足需要的可比性原理、消耗费用计算的可比性原理、价格的可比性原理及影子价格原理、时间因素的可比性原理。六是资金时间价值和资金等值换算原理。七是市场供求原理和规模经济原理等。

李纯波（1987）讨论了技术经济学基本理论的构成问题。他认为技术经济学基本原理主要有四个：一是技术与经济发展的杠杆性原理，即技术属于生产力范畴，是提高劳动生产率、扩大经济效果的强大动力，对促进经济发展起着杠杆性作用。二是技术与经济发展的不确定性原理，即技术手段的先进性与经济效果的最佳性，二者之间是一种不确定的关系。三是技术与经济发展的可替代性原理，即就一定时间与一定条件而言，为实现某一确定指标的产品（或工程项目）技术与经济的关系存在不同程度的可替代性，而实现同一目标所需费用的系数，将随着可替代程度的发展而变化。四是技术与经济发展的不平衡性原理，即对于任何经济区域或经济单位而言，在制定一切经济发展规划与确定技术开发方向时，技术与经济的关系有如下规律：各地区资源条件的不平衡、资源利用时间的不平衡以及产品需求目标的不平衡，决定技术开发方向也必然是不平衡的。因此，能否以特定的技术开发方向去平衡上述一系列不平衡的客观条件，则是决定经济发展速度与获得不同经济发展效果的关键所在。①

二、关系-效果学派

代表人物是李京文、郑友敬。该学派认为经济是"社会生产和再生产过程，即包括生产、分配、交换和消费的社会经济活动"，认为"技术经济学的研究对象主要是技术和经济的关系，是技术与经济之间的最佳结合及其运行规律，其目的是求得最佳经济效果"。②"在技术与经济的关系中，经济居于支配地位，技术进步是为经济服务的。技术作为人类进行生产斗争和改善生活的手段，从它的产生就具有明显的经济目的，因此，任何一种技术，要推广应用，首先必须考虑其经济效果问题""经济发展是技术进步的起因、归宿和基础"③。郑友敬（1985）的见解是"技术经济学是立足经济，寻求技术与经济的最佳关系，寻求它们协调发展的规律，研究各种不同技术赖以生存的条件，并通过技术比较、经济分析和效果评价，确定技术先进、经济合理的最优经济界限"④。该学派拓宽了技术经济学的研究内容，将技术进步的经济学规律等纳入研究视野。

郑友敬（1995）在《技术经济学的发展回顾与趋势展望》一文中指出，技术经济学在理论研究上涉及了如下方面：一是对经济效益理论的研究。包括经济效益的科学概念与表示方法，经济效益的最佳标准，经济效益的指标与指标体系，经济效益的分类、各类指标的转换与可比计算，经济效益的评价与评价方法以及提高经济效益与遵循客观规律的关系，提高经济效益与提高劳动生产率、提高资源利用效益、提高资金利用效益、提高能源利用效益的关系，提高经济效益的基本途径与措施等。二是对技术进步理论的研究。包括技术进步

---

① 李纯波．技术经济学原理［J］．冶金经济分析，1987（1）．
②③ 李京文．技术经济的过去、现在和未来［J］．数量经济技术经济研究，1987（1）．
④ 郑友敬．技术经济基本理论与分析方法［M］．北京：中国展望出版社，1985．

的内涵、系统规律及其对经济发展、产业结构变化的影响，技术进步对经济增长贡献的定量分析，技术进步发展战略，依靠技术进步发展经济、改造现有企业的措施等。三是对技术选择理论的研究。包括技术选择在技术发展中的作用和意义，技术选择的原则和依据，如何运用技术经济分析方法将技术先进性与经济合理性结合起来，在技术引进中如何考虑我国的基本国情，根据技术选择的基本原则，使引进的技术在技术上先进可行，经济上有利合算，生产上安全适用，社会上有利无害或少害。四是对技术转让理论的研究。包括技术转让的内涵与外延，形式与分类，技术转让对经济发展的影响，技术转让的经济效益分析、评价，如何借鉴国际技术转让经验发展本国经济等。五是对技术经济评价理论的研究。包括项目评价理论的完善、评价原则与分类、评价指标与指标体系、评价方法与方法选择，建立了一套完整的大型与超大型项目的评价体系。六是对技术经济比较理论的研究。包括技术经济比较的原则、可比计算，以及"实物"与"价值"间可比换算，不同时段的诸多指标的技术经济比较等。七是对技术经济决策理论的研究。包括决策理论、决策程序、决策方法、决策验证，特别是在定量决策的研究上成果十分显著，它已成为各级决策、多级决策不可缺少的依据。八是对时间价值理论的研究。包括时间呆滞期理论及其对技术经济评价的影响，时间因素对工程建设项目经济效益的影响及其影响程度，不同时段的换算及换算系数的确定等。九是对生产率理论的研究。包括生产率的概念界定、测算与测算方法，以及它对经济增长、增长质量的影响及其影响程度等。十是对人力资源开发与利用的研究。认为这是技术经济研究的一个崭新领域，它把对"人"的研究视为一种智力密集的特殊资源进行开发，并将其作为现代经济增长三大要素（劳力、资本、技术进步）中含量最高（因为资本要素、技术进步要素都与人的素质、人力资源的质量密切相关）、价值系数最大的一个要素进行开发与管理、教育与培训、配置与重组等。

孙续元（2001）指出，技术经济学基本原理的基础部分来自经济效益论，具体内容包括经济效益的科学概念及表示方法研究、经济效益的最佳标准、指标及指标体系的设计研究、评价及评价方法的研究、指标算法的研究等。孙续元认为，技术经济学的基本理论包括两大类：一是技术经济学基本理论的实体理论，其建立在技术管理研究及技术创新研究基础上。主要包括技术进步理论、技术选择理论、技术转让理论。这些理论主要讨论各种技术活动的意义和作用，定性分析和定量分析的原理及依据，技术活动对国民经济、厂商效益产生影响的方式及规律，国民经济增长及产业、产权结构表现在技术管理和技术创新领域的性质、特点及规律。二是技术经济学基本理论的分析理论，其建立在经济分析理论的基础之上。主要包括技术经济比较理论、评价理论、决策理论及时间价值理论；主要从经济学的角度解决技术选择与评价的基本原则和可比原则的研究问题、技术方案的分析标准及方案决策的科学化标准、资金的时间呆滞期理论及其对技术经济效益评价的影响，如各种时间价值的折算原理、折算系数理论等。

三、技术资源最优配置学派

代表人物是傅家骥、吴贵生等。该学派认为"技术经济学是一门研究如何最有效地利用技术资源促进经济增长规律的科学。它的理论基础是经济增长理论"[①]。"在现代社会里，技术已成为一种以知识为基础的再生资源，而且在再生过程中可以不断进步。但是，相对于社会的需求来说，技术不论在质量上还是在数量上都是有限的。因此，我们任何时候都无法解决技术资源的稀缺问题。我们所能做到的，仅仅是如何最有效地利用它，这是技术经济学所要研究的基本问题。"因此，"技术经济学是研究最有效地利用技术资源，以促进经济更有效地增长的科学。它属于经济学范畴，是一门应用经济学"。[②]有效利用资源，促进经济增长，就是要在微观上提高资源使用效率，从而在宏观上建立资源优化配置模式，"主要因素是宏观而不是微观"。[③]技术经济学的根本任务是探讨技术资源优化配置的理论与方法，揭示技术资源配置与经济增长之间存在的关系及其运动规律。[④]

张文泉（1994）在《关于技术经济学发展的思考与探讨》一文中认为，技术经济学有十大基本原理：一是供求动态平衡原理；二是综合效益原理；三是资源最优配置原理；四是和谐原理；五是生产要素替代原理；六是优化原理；七是可比性原理；八是标准化原理；九是时间效应原理；十是层次原理。

①②③ 傅家骥，吴贵生．技术经济学［M］．北京：中国经济出版社，1987.
④ 钟学义，陈平．技术，技术进步，技术经济学和数量经济学之诠释［J］．数量经济技术经济研究，2006（3）.

四、投入产出转换效率学派

代表人物是钟学义等。该学派从技术经济学作为经济学分支的观点定义技术、技术进步和技术经济学的概念。该学派认为经济活动中投入产出过程达到均衡或平稳状态时，投入与产出之间的转换过程就称为技术。基于技术的这种定义，投入与产出之间的关系可以作为技术关系来描述，从而可以用经济函数（生产函数、成本函数、价格函数等）、投入产出表或者费用与效益之间的关系描述技术的作用。该学派认为，从经济学的观点来看，当单位投入量对产出的贡献增加时，其增加部分就是技术进步。也就是说，只要单位投入的产出量增加了，就有了技术进步。因此，投入产出过程转换效率的提高就是技术进步。因而，经济学中研究的技术进步实际上是指产出增长中扣除因劳动投入和资本投入（指原来的技术进步水平）增加的作用后，所有其他因素作用的总和。即除劳动投入和资本投入增加使经济产出量增长外，其他使经济增长的所有因素均为技术进步。"技术的进步"是技术进步的基础，但不是技术进步的全部内容。该学派认为，技术经济学是研究经济活动达到均衡或平稳状态时投入与产出之间转换效率的科学。[①]

赵树宽、赵英才（1996）撰文讨论了技术经济学的基本原理构成问题。他们认为，作为揭示技术经济学基本规律的基本原理，既可能是技术经济学所特有的，也可能来自其他理论经济学。包括技术的经济效果原理，技术的社会效益原理，技术的可行性原理，科技是第一生产力原理，技术与经济相关性原理，技术进步与经济增长原理，技术、经济、社会协调发展原理。赵树宽、赵英才还指出，上述原理只是技术经济学原理体系中的一部分，并且是不系统的。随着技术经济学研究的深入，新的基本原理将不断被发现，旧的原理可能因实践的发展而被淘汰。

也有一些学者对技术经济理论有更为宽泛的总结。例如，有学者指出，技术经济学的理论基础是多学科的，即包括技术学原理、经济学原理、生态学原理、社会学原理和价值理论（文化学原理）。有学者指出，技术经济学的理论基础包括剩余价值理论和扩大再生产理论、边际效用理论和边际生产力理论、

---

① 钟学义，陈平．技术，技术进步，技术经济学和数量经济学之诠释 [J]．数量经济技术经济研究，
2006（3）．

产权经济理论、历史上关于科学技术发展及其作用的理论。此外，张金锁（2001）的《技术经济学原理与方法》提出了区域增长极发展模式，彭建刚等（2003）的《技术经济学》提出（实物）期权评价决策原理。

第五节　技术经济学的发展趋势

技术经济学的发展历史表明技术经济学具有广阔的发展前景和强大的生命力。随着改革开放及市场经济体系的不断完善，技术和经济发展的实践推动着技术经济学的研究范畴不断拓展。技术经济学的发展趋势如下：

（1）专项研究领域不断增加。技术经济工作者几乎对各行各业均有涉猎并建立了专门的研究领域。如已经形成规模的不同行业的项目评价、资产评估等咨询工作，资源类（土地、能源、人力资源等）技术经济研究，环境经济研究，技术经营（管理），软技术，技术进步，技术创新，生产力研究，循环经济，知识经济等。这些领域的研究往往与该领域的其他经济学科或管理学科高度融合，虽然可以看到技术经济学的影子，但已经很难用技术经济学传统理论概括。

（2）从微观领域向宏观领域不断渗透。传统技术经济学本质上属于微观经济学的应用学科，主要涉及厂商、市场、价格、成本、所得等微观经济学概念。目前，相当多的研究涉及投资与消费、就业、社会福利、产业结构等宏观经济领域，如技术进步与产业结构演进、经济全球化下的技术转移与技术扩散、国家技术创新战略和技术创新体系等。项目评价中的区域经济与宏观经济影响分析也主要以宏观经济学的理论为指导。

（3）从简单定量分析向应用复杂系统模型深化。当前技术经济学研究的一个显著特点是：一方面，这些技术经济学常规方法已经从大学、研究院所进入企业和市场咨询机构，发挥着重要作用；另一方面，一些国家重大技术经济课题往往借助模型化的数学方法，将系统分析、最优化理论、运筹学、计量经济学与技术经济学融为一体，构造更加复杂系统的数学模型进行分析和模拟，如投入产出模型、系统动力学模型、动态系统计量模型、CGE 模型等，大大提高了分析的科学性和可靠性。

本章小结

技术经济学经过多年的发展，已经初步形成了具有中国特色的理论架构和方法体系，具有明确的研究对象和研究领域，也形成了不同的理论流派。技术经济学是一门处于发展过程中的学科。由于在经济建设各时期所面临的任务和问题不同，技术经济学的研究对象和范围也在发展和变动，对技术经济学内涵与外延的认识和讨论也在持续。概括来说，技术经济学主要探索技术发展的经济规律，经济发展的技术规律，技术与经济相互作用、相互影响、更好结合、协调发展的规律，目的是取得更好的经济效益、环境效益和社会效益。

然而，作为一门新兴的学科，技术经济学毕竟还十分"年轻"，随着科学技术和经济的发展，理论架构有待完善，原有的理论方法有待延伸和拓展到新的应用领域，新的理论化方法有待纳入。相当多的理论问题依然处在争鸣过程中。学科理论创新已经成为技术经济学未来发展的首要问题。

思考题

一、名词解释

技术经济学、经济效果、经济效益、技术资源最优配置、投入产出转换效率

二、简答题

1. 技术经济学发展经历了哪些主要的阶段？
2. 技术经济学的主要研究对象有哪些？
3. 技术经济学的主要研究对象集中在哪些领域？
4. 未来技术经济学的发展趋势是什么？

三、论述题

技术经济学不同流派的主要观点差异。

第二章　国外相关学科基础理论的发展和演进

内容提要

　　国外技术经济领域的起源最早可追溯到 19 世纪后期，20 世纪 30 年代技术经济学逐渐形成一门独立的学科，"二战"后，技术经济领域的研究得到了长足的发展。本章将梳理国外相关学科的发展和表现形式，对西方经济学相关理论研究的历史进行回顾，总结归纳国外技术经济学的研究对象，对国外相关学科的发展趋势和理论研究重点进行展望。

第一节　国外相关学科的发展和表现形式

　　国外技术经济领域的起源最早可追溯到 19 世纪后期。它是根据现代科学技术和社会经济发展的需要，在自然科学和社会科学的发展过程中互相渗透、互相促进，逐渐形成和发展起来的。20 世纪 30 年代之后，经济学家们注意到了科学技术对经济的重大影响，技术经济的研究随之展开，逐渐形成一门独立的学科。"二战"后，各国都很重视技术进步对经济增长的促进作用。随着数学和计算技术的发展，特别是运筹学、概率论、数理统计等方法的应用，以及系统工程、计量经济学、最优化技术的飞跃发展，技术经济领域的研究得到长足发展。

　　国外没有与我国的技术经济学完全对应的学科。相关性较强的有两类研究：一类是开设在工科院校的工程经济学（Engineering Economics），有的院校也称为技术经济学（Technological Economics），并作为经济学的分支，目的是培养工科学生掌握分析工程、技术应用经济性的能力。这与我国技术经济学相关部分的内容基本一致，名词、术语、方法也大致相同。另一类是有关技术的经济学研究。国外有一些院校设立了与技术经济相关的学科，西方国家有关技术经济学方面的研究主要集中于技术在不同企业、不同产业和不同地区之间的转移和扩散的经济规律，新技术的生成，新技术对企业获得的影响，新技术如何影响市场份额和保持竞争地位，企业的规模和特征如何影响技术创新的类型和数量，以及技术变化对产业发展和经济增长的作用等。在研究方法上，国外更加强调经济学分析范式的运用和理论的形成与创新。

近年来，国外技术经济研究出现了较为活跃的现象。Lee Martin（2006）的专著 Technomics：The Theory of Industrial Evolution 分析了技术、经济和组织之间的关系，而后他又指出 Technomics 是技术和经济的关系问题，与我们技术进步和技术创新理论的范围大致相同。

梅里亚姆-韦伯斯特公司（2007）在《韦伯开放词典》中指出，"Techonomics"被解释为经济学的一个分支，主要研究基于技术的经济发展的经济影响和结构。咨询公司 RTI 认为，Technology Economics 是使用微观经济学理论评估新技术对产业和社会的影响，对替代技术进行技术和成本的比较；提供技术选择的决策分析，分析市场障碍和公共政策对这些技术的影响；评估技术研发和技术项目的成本和效益。这和我们通常所说的技术经济分析的内容大体一致。

蒙大拿 大学的 Vincent H. Smith 在其专著 The Economics of Technology 中检视新技术的研发及其使用的经济和政策问题。具体包括：企业采用现有技术的决策，技术进步进程中政府干预的效果，技术创新对社会不同集团经济福利的影响，政府对研发直接资助和补助的程度，技术评估和成本效益分析的有效性，以及近年世界范围的经济增长和生产率增长率的降低与技术进步率降低的关系等。

第二节　西方经济学相关理论研究的历史回顾

西方经济学者关于技术经济的理论研究起步较早。一般将有关技术经济学的研究阶段以熊彼特（Joseph Alois Schumpeter）时代为基准，分为前熊彼特时代、熊彼特时代和后熊彼特时代。

一、前熊彼特时代的理论研究

前熊彼特时代的代表人物是亚当·斯密（Adam Smith）和查尔斯·巴贝奇（Charels Babbage）。亚当·斯密认为，发明和机器的改进可以大幅度提高生产效率，而劳动分工可以极大地提高劳动效率。西方经济学家中真正可以称为技术经济学启蒙的经济学家应是查尔斯·巴贝奇，他研究的内容广泛，涉及一系列技术经济问题，比如静态与动态经济规模，学习曲线，增加企业规模与市场集中度，交易成本，技术分类，发明、技术的国际转移，技术造成的失业，R&D 支出，技术替代，科学、技术和工业之间的联系，科学在国民经济发展中的作用等。查尔斯·巴贝奇的研究和观点对马克思及熊彼特的思想有很大的影响。前熊彼特时代最后一位技术经济学家是 Thorstein Veblen，他强调机械和工程分类的重要性，他在其他经济学家提出边际的概念和新古典经济学时，提出了经济演进的方式。他以社会学和行为学的观点研究技术和经济，其观点与边际分析及静态分析主张的观点并不一致。

二、熊彼特时代的理论研究

熊彼特经历了两次世界大战，因此他对经济和政治的敏感度超过了同时代的经济学家。1912 年，熊彼特在其成名之作《经济发展理论》中首先对创新概念作出了界定，提出创新是指生产函数或供应函数的变化，或者是把生产要素和生产条件"新组合"引入社会生产体系，即建立一种新生产函数的过程。熊彼特认为，所谓创新就是要"建立一种新的生产函数"，即"生产要素的重新组合"，是要把一种从来没有的关于生产要素和生产条件的"新组合"引进生产体系中，以实现对生产要素或生产条件的"新组合"；作为资本主义"灵魂"的"企业家"的职能是实现"创新"、引进"新组合"；所谓"经济发展"是指整个资本主义社会不断地实现这种"新组合"，或者说资本主义的经济发展是这种不断创新的结果；这种"新组合"的目的是获得潜在的利润，即最大限度地获取超额利润。周期性的经济波动正是起因于创新过程的非连续性和非均衡性，不同的创新对经济发展产生不同的影响，由此形成时间各异的经济周期；资本主义只是经济变动的一种形式或方法，它不可能是静止的，也不可能永远存在下去。当经济进步使得创新活动本身降为"例行事物"时，企业家将随着创新职能减弱、投资机会减少而消亡，资本主义不能再存在下去，社会将自动地、和平地进入社会主义。

熊彼特进一步明确指出"创新"的五种情况：创新活动指在生产和销售经营活动中，发现并使用与众不同的方法，创新活动包括产生新产品和新的生产方法，开辟新市场，开发原料和半成品的新来源，以及建立新兴产业；技术创新引起了经济增长并对经济的周期性波动产生影响。

熊彼特的创新理论主要有以下基本观点：第一，创新是生产过程中内生的；第二，创新是一种"革命性"变化；第三，创新同时意味着毁灭；第四，创新必须能够创造出新的价值；第五，创新是经济发展的本质规定；第六，创新的主体是"企业家"。

三、后熊彼特时代和"二战"后的理论研究

这个时期研究技术经济的经济学家不只是几位学者，而是一大批经济学家，如 Thirtle、Ruttan、Dosi、Verspagen、Freeman、Nelson、Blaug、Pavitt、Kennedsy、Thilwall、Baldwin、Scott、Mowery、Rosenberg 等，他们的研究相互联系，相互促进。这个时期的主要代表人物是 Schmookler、Abramowitz 和索洛（Solow），以及后来的新经济增长学派的卢卡斯（Lucas）等。索洛等在 20 世纪 50 年代研究经济增长理论时，发现资本和劳动的增加不能完全解释总产出的增加，他们将产出增加的"余值"归结为技术变化带来产出变化的结果，于是他们扩展了一般生产函数的概念，使其能容纳技术进步对经济增长的作用。卢卡斯在其资本模型中，强调了劳动者脱离生产，从学校正规和非正规的教育中所积累的人力资本对产出与经济增长的作用。

第三节　国外技术经济学的研究对象

国外技术经济学家认为技术和经济之间的相互关系日益重要，有关技术经济学的定义如下：技术经济是经济学的一个分支，一方面研究技术与科学的变化，另一方面研究经济的变化，并研究技术和经济的因果关系。技术经济学既从经济的角度分析技术变化，也从技术的角度分析经济变化。将国外技术经济学的研究对象进行分类，可以归结为多方面的内容，如表 2-1 所示。

表 2-1　国外技术经济学的研究对象

	经济问题	技术问题		经济问题	技术问题
	福利	S&T 制度		市场结构	创造力
	增长	专利体系		集中度	发现
	就业	国家创新体系		公司规模	发明
	投资	技术体系		增长	R&D
宏	收入分配	创新簇	微	回报率、收益率	创新、创新能力
	商业周期	创新能力		生产率	模仿
	贸易			竞争力	吸收能力
	通货膨胀			投资	扩散
	利率			组织	专利
	生产率				技术许可
观	发展		观		技术多样化
					不同技术
					不同技术绩效
					技术轨迹
					范例

第四节　国外相关学科的发展趋势和理论研究重点

近年来，西方国家技术经济学相关研究发展迅速，当前国外有关技术与经济方面的研究主要集中在以下领域：①技术变化与经济增长；②如何建立模型模拟技术生成、选择和模拟技术的主要过程；③技术进步如何进入内生经济增长模型？④不同技术的软资本形成和硬资本形成的决定因素，如何（事前/事中/事后）评价新技术投资；⑤公司内部的 R&D 决策与技术战略的性质和作用；⑥新技术的扩散与转移，新技术扩散与技术替代如何形成产业结构；⑦生产率改进与经济绩效的微观分析与宏观分析；⑧技术创新动力学，技术关系经济学，技术范围的变化；⑨经济与技术周期剧变的分析与预测；⑩技术竞争与经济竞争之间的关系；⑪在积累技术知识和经济财富方面，各种形式的 R&D 和竞争的作用。

国外技术经济学家把技术经济学范式问题与理论形成的研究重点放在历史主义、经验主义、实证主义、折中主义理论和规范理论、通论和特定理论的用途及限制、因果推理和预测的限制上等。

本章小结

国外技术经济学将技术经济界定为经济学的分支，既从经济的角度分析技术变化，也从技术的角度分析经济变化，研究技术和经济的因果关系。西方经济学者关于技术经济的理论研究起步较早，一般以熊彼特时代为基准，将有关技术经济学的理论研究阶段分为前熊彼特时代、熊彼特时代和后熊彼特时代。

西方国家有关技术经济学方面的研究主要集中在新技术的生成，技术在不同企业、产业和地区之间的转移和扩散的经济规律，技术对宏观经济增长、中观产业发展及对微观市场竞争优势的影响。

思考题

一、名词解释

创新、技术进步、经济增长

二、简答题

1. 国外技术经济学的主要基础理论包含哪些？
2. 国外技术经济学的主要研究对象是什么？
3. 国外技术经济学的研究重点有哪些？

三、论述题

熊彼特技术创新理论的基本观点。

第三章　技术经济学科属性定位

内容提要

　　技术经济学目前还是一门年轻的学科，学者们对技术经济学的发展阶段、技术经济学的学科属性还处于争论和探讨的阶段。本章拟从库恩学科发展规律角度判断技术经济学目前所处的发展阶段，并分析中国和西方技术经济研究的核心，结合技术经济学的研究对象、研究领域和现有的理论基础等，对技术经济学的学科属性做出初步的判断。

第一节　技术经济学科发展阶段的判断

一、库恩学科理论的发展规律

　　库恩认为，科学发展的模式是由一个常规科学传统转变到另一个常规科学传统，两个传统之间则存在一个插曲——非常规科学或科学革命，这一插曲是科学进步的中断。基于这一观点，库恩将一门科学的发展历程描述为以下几个时期。

　　（1）原始科学时期：各个学派相互争执，争论的焦点是理论的基本思想或基本原则，这一时期，该门科学正常的研究方式只能是批判而不是解决疑难。

　　（2）常规科学时期：由于某一显著的科学成就形成了统一的范式和解决疑难的传统，这门科学达到成熟期，进入常规科学时期。常规科学研究的主要内容与目的是阐明和发展一个范式，研究方式是解决疑难。

　　（3）"革命"科学时期：如果一个范式不再充分地支持一个解决疑难的传统，人们便开始纷纷对原有范式表示不满，批判再次成为正常的研究方式。

（4）新的常规科学时期：危机过去了，范式的选择问题得以解决，出现了新的、被普遍接受的范式。

库恩以上关于范式、共同体以及科学发展模式的论述主要是针对自然科学研究而言的，但无疑对社会科学也有很好的借鉴意义。

二、技术经济学发展的阶段判断

从技术经济学基本范畴、研究对象、理论基础等几个方面入手加以考察，初步结论是技术经济学目前仍处在发展和调整时期。目前技术经济学还没有形成一个占统治地位的范式。技术经济学目前还不是一门成熟的经济学科，尚处于发展阶段。表面上看，技术经济学似乎已经进入成熟期，但这仅仅是一种表象，并没有成为库恩所说的成熟科学。

第二节　中国和西方技术经济研究的核心

我国技术经济学的创立和发展是基于对忽视技术发展的经济规律的批判，而西方学者发起的技术经济学（The Economics of Technology）是基于对当代主流经济学忽视技术要素，难以解释当代经济增长的反思。古典经济学以劳动产品的交换促进社会分工，社会分工促进技术发展和生产力的提高来解释经济的发展和社会财富的积累，因此技术一直是古典经济学研究的中心环节，无论是亚当·斯密，还是马克思，都十分重视对技术的研究。西方一批经济学家认为，作为当代主流经济学的新古典经济学忽视技术与经济的互动作用，在各种经济学分析中，只把技术要素作为经济系统的外生变量，在对经济增长的贡献中，仅把最重要的技术进步因素视为除资本和劳动力投入以外剩余的部分，这样背离了通过技术促进经济发展的古典经济学分析框架，因此对当代经济增长越来越缺乏解释力。因此，这些经济学家倡导建立技术经济学，并把它作为经济学的分支，一方面对技术的变化进行经济分析，另一方面从技术的变化分析经济的变化。

由此可见，对技术活动及其发展的规律的经济学分析，一直都是中国和西方技术经济研究学者关注的重要研究领域，不同之处在于我国的技术经济学偏重应用性和对实践的具体指导，国外偏重对技术与经济互动规律的揭示和理论解释。

无论是我国经济建设的经验，还是来自西方的研究动态，均证实了在当代经济学的研究中重新关注技术要素的重要性，同时，也验证了发展技术经济学的重要理论意义和现实意义。

第三节　技术经济学的学科定位

任何一门学科在研究自己的特定对象时都必然要借鉴吸收其他学科的相关知识，只有这样才能完成对自己的特定对象的研究。技术经济学同样如此，根据技术经济学的研究内容，其研究的领域涉及经济学、科学学、技术学、工程学、社会学、哲学等主要内容。在进行技术经济研究时，除需要经济科学知识外，往往还涉及技术自然属性的研究，这反映了技术经济学的特点，即技术科学与经济科学之间的相互渗透、交叉和联系。技术经济学和相关学科的交叉及联系并不能改变技术经济学的经济学科性质，技术经济学的学科性质属于经济学。

一门学科的理论基础由该门学科的性质决定。如认为技术经济的学科性质是交叉科学或综合科学，则其理论基础是自然科学、技术科学和经济科学；如认为技术经济学的学科性质属于经济学，其理论基础则是经济科学。

技术经济学是一门技术学和经济学相结合的交叉学科，属于应用经济学的一个分支。技术经济学的理论属于应用经济学范畴的最后一个依据，是技术经济学的理论和方法在学术思想上具有完整的应用经济学的思想和特征，应用经济学是一个相对于理论经济学而存在的广义概念，是指直接服务于生产或其他社会经济实践的经济科学，包括应用理论和应用技术，它以理论经济科学成果为理论基础，同时为理论经济科学提供新的研究课题和研究手段（见图3-1）。应用经济学的发展直接关系到国家建设的发展速度。

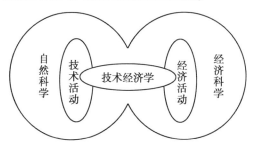

图 3-1　技术经济学的学科定位

本章小结

　　本章从技术经济学基本范畴、研究对象、现有的理论基础等方面入手加以考察，初步结论是，技术经济学目前仍处在发展和调整时期。目前技术经济学还没有形成一个占统治地位的范式。技术经济学目前还不是一门成熟的经济学科，尚处于发展阶段，并没有成为库恩所说的成熟科学。

　　对技术活动及其发展的规律的经济学分析，一直都是中国和西方技术经济研究学者关注的重要研究领域，不同之处在于，我国的技术经济学偏重应用性和对实践的具体指导，国外偏重对技术与经济互动规律的揭示和理论解释。技术经济学是一门技术学和经济学相结合的交叉学科，属于应用经济学的一个分支。

思考题

一、简答题

1. 库恩的学科发展阶段理论是什么？
2. 如何判断技术经济学发展阶段？
3. 中国和西方技术经济学的研究核心集中在哪些领域？

二、论述题

技术经济学的学科属性定位。

第四章　技术经济学的理论体系架构

内容提要

中国技术经济学的根本任务是为中国经济建设实践服务，并在此基础上丰富和完善技术经济学的理论/方法体系。关于技术经济学的理论基础，学术界历来存在着不同的看法。从 1986 年 8 月召开全国技术经济学科理论方法体系学术讨论会至今，学者们对技术经济学理论基础问题的讨论就一直在持续。中国技术经济学的发展，不能脱离中国的技术经济实践，不能脱离技术经济实践提出的问题和实践的需要。在实践需要的基础上，研究、建立新理论、新方法，应用于实践，并接受实践的检验和修正，如此往复，这是中国技术经济学理论发展的一般规律。本章首先对技术经济学发展初期、改革开放后及当前的理论体系的演变过程进行梳理，进一步从基础理论和应用研究视角构建和分析了技术经济学的理论体系架构。第三节至第六节分别对可行性研究、技术进步与经济增长、国家创新体系和建设创新型国家以及转变经济增长方式的理论基础进行阐述。

第一节　国内技术经济学理论体系的演变

关于技术经济学的理论基础，学术界历来存在着不同的看法。从 1986 年 8 月召开全国技术经济学科理论方法体系学术讨论会至今，学者们对技术经济学理论基础问题的讨论就一直在持续。事实上，从技术经济学在我国发展的历史看，其理论基础并不是固定不变的，而是随着经济体制改革的深入、学科内容体系的扩展不断发展变化的。技术经济学作为经济学的一个分支学科，最终要为经济实践服务，它在我国的发展必然要受到我国经济制度变迁的影响。

（1）技术经济学发展初期的理论技术是马克思主义政治经济学理论。技术经济学在发展之初，以马克思的剩余价值理论和扩大再生产理论作为其理论基础，对国民经济发展中涉及的技术与经济问题进行研究。在技术经济学的初创期，中国正处在计划经济时期，指导经济实践的基本经济理论是基于苏联的马克思主义政治经济学。当时的技术经济的理论主要指微观的应用理论，如经济效益理论、时间价值理论等。需要指出的是，在技术经济学的创建期，也涉及生产率理论，主要是传统的劳动生产率的理论。

（2）改革开放以后的理论基础是马克思主义政治经济学理论与西方经济学理论。进入 20 世纪 80 年代后，我国改革开放的力度逐渐加大，经济体制的改革方向也逐步向市场经济过渡，因此，作为社会科学的技术经济学，其研究必须要逐步适应社会实践的需要，引入国外相关学科的理论成果成为本学科发展的必然趋势。20 世纪 80 年代以来，技术经济学为适应改革的需要也发生了重大变化，变化的主要特点是引进了大量西方工程经济理论与方法以及西方经济理论中有关技术的研究成果。技术经济学者不仅积极吸收西方经济学中的微观经济理论，而且吸收了大量的宏观经济理论，不断丰富技术经济学的理论体系。这一时期，技术经济学研究受西方经济学的影响程度越来越深，但仍然无法完全摆脱苏联的影响，因此，可以说，改革开放以后的技术经济学，其理论基础既有马克思主义政治经济学理论，又有西方经济学的理论。

（3）目前的发展阶段是社会主义市场经济学和西方经济学理论。进入 20 世纪 90 年代以后，技术经济学界的注意力转移到应用研究领域，而且所涉猎的领域越来越广泛，技术创新理论、技术外溢、实物期权理论、可持续发展理论、信息化以及高新技术产业化发展等理论逐步充实了技术经济学的理论。学者们在技术经济学著作中先后提出了经济效益理论、微观评价原理、宏观评价原理、风险理论、决策理论、技术进步理论、技术创新理论、技术评价理论、技术选择理论、资源有效利用理论、生产力与再生产理论、和谐原理、综合效益原理、层次原理等。

第二节　技术经济学的理论体系架构

一、基于基础理论和应用理论视角的理论体系架构

(一) 基础理论的构成

技术经济学是应用经济学的理论和方法研究技术生成的规律性、新旧技术替代过程的规律性、技术进步和技术创新的规律性以及技术资源配置与经济增长之间关系及其运动规律的学科。因此，技术经济学的基础理论包括马克思的扩大再生产理论、技术周期理论、技术进步和技术创新理论、经济增长理论、从古典经济增长到内生经济增长理论等。

(二) 应用理论的构成

技术经济学的应用理论除技术创新的转移和扩散、技术选择理论等之外，向前延伸到技术生成的制度、环境和政策，涉及技术战略和技术政策等领域，后端延伸到技术效果的评价，包括技术效果的载体——工程项目的评价。另外，技术经济学除研究现存资源的优化配置外，还研究技术资源的创造和开发。因此，技术经济学的应用理论应包括经济效果理论、技术转移理论、技术选择理论、技术扩散理论等。

这里需要指出的是，经济效果理论属于应用理论的范畴。20 世纪 80 年代以前，我国技术经济学的研究主要受苏联的影响，其理论基础主要是马克思主义政治经济学，而经济效果理论可以视作技术经济学自身产生和发展起来的一种理论，不应视作其基础理论。

工程项目是技术发挥生产力作用的重要载体，因此应用经济效果理论分析工程项目的可行性，实质上是评价和研究技术的经济上的可行性和应用上的先进性及适用性。从这个角度看，经济效果理论应是技术经济的应用理论之一。

二、基于研究领域视角的理论体系架构

技术经济学既不能由传统的或经典的经济学理论和方法替代，也不会包容传统的或经典的经济学理论，二者之间只是存在着一种自然的延拓、发展和交叉关系。事实上，技术经济学与传统的经典的经济学理论的主要区别在于，后

者主要是描述性的（即它是试图描述经济如何运行的一种科学，而不涉及应该怎样运行的问题），技术经济学主要是规范性研究，即它在尝试建立一系列规则和方法以实现特定的经济目标。[①]

（一）社会主义经济学理论基础

中国社会主义市场经济，是中国特色社会主义的重要组成部分。中国的发展需要社会主义经济学理论的指导。马克思主义扩大再生产理论、剩余价值理论、经济效果理论、社会主义经济增长理论是研究社会主义市场经济的理论基础。

（二）技术经济学的宏观理论基础

国家层面，技术经济学科主要关注国家技术政策（包括技术创新政策），以技术创新为核心的技术进步对国民经济增长的贡献，"跨越式发展"的国家技术战略和技术创新战略，国家技术创新体系的机制与建设，转变发展方式，建设创新型国家等。

新古典经济增长理论、经济增长因素分析理论、新经济增长理论、创新理论、国家创新系统理论、国家竞争力理论、建设创新型国家的理论等是技术经济学的宏观理论基础。

（三）技术经济学的微观理论基础

微观研究领域主要是研究建设项目的技术经济问题，企业层面的技术经济问题。时间价值理论，费用效益理论，微观经济效果理论，福利经济学中社会效用理论、边际分析，帕累托最优准则和帕累托改进原则，以及企业技术创新、企业技术扩散、技术能力等是技术经济学的微观理论基础。

（四）技术经济学的中观理论基础

产业经济学和区域经济学构成了中观经济学。在产业层面，技术经济学科主要关注产业技术创新与技术扩散，技术预测与选择，行业共性关键技术，产业技术标准战略，产业技术升级的路径与战略，高新技术创新与科技产业园区的发展，产业技术政策（包括技术创新政策），以技术创新为核心的技术进步对行业增长的贡献。在区域层面，技术经济学科主要关注区域技术创新体系，区域技术创新能力，项目对于区域经济发展及地区协调发展的作用等。

[①]　孙续元. 技术经济学理论的构建、发展与前瞻 [J]. 经济评论，2001 (3).

区域不平衡发展论、增长极理论、梯度理论、产业技术转移和技术转让、产业技术创新、产业技术扩散、产业技术选择等是技术经济学的中观理论基础。

（五）技术经济学的发展理论基础

经济增长方式转变是一个与制度变迁、产业结构调整、资本形态变化等因素密切关联的长期的动态过程。新中国成立仅70多年，我国经济增长已经经历了10个周期，尤其是改革开放40多年以来呈现"高位平稳型"的新态势。形成"高位平稳型"增长与波动新态势的重要因素是产业结构的变化，或者归因为经济发展方式的转变。[①]

对发展中国家的分析和比较，依据发达国家的分析工具和经验，往往并不能解决发展中国家的问题。因此，需要对社会主义的发展模式和发展道路进行总结及提炼，发展经济学发展模式的理论，技术进步与产业结构关系理论都是技术经济学的发展理论基础。

第三节　可行性研究的理论基础

技术经济学各研究领域的基础理论将按照下面的分类进行分析：一是可行性研究的理论基础；二是技术进步与经济增长的理论基础；三是国家创新体系和建设创新型国家的理论基础；四是转变经济增长方式的理论基础；五是环境经济社会协调可持续发展的理论基础。

经过多年的发展，建设项目经济评价工作已经由最初所注重的财务评价、国民经济评价，发展为同时关注社会和环境问题所带来的经济影响，对地区经济社会发展的影响，进而发展形成自身系统性较强的地区经济影响评价、社会评价和环境评价。

一、项目评价的发展阶段

（一）项目评价的学习阶段

我国项目评价工作可以追溯到新中国成立初期对大型建设项目进行的技术

---

① 张旭. 转变经济发展方式的发展经济学考察［J］. 理论学刊，2010（3）.

经济论证。20 世纪 50 年代初期，中国正处在计划经济时期，在"一穷二白"的基础上开始大规模经济建设。指导经济实践的基本经济理论是基于苏联的马克思主义政治经济学。苏联专家在指导 156 个重大项目建设时，带来了全套经济计划方法，也带来了技术经济分析/工程经济理论和方法。当时，我国学习苏联的经验，开展了对大型建设项目进行技术经济论证的工作。此阶段的项目评价方法主要以经济效果理论为基础，采用了投资利润率、资金利润率、投资回收期、投资效果系数、最小费用法等静态评价指标和方法进行分析及评价。

（二）项目评价的引进阶段

20 世纪 70 年代末，随着我国经济的对外开放，在西方发达国家应用了 40 多年的投资项目决策工具——可行性研究引进我国。这一时期，项目评价研究工作进展迅速。1981 年，我国组织力量对大型建设项目经济评价的基本理论和方法论进行研究。1983 年，原国家计委颁发了《关于大型建设项目进行可行性研究的试行管理办法》，正式将可行性研究纳入投资项目决策程序。1987 年 10 月，由国家计委组织编写、中国计划出版社出版的《建设项目经济评价方法与参数》（计标〔1987〕1359 号）一书，就是在理论研究的基础上，借鉴吸收国外的有益经验，结合我国的实际情况，制定出的一套科学的项目经济评价方法的集中体现，将财务评价和项目经济评价完整地归纳于一个评价体系中。对经济评价的程序、方法和指标等做出了明确的规定，并首次颁布了各类经济评价所用的国家参数，其中大量参数的测定走在了世界前列。

（三）有中国特色的项目评价创新发展阶段

随着国家在经济体制诸多方面的改革进一步深化，中国经济和社会都发生了很大变化，社会主义市场经济体制初步建立，市场机制已在相当程度上取代了计划指令在资源配置中的基础性作用，而原有的经济评价方法与参数在实践中遇到一些新问题，需要制定更接近市场的、更符合市场化要求的大型建设项目经济评价方法与参数。为此，1993 年，原国家计委和建设部组织专家对《大型建设项目经济评价方法与参数》进行了补充和修订，颁发了《建设项目经济评价方法与参数》（第二版）（计投资〔1993〕530 号）。修改后的《建设项目经济评价方法与参数（第二版）》成为我国各工程咨询、规划设计单位进行投资项目评价的指导性文件，成为各级计划部门审批设计任务书（可行性研究报告）及审查投资贷款的基本依据。在这一评价方法的基础上，国务院技术经济研究中心、中国社会科学院以及银行系统等多个部门陆续研究了大型建设项目经济评价办法，并出台了适应不同行业具体情况的评价办法。

近年来，我国在投融资、金融、财税、外贸等领域出台了一系列重大改革措施，投资环境发生了深刻变化。为保证项目评价工作能够适应经济发展的需要，保障决策的科学性，2006 年，国家发展改革委和建设部颁发了《建设项目经济评价方法与参数》（第三版），标志着中国特色项目评价工作走上了科学化和规范化的道路。值得关注的是，根据国内外近年来一些特大型项目评价的实践经验和理论总结，在《建设项目经济评价方法与参数》（第三版）中，增加了大型建设项目对地区、区域经济和宏观经济影响进行分析的内容，界定了特大型项目对区域经济和宏观经济影响分析的有关基本概念，区分了特大型投资项目区域和宏观经济影响分析与一般项目国民经济评价的异同，初步识别了特大型投资项目对区域和宏观经济的影响要素，设定了特大型项目的评价指标和分析方法体系，对进一步完善项目评价和决策体系具有重要意义。

二、项目评价的理论基础

（一）时间价值理论

时间价值这一概念源自西方经济理论。其实，早在技术经济学的创建期，我国学者就已经意识到在进行技术方案的选择时应考虑时间因素，这在徐寿波的《技术经济学概论》中已经体现。

1986 年，傅家骥将资金的时间价值的含义归纳为两个方面：一方面，将资金用作某项投资，资金在流通—生产—流通中得到一定的收益或利润，即资金增了值，资金在这段时间内所产生的增值就是资金的"时间价值"；另一方面，如果放弃资金的使用权力，相当于失去收益的机会，也就相当于付出了一定的代价。在一定时期内的这种代价，就是资金的"时间价值"。[①] 1982 年，苏挺在《"货币的时间价值"浅谈》中介绍了国外的时间价值概念，指出国外学者分析时间价值的依据是人们共有的"时间偏好"，并在文章中给出了各种复利系数的计算公式，此外，还介绍了如何用贴现方法来评价项目。[②]

---

① 傅家骥. 工业技术经济学 [M]. 北京：清华大学出版社，1986.
② 苏挺. "货币的时间价值"浅谈 [J]. 外国经济与管理，1982（1）.

（二）经济效果理论

20 世纪 50 年代中期，以于光远为代表的国内经济学者陆续开始了对社会主义经济效果实质、经济效果范围、经济效果指标体系等问题的讨论。1959年，于光远在《人民日报》上发表了题为《用最少的劳动消耗，取得最多的使用价值》的文章，他倡导经济工作者应把计算经济效果的理论和计算经济效果的方法以及对在各种条件下，各种产品生产的经济效果进行具体的分析和计算作为一个重要的研究任务。

（三）费用效益理论

费用效益分析指在使用技术的社会实践中对效果与费用及损失进行比较，以便实现最佳经济效果。大型建设项目的费用和效益比较分析分为内部效应分析和外部效应分析。内部效应指项目主体付出的费用或得到的收益，分别称为内部费用、财务费用或内部效益、财务收益。外部效应是"第三方"由于此项目而蒙受的损失或得到的收益，分别称为外部费用或外部效益。内部费用与外部费用之和称为完全费用、社会费用或国民经济费用；而内部效益与外部效益之和称为完全效益、社会效益、社会福利或国产经济效益。通常项目主体并不关心降低外部费用，也不关心增加外部效益。目前，我国的许多项目主体经济常靠牺牲外部效益而降低内部费用，增加内部效益，大大增加了外部成本。

（四）福利经济学理论

福利经济学为项目评价提供了基本概念、原理、福利标准和一般性理论基础。福利经济学中的完全竞争模式、社会效用理论、边际分析、帕累托最优准则和帕累托改进原则成为项目"成本—效益"分析的基石。

根据新福利经济学原理，当国民经济发生变化，受益者的受益总量足以补偿受损者的受损总量时，就是社会福利的改进。如果支付补偿者的境况因此而变坏，接受补偿者的境况也没有改善，社会福利将会受到损失，必须寻找代价较小的办法来减少外部不经济。一个具体的大型基础设施建设项目的建设，达到国家宏观上的整体最优，并不意味着微观上的每个利益主体同时达到最优。政府与消费者和生产者不同，其任务是保证社会资源得到有效的分配和使用。在大型基础设施建设项目造成外部影响时，政府应承担起调整外部影响的任务。

（五）区域发展理论

从哲学角度看，平衡是相对的，不平衡是绝对的，社会主义经济发展是一个从不平衡到逐步平衡的过程。作为发展目标，考虑发展的协调，社会主义经济应该平衡地发展，但由于产业结构的失调、区域发展的不平衡以及资金短缺的现实状况，发展又不可能绝对地平衡。所以在一定时期内，必须采取适度倾斜的发展政策，实行不平衡的增长，进而在发展中达到新的平衡。

1. 区域不平衡发展理论

赫尔西曼、缪尔达尔等认为，发展中国家并不具备全面增长的资本和资源，平衡发展在现实中不可能实现，他们在对区域平衡发展理论进行批判的同时提出了区域不平衡发展的观点。他们认为由于不同部门、不同区域有着不同的增长率，存在经济水平和发展速度上的差距，这种非均衡链是经济发展的动力。由于聚集经济的存在，发达区域会因市场的作用而持续、累积地加速增长，并同时产生扩散效应（Spread Effect）和回流效应（Back Wash Effect）。① 在市场机制作用下扩散效应小于回流效应，因此发达区域更发达，不发达区域更不发达。要消除这种逐渐扩大的两极分化，必须在制度方面进行重大调整、改革，可以有选择地在若干部门和区域投资，通过带动作用实现整个区域的发展。

2. 增长极理论

增长极理论认为，经济空间存在着若干中心、力场或极，产生类似"磁极"作用的各种离心力和向心力，从而产生相互联合的一定范围的"场"，并总是处于非平衡状况的极化过程之中。② 所谓增长极，是指各种条件优越、具有区位优势的区域内少数地点，是产业部门集中而优先增长的先发地区。弗朗索瓦·佩鲁等认为，促进落后地区经济发展的关键是采取不平衡发展战略，配置一两个规模较大、增长迅速且具有较大乘数效应的中心城市，实行重点开发。这类中心城市就是该区域的增长极。当增长极形成后要吸纳周围的生产要素，使本身日益壮大，并使周围区域成为极化区域。当极化作用达到一定程度且增长极扩张到足够强大时会从增长极产生向周围地区的扩散作用，从而带动周围区域增长。在增长极的形成过程中存在着四种效应：乘数效应、支配效应、极化效应和扩散效应。许多国家试图运用这一理论消除落后地区的贫困，促进各地区经济协调发展，并取得了较好的效果。但增长极理论仍存在一些问

---

① Gunnar Myrdal. Asian Drama [M]. New York：Pantheon，1968.
② Francois Perroux. Note on the Notion of Growth Pole [J]. Economie Appliquee，1995（17）：307-320.

题，譬如增长极的合理数量，增长极本身的起始规模与合理规模，增长极内部产业配置和结构优化，增长极的确定与主导产业选择等方面的研究尚待完善。

3. 梯度理论

梯度理论源于美国学者弗农（Raymond Vernon，1966）的"工业生产生命周期阶段论"。[①] 梯度理论的主要观点有两种：一是无论在世界范围，还是在一国范围，经济技术发展是不平衡的，因此客观上存在经济与技术发展的区域梯度差异；二是如存在地区技术经济势差，则存在着技术经济推移的动力，会形成生产力的空间推移，因此客观上存在产业与技术由高梯度地区向低梯度地区扩散与转移的趋势。可以利用生产力的梯度转移规律，实现地区经济的均衡发展，首先让有条件的高梯度地区引进和掌握先进技术，然后逐步向下级梯度的地区转移；随着经济的发展，推移的速度加快，可以逐步缩小地区间的差距，实现经济分布的相对均衡，进而实现国民经济的平衡发展。

但随着经济的发展和实际情况的转变，原有的梯度理论受到质疑：反梯度推移论的拥护者认为，梯度推移理论的结果将会是，落后地区永远赶不上先进地区，落后国家永远赶不上先进国家。因此，现有生产力水平的梯度顺序，不一定是引进采用先进技术和经济开发的顺序；后者只能由经济发展的需要和可能性决定。只要有需要并具备条件，就可以引进先进技术、进行大规模开发，而不用过多地关注区域所处的梯度。因此，落后地区可直接引进世界最新技术，实现超越发展，然后向二级梯度、一级梯度反推移。

第四节　技术进步与经济增长的理论基础

尽管我国对技术进步问题的研究早在 20 世纪 50 年代就开始了，但那时的"技术进步"仅作为一个技术术语而存在，所谓的"技术进步"往往指物化技术上的进步，所做的研究只是定性的分析。我国学者在 20 世纪 80 年代以前对技术进步作用的研究较少，而且研究不够深入。但从 20 世纪 80 年代以来，对技术进步与经济增长的关系，以及经济增长方式转变等有关问题的研究越来越系统和深入。而且一系列重大应用课题的理论和实证研究取得了重要成果，如

---

① Raymond Vernon. International Investment and International Trade in the Product Cycle [J]. The Quarterly Journal of Economics, 1966, 80 (2)：190-207.

"技术进步和产业结构优化""技术进步与经济增长""生产率与经济增长""转变经济增长方式"等，不仅在一系列理论问题上有所突破，而且对各级政府制定政策产生了重要影响。技术进步与经济增长的理论基础主要是经济增长理论。

一、技术进步与经济增长研究的发展阶段

(一) 技术进步理论引进时期 (1978~1989 年)

技术进步是经济增长的源泉。自主研发和技术扩散（技术外溢）是技术进步的两种主要形式，这两种形式的技术进步都会引起经济扩张。1978 年召开的党的十一届三中全会为技术经济学的发展带来了春天，技术经济学的研究工作开始走上复兴之路。20 世纪 80 年代，随着西方经济学思想和成果在中国的传播，技术经济学领域的学者们不断从国外引进基础理论，如技术转让理论、技术评价理论、技术转移理论、技术创新理论、技术进步理论等已经成熟的理论，而且在对原有基础理论不断加强研究的同时，开始涉猎新的理论研究，包括技术选择理论、技术能力理论、技术扩散理论、技术进化论和技术溢出理论等，极大地丰富了我国技术进步的理论研究和实证研究。

(二) 技术进步理论快速发展时期 (1990~1999 年)

这一时期，有关技术进步对产业结构的影响分析成为重要的主题。多位学者都认识到，从根本上说，产业的形成、分解和新兴产业的诞生都是技术进步的结果。历史经验证明，三次产业的依次出现和重点转移以及各次产业内部各个阶段的依次递进，都与科学技术进步密切相关。在现代人类社会发展历史上曾发生过三次技术革命，都促进了经济的迅速增长和产业结构的巨大变化。

而且，技术进步对产业结构的影响是多方面的。技术进步通过刺激需求结构、改变就业结构、促使新兴产业出现、改变国际竞争格局等促进产业结构发生变化。技术进步改变产业结构的过程是使产业结构不断合理化、高级化的过程，这一过程带动了整个经济的协调发展，从而使得宏观结构效益和资源配置效率得到提高。

这一时期，国外已将全要素生产率的研究不断细化，中国在这方面做了一些有益的尝试，已有的研究多是针对全国少数几个行业或特定所有制性质的国

有企业，采用的方法大多是随机前沿生产函数法，也有部分学者对单个地区的全要素生产率进行研究，对各省全要素生产率进行研究。

（三）技术进步理论应用发展时期（2000~2009 年）

这一时期的技术进步与经济增长主要集中在两者关系的机理研究上。自主研发和技术扩散（技术外溢）是技术进步的两种主要形式，这两种形式的技术进步都会引起经济的扩张。虽然对以专利为表征的技术进步对经济增长的实证分析结果不一致，但国内外的研究学者基本上认同以专利为表征的技术进步会对经济增长产生积极影响，只不过对其影响的力度、途径和机制持有不同的观点。

这一时期，关于技术能力的问题研究开始逐步兴起。"技术能力"最初由 Stewart 提出和定义，他认为技术能力是一种自主地做出技术选择、采用和改进所选的技术和产品，并最终内生地创造出新技术的能力。[①] 学者们的研究主要集中在宏观（国家技术能力）和微观（企业技术能力）两个方面。产业集群技术能力是以集群企业技术能力为依托的、服务于集群创新绩效的、对集群内各种资源综合运用的能力。这种能力具有以下特征：第一，产业集群技术能力是以集群企业为依托的，也就是说，产业集群技术能力离开了集群企业这一主体就不复存在，其归属具有个体性；第二，产业集群技术能力不是集群企业技术能力的简单相加，而是通过一种连接机制作用之后产生的一个整体效应；第三，产业集群技术能力是以集群创新绩效来体现的。集群之间的差异不在于单个企业的创新实力，而是集群作为一个整体呈现的创新能力的不同。[②]

这一时期，有关技术进步贡献率的研究主要集中在中国全要素生产率的测算上。学者们对于下列问题有较大的争论：一是全要素生产率对中国改革后的时期有多大的作用？二是中国的全要素生产率增长在近年来是否下降。最近，国内外学者对中国生产率的研究主要集中在以上两个问题，许多学者针对上述问题进行了深入的研究。但结论差异较大，基本上可以分为两大类：一类持乐观的态度，认为在中国改革后，全要素生产率对中国的增长作用显著，并呈现加速发展的态势；另一类持怀疑的态度，认为全要素生产率对中国的增长作用

① Stewart F. International transfer of technology. Issues and policy options ［A］. In Streeten P, Jolly R（eds）. Recent issues in world development ［C］. Oxford：Pergam on Press，1981：67–110.
② 郝世绵，赵瑾. 产业集群技术能力研究综述与启示 ［J］. 安徽科技学院学报，2010，24（6）.

是暂时的，而且处于下降的趋势。

经过 20 世纪八九十年代以及 21 世纪近 10 年的发展，我国的技术进步及其贡献的理论和实证研究在广大学者的共同努力下取得了很大的进步，可以说技术进步理论已经发展为由众多技术经济理论分支构成的规模庞大的理论体系。

二、技术进步与经济增长关系的理论基础

(一) 技术进步的概念

总的来说，在使用"技术进步"一词时有狭义和广义两种理解。狭义技术进步指生产领域和生活领域内所取得的技术进步，指在生产、流通、信息交流等方面所使用的工具和程序水平的提高，也就是在硬技术应用方面所取得的进步。广义技术进步指产出增长中扣除劳动力和资本投入增加的作用后，所有其他因素作用的总和。即：除劳动力和资本投入增加使经济产出量增长之外，其他使经济增长的所有因素均为技术进步。广义技术进步不仅包括生产设备的更新、生产工艺和方法的完善、劳动者素质的提高等，而且包括管理制度的改善和管理水平的提高、推行新的经济体制和改革政治体制、采用新的组织与管理方法、改善和采用新的决策方法、改善资源的配置方式等。

在现代经济增长理论的文献中，对"技术进步"一词有多种解释，各种解释之间存在着一些细微的差别。例如，索洛认为，技术进步在短期的表达含义是"生产函数任何一种形式的移动（变化）""经济的加速和减速、劳动力教育状况的改进以及各种各样使得生产函数发生移动（变化）的因素都可以归入技术进步之中"。由此可以看出，索洛关于技术进步的含义比较宽泛，即影响生产函数移动（变化）的一切因素都是技术进步，其中主要体现在新的资本存量中的技术成果、教育和劳动力素质的改善等。肯德里克在 1961 年出版的《美国的生产率增长趋势》一书中，把经济增长中不能被要素投入增长解释的部分（即"增长余值"）定义为"要素生产率的增长"。在要素生产率的增长中，主要内容是技术进步、技术创新的扩散程度、资源配置的改善、规模经济等。肯德里克所说的要素生产率的增长实质上是技术进步，这种技术进步包括技术的发明和应用、管理水平的提高、劳动生产率的提高等，与索洛的定义相比，肯德里克的定义内容较为具体一些。

李京文认为，技术进步泛指技术在实现一定目标方面所取得的进化和革命。所谓一定目标，即指人们对技术应用所期望达到的目的及其实现程度。如果通过对原有技术（或技术体系）的改造、革新或研究，开发出新的技术（或技术体系）代替旧技术，使其结果更接近于目标，这就是技术进步。

傅家骥教授指出，"技术进步并不是人们通常理解的技术的发展和进步，而是指在经济增长中，除资金和劳动力两个投入要素以外所有使产出增长的因素，即经济增长中去掉资金和劳动力增长外的'余值'，实际上，经济增长是各种投入要素共同作用的结果。技术进步并非技术概念，而是一个经济概念"。傅家骥的说法代表了 20 世纪 80 年代中后期的主要观点。①

钟学义（2006）对技术经济学科中运用的技术进步的概念进行了深化。他认为，从经济学的观点看，当单位投入量对产出的贡献增加时，其增加部分就是技术进步，也就是说，只要单位投入的产出量增加了，就有了技术进步。因此，投入产出过程转换效率的提高就是技术进步。因而，经济学中研究的技术进步实际上指产出增长中扣除因劳动投入和资本投入（依原来的技术进步水平）增加的作用后，所有其他因素作用的总和。即：除劳动投入和资本投入增加使经济产出量增长外，其他使经济增长的所有因素均为技术进步。

很明显，经济学中研究的技术进步的内涵比传统意义上技术进步的内涵有更丰富的内容。比如，市场的扩大、交易费用降低、社会政治环境的变化，这些并没有多少"技术"含量却能够带来经济增长的因素，都是技术进步。在经济学研究领域里，是用全要素生产率增长率来描述技术进步的，这表明经济学中经常使用的技术进步一词都是指经济学意义上的技术进步，其内涵要比"技术的进步"丰富得多。

（二）技术进步与经济增长关系的理论基础

技术进步与经济增长关系的理论基础是上述技术进步相关理论、经济增长理论、社会主义增长理论。

西方的经济增长理论经过 300 多年的发展，逐渐从劳动决定论经由资本决定论向技术决定论演进，经过了从古典经济增长理论、现代经济增长理论至新经济理论的发展。

---

① 傅家骥. 对我国技术经济学研究对象的新议［J］. 技术经济，1989（6）.

1. 新古典经济增长理论

以索洛为代表的新古典经济增长学派首先将储蓄率或投资率看作外生变量，把产出—资本比率看作内生变量；其次对哈罗德的生产技术进行批评，提出了经济增长模型的新古典假设。索洛于 1956 年在其著名论文《对经济增长理论的一个贡献》中指出，哈罗德问题的关键在于假设生产技术是固定投入要素比例的生产函数。这一假设表明资本和劳动是不可替代的生产要素，索洛通过放松这一假设建立了资本和劳动可以相互替代的新古典经济增长理论。

为了对长期经济增长的现实做出理论解释，新古典经济学家们于 20 世纪五六十年代进一步将外生技术进步引入新古典生产函数，这一改进克服了收益递减的困难，使经济社会的人均收入能够保持长期增长。这个方法既解决了哈罗德的不稳定性问题，也给出了长期增长的一种模型解释。收益递减规律意味着长期稳定增长率完全独立于储蓄-投资额，若计划提高或降低投资率的封闭经济，将造成增长率的上下波动，但波动是暂时的，增长率将最终恢复到它的长期值。这个增长率是人口增长率和技术进步率之和。投资持续变化的持久效果仅仅在于影响稳定状态的产出水平，要想增加人均收入的增长率是不容易的，甚至是不可能的，除非技术进步可以任意改变。

2. 经济增长因素分析理论

1957 年，新古典经济学派的代表人索洛首先试图估计资本积累和技术进步对美国 1909~1949 年经济增长的相对贡献。肯德里克、丹尼森、库兹涅茨等进一步对经济增长因素进行了全面和系统的研究。

20 世纪 50 年代，罗伯特·索洛等以新古典经济增长模型对资本决定论提出了挑战。20 世纪 60 年代初，西方经济增长理论终于突破了只有厂房、机器、存货等有形物质才是资本的传统观念。以美国经济学家丹尼森为代表，他建立了一个增长来源的分析和估算体系。他认为增长因素有五个方面：一是劳动力在数量上的增加和质量上的提高；二是资本在数量上的增加；三是资源配置的改善；四是扩大规模的节约；五是技术进步（即知识）及其在生产上的应用。前二者属于生产要素投入量的增长，后三者属于生产要素生产率的提高。丹尼森在对 9 个工业发达国家经济增长的因素进行分析后，发现要素投入增加的贡献只占 1/3，有近 2/3 来自投入增加以外的因素，其中主要是技术进步。这证实和巩固了索洛的观点。这些模型强调技术进步对经济增长的决定作用，故被称为"技术进步决定论"。舒尔茨在对一些国家经济所作的实证分析中发现：经济发展中资本—劳动比率长期呈下降趋势；国民收入增长快于土地、资本和劳动投入的增长；工人实际工资大幅度增长。哈比森（1973）在《作为国家财富的人力资源》一书中对人力资本的作用有如下概括：人力资源"构成了一个国家财富的最终基础，资本和自然资源都是生产中的被动因素，只有人是生产中的主动因素。人积累资本、开发资源、组成社会的政治和经济组织，推动民族的发展。显然，一个国家如果不能增进本国人民的知识和技能，并在本国经济中加以有效地利用，那么，它就不可能在其他方面有任何进展"。[1]

从徐寿波（1980）所著《技术经济学概论》的第二篇第八章"技术方案的经济衡量标准及其公式"的论述中可以看出，当论及"技术方案的社会劳动消耗量"时，已经触及了"生产要素理论"。该书指出："一般说来，任何技术方案的社会实践都必须具有以下三个基本条件，即从事劳动的人（包括工人、技术员、管理人员等）、从事劳动所必需的劳动装备和工具（如工厂、机器、设备仪表、工具等）和劳动对象（如原料、材料、燃料、种子、饲料、资源、土地等）。"[2] 这说明，当时技术经济学的研究是在"生产要素三元论"的指导下进行的，所谓"生产要素三元论"指的是将劳动力、劳动手段和劳动对象视为基本的生产要素。徐寿波这一观点的实质是经济增长因素分析理论。[3]

3. 新经济增长理论

在 20 世纪 80 年代中期，以罗默、卢卡斯及其追随者为代表的一批经济学家，在对新古典增长理论重新思考的基础上，发表了一组以"内生技术变化"为主要内容的论文，探讨了长期经济增长的可能前景，重新激发了人们对经济增长问题的兴趣，掀起了"新增长理论"（或称内生增长理论）研究的浪潮。新增长理论的突出之处是强调经济增长不是外部力量（如外生技术变化、人口增长），而是经济体系内部力量（如内生技术变化）的产物，重视对知识外

---

① 陈峥嵘. 内生经济增长理论述评 [J]. 江海学刊，1996（6）.

② 徐寿波. 技术经济学概论 [M]. 上海：上海科技出版社，1980.

③ 徐斌. 技术经济理论发展问题研究 [D]. 北京：北京交通大学博士学位论文，2002.

溢、边干边学、人力资本积累、研究与开发、递增收益、开放经济、劳动分工和专业化以及垄断化等问题的研究，重新阐释了经济增长率和人均收入的广泛而持久的跨国差异，对国际经济学和中国经济实践的经济增长产生了广泛而深远的影响。①

熊彼特增长理论在新经济增长理论中占有重要的地位。熊彼特是一个很特殊的经济学家，他既深受马克思主义的影响，又推崇新古典经济学的创始人庞巴维克和瓦尔拉，从而形成了既不同于马克思主义又不同于新古典经济学的熊彼特经济学。②

4. 社会主义经济增长理论

马克思并没有从严格的意义上使用"经济增长"的概念。马克思对所有经济增长的含义都是用"扩大再生产"的概念表述的。马克思关于经济增长的理论包括三个部分：资本积累的规律，扩大再生产的实现条件，资本主义经济增长过程中利润率下降的趋势。

卡莱茨基（1967）在《社会主义经济增长理论导论》中阐述了社会主义经济增长思想和理论体系。卡莱茨基将社会主义国家的经济增长率区分为自然增长率和实际经济增长率。他认为，自然增长率是由外生变量决定的增长率，外生变量主要指劳动生产率的增长率和劳动人口的自然增长率。实际增长率是由内生变量决定的经济增长率。

卡莱茨基认为，社会主义经济增长是物质生产过程中三种效应——投资效应、损耗效应和改进效应的混合结果。他进一步认为，社会主义经济增长率还存在一个由外生变量规定的最高限，它取决于劳动生产率增长率和劳动人口的自然增长率。投资率和其他内生变量决定的实际增长率，不可能突破技术进步和人口自然增长所规定的界限。实际增长率达到自然增长率水平，表示技术进步的好处、自然增长的劳动人口得到充分利用。③ 事实上，社会在达到增长的自然界限前，应会遇到种种限制，这些限制主要来自三个方面：一是积累与消费的矛盾，高积累率和高投资以低消费为代价，会遇到社会消费者的抵制；二是劳动力供给的限制，劳动力资源相对较高经济增长率的需要显得不足，这在

---

① 庄子银. 新经济增长理论的五大研究思路 [J]. 经济学动态，1997（5）.

② 熊彼特. 经济发展理论 [M]. 北京：商务印书馆，1990.

③ 张富春. 资本与经济增长 [M]. 北京：经济科学出版社，2000.

苏联和东欧国家是一个很现实的问题；三是随着增长率的提高，因国内需求增加而使出口减少，进口增多，导致国际贸易状况恶化，也会限制经济增长。

卡莱茨基认为，可通过以下途径提高经济增长率：一是提高资本集约化程度，即提高投资系数；二是缩短设备生命周期，加速折旧与更新，即提高折旧系数；三是提高现有生产能力利用率，即提高改善系数。

第五节　技术创新和建设创新型国家的理论基础

一、中国创新体系和建设创新型国家的发展阶段

从实践上，我国真正意义上的国家创新体系建设和创新型国家的建设大致经历了四个发展阶段。[①]

（一）国家创新体系起步发展阶段（1978~1995 年）

这一阶段的主要表现是，探索国家创新系统的发展模式和创新政策，出台了改革政策和措施。这一时期，创新模式主要是计划主导模式，即设立国家科技计划，在国家科技计划中引入竞争机制。随着改革拨款制度、培育和发展技术市场等措施的实施，科研机构服务于经济建设的活力不断增强，科研成果商品化、产业化的进程不断加快，这一切都加速了我国国家创新体系的发展。在这一时期，国家科研经费大多以国家科技计划的形式出现，政府工作人员管理科研经费的配置。国家先后出台了一系列的计划，如国家重点科技攻关计划、高技术发展计划（"863"计划）、火炬计划、星火计划、重大成果推广计划、国家自然科学基金、攀登计划等科技计划。与此同时，为迎接世界高新技术革命浪潮，中国也像大多数国家一样兴办了许多科技园区。

国内的国家创新体系研究始于 20 世纪 90 年代中期。多西等（1992）合编的《技术进步与经济理论》[②] 一书，首次将国家创新体系概念引入中国。1997年底，中国科学院向中央提交了题为《迎接知识经济时代，建设国家创新体系》的研究报告，揭开了国内对国家创新体系研究的序幕。

---

① 张凤，何传启. 国家创新系统——第二次现代化的发动机［M］. 北京：高等教育出版社，1999.
② ［意］G. 多西等. 技术进步与经济理论［M］. 北京：经济科学出版社，1992.

（二）国家技术创新系统发展阶段（1995～1998年）

这一阶段的显著特点是，确立了市场经济的目标，进行企业制度和产权制度的改革，突出了企业技术创新模式，强化企业的创新功能。宏观管理体制也发生了重大变化，政府制订重大科技计划逐步变为由科技和经济主管部门联合制订，出现了新的参与对象，如国家工程中心、生产力促进中心等，加快了科技成果的商品化、市场化。1995年，国家启动了"科教兴国"战略。1996年，国家决定启动《技术创新工程》，重点是提高企业的技术创新能力。

（三）国家创新体系形成阶段（1998～2006年）

1997年12月，中国科学院在题为《迎接知识经济时代，建设国家创新体系》的报告中，提出了面向知识经济时代的国家创新体系，具体包括知识创新系统、技术创新系统、知识传播系统和知识应用系统。1998年6月，国务院通过了中国科学院关于开展知识创新工程试点工作的汇报提纲，决定由中国科学院先行启动《知识创新工程》，作为国家创新体系试点。

（四）创新型国家战略的实施阶段（2006年至今）

2006年2月，国务院印发《实施〈国家中长期科学和技术发展规划纲要（2006—2020年）〉的若干配套政策》（国发〔2006〕6号）。从增加科技投入、加强税收激励和金融支持、利用政府采购扶持自主创新、支持引进消化吸收再创新、创造和保护知识产权、加快创新人才队伍培养和建设、发挥教育与科普对创新的促进作用、建设科技创新基地与平台、加强统筹协调等方面提出了创新政策框架，共60条基本政策措施。2007年12月，十届全国人大常委会第三十一次会议审议通过修订后的《中华人民共和国科学技术进步法》，以法律形式确立了提高自主创新能力、建设创新型国家的奋斗目标。

二、国家创新体系和创新型国家的理论基础

创新型国家实质是国家的一种发展方式，同时也可以反映出一个国家的竞争力以及创新能力的状况。目前，对于创新型国家内涵、特征以及其测度方面还没有形成完整的体系，更多从国家创新能力、创新绩效、国家创新体系等角度描述创新型国家。目前，我国学者的理论研究基本上沿着弗里曼和纳尔逊的思路进行展开，但理论研究和实证研究比较比较薄弱，中国国家创新体系建设和建设创新型国家的理论研究落后于实践的发展。

西方技术创新理论的研究和发展已形成了新古典学派、新熊彼特学派、制度创新学派和国家创新系统学派四大理论学派。这些创新理论是建设国家创新体系和创新型国家的理论基础。

（一）熊彼特的创新理论

熊彼特的整个经济理论体系都是以创新为核心而解释资本主义的发生、发展及其变化规律，他从经济运动的内部去寻找推动经济增长、社会进步、历史发展的深厚基础和本质动因，强调创新活动在资本主义历史发展进程中的主导作用，他将经济理论的逻辑分析与资本主义发展的历史过程结合起来，对资本主义经济运行进行了实证性的动态考察。在熊彼特看来，资本主义经济处在不断运动变化发展中，其本质特征是运动和发展，是某种破坏均衡而又恢复均衡的力量发生作用的结果，这种推动经济发展的内在力量是"创新"。熊彼特认为：创新的过程是一个创造性的破坏过程，在创新的持续过程中，具有创新能力和活力的企业蓬勃发展，一批老企业被淘汰，一批新企业崛起，促使生产要素实现优化组合，推动经济不断发展，再加上"创新"是多种多样、千差万别的，其对经济发展的影响有大小、长短之分，这形成了发展周期的升降、起伏和波动。

经过 20 世纪八九十年代近 20 年的发展，到了 21 世纪，可以说，技术创新理论是由众多理论分支构成的规模庞大的理论体系，主要的理论研究问题集中在以下几个方面：技术创新政策、技术创新与经济发展的关系、技术创新与企业规模的关系、技术创新模式、技术创新扩散、技术创新能力、技术创新机制、技术创新溢出、产业集群技术创新等。

（二）国家创新系统理论

技术创新的国家创新系统学派以英国学者克里斯托夫·弗里曼、美国学者理查德·纳尔逊等为代表，该学派通过对日本、美国等国家或地区创新活动特征的实证分析后，认为技术创新不是企业家的功劳，也不是企业的孤立行为，而是由国家创新系统推动的。国家创新系统是参与和影响创新资源的配置及其利用效率的行为主体、关系网络和运行机制的综合体系，在这个系统中，企业和其他组织等创新主体，通过国家制度的安排及其相互作用，推动知识的创新、引进、扩散和应用，使整个国家的技术创新取得更好绩效。国家创新系统理论侧重分析技术创新与国家经济发展实绩的关系，强调国家专有因素对技术创新的影响，并认为国家创新体系是政府企业、大学研究机构、中介机构等为寻求一系列共同的社会经济目标而建立起来的，将创新作为国家变革和发展的关键动力系统。由此，弗里曼提出了技术创新的国家创新系统理论，将创新主体的激励机制与外部环境条件有机地结合起来，并相继发展了区域创新、产业集群创新等概念和分支理论。①

国家创新体系的系统研究受到了西方学术界的高度关注。进入 20 世纪 80 年代后期，出现了一个从体系的观点研究创新的新思路。无论是国家层次上的创新，还是区域层次上、产业层次上的创新，都可以看作一个由多种要素及其相互关系组成的体系，即创新体系。创新体系首先在国家层次展开研究，即国家创新体系；后来，学者们又在区域层次上对创新体系进行探讨，即区域创新体系。国家创新体系的研究相对区域创新体系来说比较成熟，而产业创新体系的研究尚处于初级阶段。

一般认为，国家创新体系的概念是英国经济学家弗里曼首先提出来的。弗里曼在 1987 年出版的著作《技术政策与经济业绩：来自日本的经验》② 和 1988 年发表的论文《日本：一个新的国家创新体系》中明确地提出了国家创新体系的概念，指存在于公共产业部门和私人产业部门——它们的活动及互动决定着新技术的发起、进口、改进和扩散中的各种制度所构成的网络。弗里曼以国家创新体系的框架，从厂商的 R&D 组织和生产体系、政府和通产省的作用、教育和培训等方面，对日本的经济奇迹进行了深入研究。弗里曼还从国家创新体系的观点分析经济强国的兴衰更迭，如工业革命时期英国的兴衰、德国的兴起，"二战"后日本及新兴工业化国家的崛起。

（三） 建设创新型国家的理论

创新型国家的思想是以创新为主线，系统阐述国家经济社会发展的整体概念体系，是近 30 年来发达国家对其社会经济发展进程进行研究总结而得出的成果，也是依靠创新谋求经济社会快速发展过程的实践归纳。这种思想方法从更深层次的角度透彻地分析了导致国与国之间经济发展差异的根本原因，同时向世界展示了一条依靠不断完善本国创新体系，提高自身创新能力、创新效率以谋求经济社会和谐发展的道路。最重要的是，由于创新型国家的理论对创新

---

① 周新川，陈劲. 创新研究趋势探讨［J］. 科学学与科学技术管理，2007（5）.
② Technology Policy and Economic Performance：Lessons from Japan［M］. Pinter Pub Ltd，1987.

活动的特征及进程进行了深入分析，使得进一步分析国家层面的创新活动效率以及加快创新型国家建设成为可能。①

创新型国家一般具备四个条件：研发投入占国内生产总值的比例在 2% 以上，科技进步贡献率在 70% 以上，对外技术依存度低于 30%，创新产出高。我国无论是研发投入、科技进步贡献率，还是对外技术依存度都与创新型国家有较大差距。

第六节　转变经济增长方式的理论基础

一、转变发展方式的理论和实践过程

(一) 探索经济增长方式的转变阶段

中国科学发展观和转变经济发展方式的形成，是在长期的发展实践中的经验积累，也是对马克思主义理论中国化的重要发展。1987 年，党的十三大提出要从以粗放经营为主逐步转变到以集约经营为主。1995 年，党的十四届五中全会明确提出两个具有全局意义的根本性转变，即经济体制从传统计划经济体制向社会主义市场经济体制转变，经济增长方式从粗放型向集约型转变。1997 年，党的十五大又明确提出："转变经济增长方式，改变高投入、低产出，高消耗、低效益的状况。"

从 20 世纪 80 年代后，学者们对技术进步与经济增长的关系以及经济增长方式及其转变的有关问题进行了深入系统的研究，这些研究既有定性的描述，也有定量的分析。如技术进步和产业结构优化、技术进步与经济增长、生产率与经济增长、转变经济增长方式等一系列重大应用经济学课题的理论和实证研究，不仅在理论问题上有所突破，而且对各级政府制定政策产生了重要影响。

(二) 探索经济发展方式转变的发展阶段

党的十六大以来，基于改革的伟大实践，党和国家通过进一步深化认识我国经济发展规律，形成了新时期指导经济社会发展全局的科学发展观。党的十七大明确提出了以从转变经济增长方式到转变经济发展方式为内容的进一步转

---

① 张磊，王淼. 西方技术创新理论的产生与发展综述 [J]. 科技与经济，2007，4 (2).

变，指出科学发展观的第一要义是发展，核心是以人为本，基本要求是全面协调、可持续，根本方法是统筹兼顾。科学发展观的确立是中国对经济发展规律认识进一步深化的重要标志，标志着国家指导经济发展的思路发生了重大改变。

中国在经济社会发展的实践过程中探索出了跨越高消耗、高污染、低效益的传统发展方式，边发展边治理，走速度与效率并重，兼顾当前与长远发展，经济和社会、生态环境协调发展的模式。进入21世纪，技术经济学者开始关注经济发展方式及其转变问题，以及如何依靠技术进步加快经济增长方式转变问题，这一问题至今仍是一个热点问题。

二、转变经济发展方式的理论基础

经济增长方式指推动经济增长的各种要素的组合方式和各种要素组合起来推动经济实现增长的方式。或简单地说，指经济增长来源的结构类型。其中，最重要的来源在于全要素生产率的贡献率的提高。这实际上意味着科技进步对经济增长方式转变具有核心作用。

(一) 新经济增长理论

在社会发展和技术进步的过程中，人类关于技术进步对经济发展和提高生产效率的促进作用等，以及有关经济增长方式及其转变的问题在很久以前就已有了比较深刻的认识和理解。新古典学派的许多经济学家早已注意到了这些问题，甚至可以追溯到亚当·斯密和李嘉图等古典经济学家。

从20世纪80年代中期开始，在西方经济学者中，以罗默、卢卡斯及其追随者为代表的一批经济学家，在对新古典增长理论重新思考的基础上，发表了一系列以"内生技术进步"为主要内容的学术论文。以罗默的《收益递增和长期增长》和卢卡斯的《论经济发展机制》为标志，掀起了"新增长理论"（或称为"内生增长理论"）研究的浪潮，对技术进步如何影响经济增长给出了内生化的解释，开拓了研究技术进步对经济增长方式及其转变作用的新思路。20世纪90年代以来，有关"新增长理论"的论文如雨后春笋般涌现，其代表人物除罗默、卢卡斯外，还有斯科特、格鲁斯曼、赫尔普曼等著名经济学家，他们的研究思路和研究结果存在一定差异，他们对内生经济增长的有关问题所持观点不尽相同。但是，他们对增长因素的认识是基本一致的。他们大都认为现代经济增长主要由知识积累推动，内生技术进步是经济增长的主要动力，新思想、技术发明、人力资本积累以及劳动分工和专业化水平的提高等是提高生产率、促进经济长期增长的关键因素。他们突出强调经济增长不是外部力量（人口增长等），而是经济系统内部力量（内生技术进步等）的产物。

（二）生产要素理论

现代经济增长理论中对经济增长因素的实证分析也印证了上述论断。大多研究结论表明，科技进步已成为发达国家经济增长中的最重要因素，是现代经济增长的基础，是提高经济增长质量、推动经济增长方式由外延型增长向内涵型增长转变的核心力量。

现代经济增长理论已经证明，经济增长的来源由两部分组成：一是生产要素投入的增加，主要包括资本投入和劳动投入的增加；二是科技进步，又称为全要素生产率的提高。而科技进步包括生产要素质量的变化、知识的进展、资源配置的改善、管理水平的提高、规模经济以及其他因素。

在20世纪50年代以前，经济学家对技术进步作用的研究大都停留在定性分析的阶段。在20世纪50年代之后的几十年里，西方经济学界新古典和新古典综合派的索洛、丹尼森等相继提出了各自的经济增长理论和模型，并用这些理论和模型对一些国家经济增长的历史进行实证分析和国际比较，对各类生产要素（资本、劳动、中间投入等）和技术进步对经济增长的贡献进行了分解和测算，把技术进步对经济增长作用的研究推向了更加实用的方面。他们通过定量计算对经济增长因素的分解表明，现代经济增长的各类因素中，技术进步的作用是巨大的。他们的分析方法和研究成果为我们定量分析技术进步对经济增长方式及其转变的影响和作用，准确把握经济增长方式转变的程度和途径提供了非常有价值的方法及工具。

由于科技进步在促进经济增长中的重要作用，各国决策者都非常重视科技进步，尤其是第二次世界大战之后，各国加大了对科技、教育的投入，并把科技进步的重点放在企业上，从而推动了各国的经济增长。当今世界经济竞争的背后是科学技术的竞争已被人们所公认。科技进步对经济增长的贡献大小成为评价一个国家（或地区）国际竞争力、经济效益和经济增长质量的重要指标。

（三）科技进步与产业结构关系理论

科技进步使经济结构发生巨大变革、促进产业结构合理化，从而使宏观结构效益和资源配置效率得到提高。

从根本上说，产业的形成、分解和新兴产业的诞生都是科技进步的结果。从历史上考察，当科技进步积累到一定程度后（如劳动工具的改善、金属加工技术的发明等）能够使生产能力产生质的变化，使生产方式发生变革，尤其当某种新技术将引起若干产业部门的生产效率产生飞跃时，会使整个产业社会技术体系发生革命（如三次大的社会分工），从而使产业结构发生急剧变化。历史经验证明，三次产业的依次出现和重点转移以及各次产业内部各个阶段的依次递进，都与科技进步密切相关。在现代人类社会发展历史上，曾发生过三次技术革命，这几次大的技术革命都促进了经济的迅速增长和产业结构的巨大变化。

科技进步对产业结构的影响是多方面的。科技进步通过刺激需求结构、改变就业结构、促使新兴产业出现、改变国际竞争格局等促进产业结构发生变化。例如，在激烈的国际市场竞争环境中，靠资源优势获胜的机会不断减少，而靠科技进步取胜的机会越来越大，这会推动技术密集型产业和高新技术产业的发展。此外，科技进步也可以改变一个国家（地区）在国际市场上的竞争能力，特别是对外贸易占国民经济比重较大的国家（地区），其产业结构会随着竞争能力的变化而变化。实际上，"二战"之后，科技进步已使国际竞争格局发生巨大变化。一些国家（地区）（如日本、东亚"四小龙"等）在国际市场上的竞争能力增加很快，并带动了这些国家（地区）的产业结构发生变化。

科技进步改变产业结构的过程是使产业结构不断合理化、高级化的过程。在技术比较落后的时期，生产力水平较低，产业部门较少，人们主要靠人类自身的体力和自然界发生联系，技术在生产中应用较少，产业结构中劳动密集型产业、第一产业的比重较大。而随着技术的进步，人类利用越来越先进的机器设备去从事生产实践活动，技术在人类生产活动中应用的密度越来越大，技术密集型产业和制造业在产业结构中所占比例越来越大，劳动密集型产业和第一产业所占比重越来越小。当技术水平高度发展后，生产的高效率使得直接从事生产活动的人数越来越少，劳动力向第三产业转移又推动了第三产业的发展。在科技进步使产业结构不断向合理化、高级化发展的这一过程中，带动了整个经济的协调发展，从而使宏观结构效益和资源配置效率得到提高。

（四）马克思主义扩大再生产理论

马克思主义政治经济学对技术进步对经济增长的作用这一问题也作过深入研究。马克思在 100 多年前就曾经指出，科学技术是生产力，是现实财富的创造力。他指出："劳动生产力是由多种情况决定的，其中包括：工人的劳动熟练程度，科学的发展水平和它在工艺上应用的程度，生产过程的社会结合，生产资料的规模和效能，自然条件。"马克思在论述实现扩大再生产的主要途径时指出，"生产逐年扩大是由于两个原因：第一，由于投入生产的资本的不断扩大；第二，由于资本使用的效率不断提高"。他还指出，"如果生产场所扩大了，就是外延上扩大；如果生产资料效率提高了，就是内涵上扩大"。这里，马克思把经济增长的原因科学地归纳为或是增加生产要素的投入，或是提高生产要素的使用效率，即通过改善生产资料的质量（提高技术水平）和劳动者的素质等，提高生产效率。马克思把扩大再生产分为两种不同类型：外延的扩大再生产和内涵的扩大再生产。马克思的这些重要论述是我国提出经济增长方式从粗放型向集约型转变的重要理论依据，并成为指导我们进一步研究技术进步和经济增长方式及其转变的有关问题的理论基础。

（五）发展经济学发展模式的理论

中国社会主义市场经济，是中国特色社会主义的重要组成部分。在改革开放以来的 40 多年间，首先朝着市场经济方向进行探索，先后提出过"计划调节为主，市场调节为辅""有计划的商品经济"等设想，进行探索；其次深刻总结了国内外社会主义建设的经验教训，明确提出建设社会主义市场经济的改革道路之后，用了 10 年左右的时间初步建立起社会主义市场经济体制，现在处于完善这一新体制的过程中。

中国社会主义市场经济，立足于中国社会主义初级阶段的基本国情。它的建立与成长贯穿于中国三种"转轨"交织在一起的"转轨"时期：一是经济体制上从计划经济转向市场经济；二是经济结构上从"二元经济"转向现代化工业经济；三是增长方式从粗放型转向集约型，特别是转向以科学发展观为基础的可持续性增长方式。三重"转轨"交织在一起，要在短短数十年内完成发达国家过去 200 年才完成的事，其复杂性、艰巨性可想而知。我国在转轨时期所面临的问题，是发达国家过去未曾遇到或经历过的，也是以发达的资本主义市场经济为研究对象的现代西方经济学从未研究过的。

我国是在济全球化、信息化时代进行工业化的，我国工业化虽比发达国家晚了 200 年，但充分利用后发优势，并总结出一系列宝贵经验，例如，资本和资源短缺的中国提出"利用两种资源和两个市场"总战略，以迎接国际间的产业转移；总结出"以信息化带动工业化，以工业化促进信息化"的新型工业化道路。此外，中国坚决摒弃西方国家走过的"先污染、后治理"的发展道路，而是提出了科学发展观，并据此倡导"资源节约型经济""环境友好型经济""循环经济"。这些发展方式都浓浓地凝聚了"中国特色"，都是中国国情和中国人智慧及创造性的结晶。① 社会主义在发展中必须处理好经济发展与保护资源、环境的关系。在谋划未来的发展时，既要充分考虑资源和环境的承受力，又要统筹考虑当前发展和未来发展的需要。而资源与环境的有效保护，可以促进经济的持续有效发展。尤其是在制定考核指标体系时，应突出资源合理开发与保护、环境保护与治理的要求。绿色化、低碳化发展和循环经济成为迫在眉睫的科技创新主题。

科学发展观在发展模式上完善了发展经济学。由于科学发展观追求的是人与自然、经济和社会的全面发展、协调发展和可持续发展，因而克服了以往发展观在发展途径、方式上的片面性缺陷，提出了完整的统筹兼顾发展模式，实行"五个统筹"，做到统筹城乡发展、统筹地区发展、统筹经济社会发展、统筹人与自然的和谐发展、统筹国内发展和对外开放。其实质就是加快城市化进程，逐步解决"三农"问题，促进城乡二元经济结构向现代社会经济结构的转变；推进工业化、城市化和市场化，保持比较发达地区快速发展的强劲势头和扶持落后地区的经济社会发展，促进东部的持续发展和中西部的跨越式发展，最终实现地区共同发展；在经济快速发展的基础上实现社会的全面进步，努力提高全体人民的各项福利。维持人口的适度增长、资源的永续利用和良好的生态环境；完善涉外经济体制，实现国内市场与世界市场的对接，充分地利用国内外两种资源、两个市场，努力实现中国经济的全面振兴。这无疑充实了发展经济学发展模式的理论。

---

① 白永秀，吴丰华. 新中国 60 年社会主义市场经济理论发展阶段研究 [J]. 当代经济研究，2009（12）.

本章小结

从技术经济学在我国发展的历史来看，其理论基础并不是固定不变的，而是随着经济体制改革的深入、学科内容体系的扩展不断发展变化的。技术经济学作为经济学的一个分支学科，最终要为经济实践服务，它在我国的发展必然要受到我国经济制度变迁的影响。技术经济学发展初期的理论技术是马克思主义政治经济学理论，改革开放以后的理论基础是马克思主义政治经济学理论与西方经济学理论，当前发展阶段的理论基础是社会主义市场经济学和西方经济学理论。

技术经济学理论体系包括基础理论和应用理论。技术经济学的基础理论包括马克思的扩大再生产理论、技术周期理论、技术进步和技术创新理论、经济增长理论。技术经济学的应用理论除了技术创新的转移和扩散、技术选择理论等外，还包括经济效果理论、技术转移理论、技术选择理论、技术扩散理论等。

经过多年的发展，建设项目经济评价工作已经由最初所注重的财务评价、国民经济评价，发展为同时关注社会和环境问题所带来的经济影响，对地区经济社会发展的影响，进而发展形成自身系统性较强的地区经济影响评价、社会评价和环境评价。

无论是马克思理论还是经济增长理论的发展过程，都体现了人类对于经济增长的认识是一个不断演进、不断深化的过程。技术进步与经济增长的理论基础是新古典经济增长理论、经济增长因素分析理论、新经济增长理论和社会主义经济增长理论。建设创新型国家的理论基础是熊彼特的创新理论、国家创新系统理论、创新型国家的理论。转变经济发展方式的理论基础是新经济增长理论、生产要素理论、科技进步与产业结构关系理论、发展模式的理论等。

思考题

一、名词解释

技术扩散、技术转移、可行性研究、转变发展方式、创新型国家

二、简答题

1. 简述技术经济学的理论体系框架。

2. 简述可行性研究的理论基础。

3. 简述建设创新型国家的理论基础。

4. 简述转变经济发展方式的理论基础。

三、论述题

1. 运用技术经济学相关理论，阐述建设创新型国家的重要性和建设路径。

2. 运用技术经济学相关理论，阐述如何转变经济增长方式。

第五章　技术经济学的主要理论基础

内容提要

　　马克思的扩大再生产理论，从古典经济增长理论到内生经济增长理论、区域增长理论、技术创新及技术周期理论，都是技术经济学重要的理论基础。本章重点系统介绍经济增长理论、区域增长理论和技术创新理论。其中，古典经济增长理论部分重点介绍斯密的理论思想，现代经济增长理论部分重点介绍哈罗德和多马模型、新古典经济增长模型、剑桥经济增长模型和经济增长因素分析。在新经济增长理论部分，重点介绍完全竞争条件下的新增长模型和垄断竞争条件下的新增长模型，此外，在经济增长理论中介绍了最优经济增长理论和社会主义经济增长理论。在技术创新理论部分重点介绍技术创新理论、技术创新周期理论、技术创新过程和技术创新的动力。在区域增长理论部分重点介绍了区域平衡发展理论、区域不平衡发展理论、区域经济基础理论、增长极理论和梯度理论。

第一节　经济增长理论

　　西方的经济增长理论经过 300 年的发展，逐渐从劳动决定论，经由资本决定论向技术决定论演进，经过了从古典经济增长理论、现代经济增长理论至新经济理论的发展。西方经济增长理论学派林立，著作浩如烟海。本节将从经济增长理论的演进过程首先回顾西方资本理论，然后回顾马克思主义的社会主义经济增长理论。

一、古典经济增长理论

　　17 世纪中叶，当资本主义生产方式在西欧尚未最后确立的时候，古典经济学家就对它的经济增长方式进行了最初的探讨，在劳动价值学说中奠定了人的劳动在财富创造中的重要地位。威廉·配第关于"土地为财富之母，劳动则为财富之父和能动的要素"的论断，布阿吉尔贝尔关于劳动时间决定价值的论述，都把劳动视为经济增长的主要源泉。其后，亚当·斯密和大卫·李嘉图把劳动价值学说推到了那个时代西方经济学家可以达到的顶峰。

斯密从富国裕民的目的出发，力求探讨国民财富的性质以及增加国民财富的原因和途径，他认为，导致国民财富增长的首要原因是生产性劳动者人数的增加及他们之间的社会分工。李嘉图在很大程度上克服了斯密理论体系中的一系列矛盾，确定了生产商品所耗费的相对劳动量决定商品的价值理论。古典政治经济学中，首先对经济增长问题作出全面系统分析的是亚当·斯密。斯密在《国富论》中主要论述了两个问题：第一，什么是国民财富，当时重商主义占统治地位，他们认为只有金、银等贵重金属及其制成的货币才是财富，而其他工农业产品都不能算是财富；第二，如果工农业产品也是财富，那么使得这些财富产生和增加的原因有哪些。第二个问题应该说是《国富论》的最主要的论题。①

斯密认为：经济增长主要是国民财富的增长，而国民财富的增长取决于两个条件：第一，分工引起的劳动生产率的提高；第二，从事生产劳动的人数的增加即生产劳动在全部劳动中所占的比例的提高。他以其家乡小镇扣针生产的考察为例，说明扣针生产中分工能够使生产效率提高数百倍。市场范围越大，分工越细致，劳动生产率越高，越能促进经济发展。而市场范围主要取决于人口的密度和运输的花费。生产劳动人数增加依赖于全社会的人口增加，这是一个比较缓慢的过程，因而要在近期内达到经济增长的目的则必须从提高劳动生产率入手。从18世纪中期的情况看，科学技术的发展比较缓慢，科技对经济增长的作用不十分明显，所以斯密提出了通过分工来提高劳动生产率，从而促使经济增长。斯密认为，即使在生产技术不变的情况下，在一个人员密集的劳动现场，只要进行合理的分工就能大大提高劳动生产率，"劳动生产力最大的增进，以及运用劳动时所表现的更大的熟练、技巧和判断，似乎都是分工的结果"②。

斯密重视资本积累，强调它对国民财富增长具有重要作用。他认为，要提

---

① 黄国桥. 谈西方经济思想对经济增长因素认识的演变及其现实意义 [J]. 云南财贸学院学报, 1997 (2).
② 亚当·斯密. 国富论（上卷）[M]. 北京：商务印书馆, 1972.

高劳动生产率，必须增加生产资料的数量，要增加生产性劳动，必须增加生产劳动者人数。斯密还认为，个人对经济利益的追求所带来的竞争是增加国民财富的动力。

二、现代经济增长理论

19 世纪 30 年代，工业革命在西欧各主要资本主义国家已经或即将完成，以蒸汽机为标志的大机器生产强有力地推动了社会生产力的进步，与之相联系，资本的积聚和集中达到了空前的规模。一些西方学者据此认为，经济增长率最终取决于资本积累率，资本积累水平较之劳动要素投入对增长具有更大的影响。于是，西方关于经济增长的研究开始背离古典经济学的传统，逐渐走上了资本决定论的道路。萨伊提出，斯密关于价值由人类劳动创造并表现人类劳动的观点是不正确的，任何财富和价值都"归因于劳动、资本和自然力这三者的作用和协力"；马歇尔研究了劳动、资本、土地和组织四个生产要素的供给及其变动规律在经济增长中的作用；边际效用理论把资本直接等同于生产资料，把它归结为生产工具和生产与储蓄的产物，强调资本本身具有生产力。资本决定论典型的表达形式是哈罗德–多马模型，认为经济增长率实际取决于储蓄率，储蓄率即资本的积累率，是唯一决定经济增长的因素。资本决定论是西方增长理论中统治最久、影响最大的流派。

（一）哈罗德和多马模型

哈罗德和多马的研究是现代经济增长理论的开端。英国经济学家哈罗德在《论动态理论》（1939）和《动态经济学导论》（1948）等著作中，试图把凯恩斯国民收入决定理论的短期静态分析长期化和动态化，以考察一国经济在长时期内的稳定增长问题。美国经济学家多马也进行了类似的研究，他在《资本扩张、增长率和就业》（1946）、《扩张和就业》（1947）和《经济增长理论文选》（1957）等著作中提出了与哈罗德模型基本相同的模型。因此，一般把他们的经济增长模型称为哈罗德–多马模型。

哈罗德模型的假设条件可以概括为以下几点：①经济是单一部门，社会上只有一种产品。②两种生产要素：劳动和资本。③储蓄被假定为与国民收入成正比的函数：$S = sY$，s 是平均和边际储蓄倾向。S 为储蓄，Y 为国民收入。④劳动力被假定按不变的外生增长率 n 变化；外生性假定的含义是劳动力的增长率完全不受经济系统中其他因素的影响。⑤技术进步 $A(t)$ 是哈罗德中性的，以外生不变的速度 m 变化，技术进步率就是劳动生产率。对资本存量 K 没有折旧。⑥生产函数是规模收益不变的固定要素投入比例生产函数：

$$Y = \min\left[\frac{K}{v}, \frac{A(t)L}{u}\right] \tag{5-1}$$

根据假设条件⑥可知，资本-产出比 v 为常数，K 和 Y 之间的关系可以写作

$$K = vY \tag{5-2}$$

上式两边分别对时间求导数可得

$$\dot{K} = v\dot{Y} \tag{5-3}$$

根据假设条件⑤，由于不考虑资本存量 K 的折旧，所以，投资等于资本存量的增量，即

$$\dot{K} = I \tag{5-4}$$

根据国民经济均衡条件：储蓄等于投资 $(I = S)$ 和假设条件（5-3），可以得出

$$\dot{K} = sY \tag{5-5}$$

比较式（5-3）和式（5-5）可得

$$v\dot{Y} = sY \text{ 或 } \dot{Y}/Y = s/v \tag{5-6}$$

于是，国民收入的增长率为

$$G = s/v \tag{5-7}$$

这就是哈罗德经济增长模型的基本方程式。哈罗德将式（5-7）决定的增长率，看作是自明之理、必然正确的，是由实际储蓄率和实际资本产出比率决定的，因此叫作实际增长率。哈罗德提出的另一个增长率概念是有保证增长率，它由储蓄率和合意的资本-产出比率 v_t 决定，关于合意资本-产出比率，哈罗德用加速原理作出这样的解释：厂商为追加生产一单位产品需要追加的资本量。这样有保证的增长率为 $G_w = \dfrac{s}{v_t}$，由于产出每增加一单位将导致 v_t 个单位的投资，所以，这一增长率将使企业家因投资正确而感到满意。最后，哈罗德提出了自然增长率的概念，自然增长率是由人口增长和技术进步所决定的最大经济增长率，

即在充分就业条件下，由哈罗德中性技术进步决定的经济增长率 m，即 $G_n = m+n$。哈罗德认为，经济实现长期稳定增长的条件是以上三种增长率相等，即

$$G_w = G_n = G \tag{5-8}$$

根据以上方程，充分就业的长期稳定增长必须满足两个独立条件：第一，总产出必须按 $m+n$ 的速度增长，否则，要么产出增长率太低，失业率将无限增加；要么产出增长率太高，劳动力资源被耗尽。第二，经济增长率必须等于储蓄率或投资率与产出–资本比率 a（资本–产出比率 v 的倒数）的乘积。两个条件只有在 $sa=m+n$ 时才能协调一致。但是，没有任何机制保证这个条件成立，因为四个参数的来源完全不同。

（二）新古典经济增长模型

约翰·穆勒是 19 世纪中期英国最著名的经济学家，他是古典经济学和新古典经济学之间承前启后的人物。穆勒继承了斯密和李嘉图的传统，非常重视经济增长问题，他认为："在政治经济学中，没有什么比弄清生产增长的规律，生产增长所依赖的条件，生产的增长是否实际存在限制，它受什么限制等问题更为重要了。"[①] 从合作原理中，穆勒推演出了大规模生产可以促进经济增长的结论。为了使劳动获得最大效率，必须有足够的劳动者进行合作，企业的规模必须能够容纳这些劳动者，资本的数量必须足以维持这么多工人的生活。因此，大规模生产是经济发展的必然趋势和结果。约翰·穆勒以后，西方经济学开始从古典经济学进入到新古典经济学时期。新古典经济学引入了边际分析方法，他们把主要精力放在用边际分析工具考察市场价格决定、现有资源的合理配置以及收入分配问题，他们大多数不研究经济增长问题。

以索洛为代表的新古典经济增长学派，首先将储蓄率或投资率看作是外生变量，把产出–资本比率 a 看作是内生变量；其次对哈罗德的生产技术提出了批评，提出了经济增长模型的新古典假设。索洛（1956）在其著名论文《对经济增长理论的一个贡献》中指出，哈罗德问题的关键在于假设生产技术是固定投入要素比例的生产函数。这一假设表明资本和劳动是不可替代的生产要素，索洛通过放松这一假设建立了资本和劳动可以相互替代的新古典经济增长理论。

为了对长期经济增长的现实作出理论解释，新古典经济学家们于 20 世纪五

---

① 约翰·穆勒. 政治经济学原理［M］. 金镝，金熠译. 北京：华夏出版社，2009.

六十年代进一步将外生技术进步引入新古典生产函数，这一改进克服了收益递减的困难，使经济社会的人均收入能够保持长期增长。下面介绍技术进步的分类。

外生技术进步按照生产同样的产出所减少的劳动力和资本划分，可以分为节约劳动和节约资本的技术进步两种类型。如果发明创造对每个投入要素具有同等程度的影响，则称这种技术进步是中性的。三种中性技术进步的定义分别由希克斯（1932）、哈罗德（1942）和索洛（1969）给出。

希克斯中性技术进步指对于给定的资本劳动比率，资本边际产量与劳动的边际产量保持不变。希克斯中性生产函数可以写成

$$Y=F(K,L,t)=T(t)\cdot F(K,L) \tag{5-9}$$

其中，$T(t)$ 表示技术状态水平，$\dot{T}(t)\geqslant 0$。

哈罗德中性技术进步是指对于给定的资本产出比率，资本和劳动两种要素的相对收入份额 $K\cdot F_K/L\cdot F_L$ 也保持不变。[1] 符合这个定义的生产函数形式为

$$Y=F[K,L\cdot A(t)] \tag{5-10}$$

其中，$A(t)$ 是技术水平指标，$\dot{A}(t)\geqslant 0$。这一形式保证产出随劳动存量的增加而增加，所以叫作扩大劳动的技术进步。

索洛中性技术进步是指对于给定的劳动产出比率，劳动和资本两种要素的相对收入份额 $L\cdot F_L/K\cdot F_K$ 保持不变。可以证明满足这个定义的生产函数形式为

$$Y=F[K\cdot B(t),L] \tag{5-11}$$

其中，$B(t)$ 是技术水平指标，$B(t)\geqslant 0$，这一形式使产出随资本存量的增加而增加，所以又称作扩大资本的技术进步。可以证明[2]，在新古典模型中，如果技术进步是外生给定的，则只有扩大劳动的技术进步才能保证长期稳定状态的存在。

现在，假定方程（5-10）中的技术指标项，$A(t)$ 以不变的增长率 m 变化，则按照与前面相同的办法可以求得人均资本存量 k 的变化公式：

$$\dot{k}=s\cdot F[k,A(t)]-(n+\delta)\cdot k \tag{5-12}$$

① 罗宾逊（1938）和宇沢弘文（1961）的著作。
② 罗伯特·J.巴罗，哈维尔·萨拉伊马丁.经济增长 [M].何晖，刘明兴译.北京：人民大学出版社，2000.

式（5-12）两边同除以 k 可得

$$\dot{k}/k = s \cdot F[k,A(t)]/k - (n+\delta) \qquad (5-13)$$

式（5-13）左边实际就是人均资本增长率，$y=F[k,A(t)]=k \cdot F[1,A(t)/k]$，右边的 $F[k,A(t)]/k$ 等于产出-资本比率 $Y/K=a$。在稳定状态下，即 $k=0$ 时，产出-资本比率是由人口增长率、技术进步率、储蓄率等外生变量决定的内生变量。

索洛的这一修正，使劳动生产率 y（相当于哈罗德模型的 m）也含有内生成分，它随资本集约度变化而变化；同时，它仍含有一个外生成分，即技术进步。这个方法有以下优点：第一，它能与经济学其他理论融为一体。劳动替代资本提高产出-资本比率，是一个合适的、可以感知的设计，特别是对长期问题而言更是如此。其中隐含的调整机制是可信的。如果 $sa-m>n+\delta$，则劳动相对于资本是稀缺的，我们自然希望工资-租金比率提高；成本最小化的企业将用资本替代劳动，产出-资本比率将下降，经济将更趋向于满足一致性条件。反之亦然。第二，边际收益递减的假设使这个机制为大多数经济学家所接受。沿等产量曲线的替代符合经济学的传统，符合经济学家的观点，而且许多证据支持传统假设。第三，规模收益不变的假设是一个很大的简化，一方面，它以比率进行总量分析，减少了变量的个数，另一方面，由于它容许市场形态进一步简化为完全竞争，增强了模型的可操作性。但是，它对于模型的有效性和可操作性并不是必要的，尤其是在廉价的计算机模拟时代。

众所周知，这个方法既解决了哈罗德的不稳定性问题，也给出了长期增长的一种模型解释。收益递减规律意味着长期稳定增长率完全独立于储蓄-投资额，一个努力提高或降低投资率的封闭经济，将经历总增长率的上下波动，但波动是暂时的，增长率将最终恢复到它的长期值。这个增长率是人口增长率和技术进步率之和。投资持续变化的持久效果仅仅在于影响稳定状态的产出水平，要想增加人均收入的增长率是不容易的，甚至是不可能的，除非技术进步可以任意改变。

（三）剑桥经济增长模型

剑桥经济增长模型的主要倡导者是英国的 J. 罗宾逊、N. 卡尔多和意大利的 L. 帕森奈蒂。剑桥模型的充分就业条件仍然是 $Gn=S/V$。其主要特点是将经济增长与收入分配结合在一起，通过改变资本和劳动在国民收入中的份额使储

蓄率 S 发生变化, 即通过对于任何给定的 G_n 和 V, 可以通过改变 S 的值使得 $Gn = S/V$ 实现充分就业的稳定增长。因此, 在剑桥经济增长模型中, 国民收入的分配成为实现充分就业的稳定增长的一个条件。

剑桥模型把社会的成员分为利润收入者和工资收入者两大阶级, 并假定两大阶级的储蓄都占各自收入的一个固定比例, 但利润收入者的储蓄倾向大于工资收入者的储蓄倾向。这样, 均衡增长方程中的 S 变量将随利润与工资在国民收入中分配份额的变化而变化。

新剑桥学派从两种情况讨论实现经济均衡增长的条件:

一种是当 $S_W = 0$ 时, 即工人的储蓄倾向为零, 有 $G_n = p' - Sp$。

实现充分就业的稳定增长取决于利润率 p' 和利润收入者储蓄倾向 Sp 这两个因素, 由于 Sp 被假定为恒定常数, 因而当自然增长率与有保证的经济增长率相一致时, 可通过改变利润率实现。

另一种是当 $S_W > 0$ 时, 即工人有一部分储蓄时, 实现充分就业的稳定增长条件, 则取决于利润率的高低和利润收入者与工资收入者两个不同阶级的储蓄倾向。若这两种储蓄倾向已定, 当自然增长率与有保证的增长率不一致时, 可通过改变利润与工资在国民收入中的份额, 即改变社会储蓄率以实现充分就业的均衡增长。[①]

(四) 经济增长因素分析

1957 年, 新古典经济学派的代表索洛首先试图估计资本积累和技术进步对美国 1909~1949 年经济增长的相对贡献。肯德里克、丹尼森、库兹涅茨等进一步对经济增长因素进行了全面和系统的研究。

在要素投入方面, 丹尼森认为, 劳动的就业人数、劳动力的质量 (受教育程度)、工作时间以及劳动力的性别是反映劳动投入的重要因素, 资本存量是反映资本投入的重要因素。在要素生产率方面, 丹尼森认为资源的配置、规模经济和知识的进步对经济增长率起重要作用。索洛 (1957) 提出了全要素生产率 (即广义的技术进步) 分析方法, 并应用这一方法检验新古典经济增长模型时发现, 资本和劳动的投入只能解释 12.5%左右的产出增长, 另外 87.5%的产出增长被归为一个用以代表技术进步的 "余值" (residual)。丹尼

---

① 张富春. 资本与经济增长 [M]. 北京: 经济科学出版社, 2000.

森关于美国"二战"后经济增长因素的分析表明，1929~1969年，资本和劳动的投入只能解释54.4%的产出增长，生产要素生产率的贡献占45.6%，其中知识进步的贡献约为27.6%，也就是生产要素生产率的提高，要有60%以上归因于知识进步或技术进步的贡献。

三、新经济增长理论

自从罗默（1986）发表开创性论文以来，对经济增长理论的研究重新在西方学术界兴起，有关新经济增长理论的文章在各种西方学术期刊上大量涌现。新经济增长理论出现后，已成为国际经济理论界颇有影响的流派，这不仅由于它修正和发展了新古典主义的增长理论，克服了外生经济增长模式的缺陷，更在于它就经济增长的机制和动力给出了与实践相一致的阐释，给经济增长以新的内涵。

新经济增长有一个共同的趋势，即将传统增长经济学完全未予重视的一些因素如知识产权、贸易改革、教育、法制、社会基础设施和政治稳定等都成功地逐一纳入增长因素系列中，并进入模型加以内生化。新经济增长理论把发达国家与发展中国家作为整体研究，通过模型说明人力资本、知识等促进经济增长的关键因素的自我积累、自我演进机制，从而说明市场调节不但适用于发达国家，也同样适用于发展中国家。这样，新经济增长理论的出现，给结构主义带来了致命的打击，从而在发展经济学领域重新确立了新古典主义的绝对地位。新经济增长理论是在传统增长理论的基础上发展起来的，它的研究使经济增长理论同经济发展理论重新联系在一起，发展经济学的主要组成部分如经济增长模型和经济增长因素分析、资本积累理论、人口发展与人力资本理论、资金形成理论、产业结构调整与技术进步理论、国际贸易、国际金融理论以及宏观调节理论都是新经济增长理论的研究对象。经济增长理论的最新发展表明，经济增长理论的发展和发展经济学的研究内容越来越接近、越来越密切，因此，新经济增长理论的研究必将促进发展经济学的进一步发展。

新经济增长理论具有微观化、模型化和内生化的特点，其核心是内生化。所谓内生化是将传统增长理论中作为外生变量处理的一些因素放到增长模型里作为内生变量研究。从以上方面的研究看，这些内生变量是企业的知识、人口和人力资本、政府的经济政策、国外部门中的商品流动、资本流动和技术转让。尽管内生技术进步模型在新经济增长理论前就提出了，但它们没有改进假设条件，过于强调实物资本对经济增长的作用，从思想方法到结论都没有完全突破传统的增长模式。而新经济增长理论提出了递增报酬、外在性等新思想，将以往作为外生变量的因素引入模型，并且摆脱了传统增长理论中"经济的稳态增长率由劳动力增长率所决定"这样的"不愉快的结果"，认为人均产出或消费可能随时间无限地增长而不必依赖人口增长。经济学界有观点认为，新经济增长理论的价值基本上取决于它们对一些经济发展现象（如各国经济发展差异）的解释能力。根据贝克尔等的理论，人力资本是经济增长的动力，这些国家和地区经济增长的原因在于上一代国民在教育上下了大力气，促进了人力资本的形成和积累，人力资本投资效果在下一代显示出来，那就是持续高速的经济增长。另外，贝克尔、埃里克等关于经济存在两种均衡的论述比较符合发达国家和不发达国家的经济情况。金和里贝罗关于政府经济政策的研究指出，政府的税率变动会影响人们的消费——投资决策，从而影响经济的长期增长趋势；巴罗认为，政府提供适当的公共服务是有利于经济增长的，一个有政府调控的经济可能达到比自发经济更高的增长率，由此可以解释为什么发达的工业化国家间的经济增长速度和趋势也各不相同。罗默、卢卡斯等关于国际贸易、国际资本流动与经济增长关系的研究解释了各国经济发展水平、增长率、收入水平存在差别的原因，并用国际贸易、国际资本流动对经济具有推动作用说明开放经济比封闭经济发展得更快一些。我国对外开放后经济的迅速发展就是该理论的一个例证。①

新经济增长理论的实用价值已日益显示出来，但其最大的价值是对制定经济政策的影响。新经济增长理论断言，政府仅仅重视经济周期是完全错误的。该理论能够间接地引导政府更加认真地考虑教育、投资、R&D、贸易改革和知识产权等问题。新经济增长理论为国家经济政策特别是财政政策和产业政策的制定提供了有益的思路。总的来说，有效的经济增长政策在于资助经济增长的要素，它们能够带来规模经济效益递增或能产生外部经济效应。例如，税收应主要从对经济增长影响不大的要素中提取，用于资助教育和科研开发产业。

新经济增长理论，包含 20 世纪 80 年代以来的各种理论和实证研究，区别

---

① 刘富华，曹东. 经济增长理论的最新发展及其与发展经济学的融合［J］. 学术月刊，1997（5）.

于新古典理论的显著特点是强调经济增长是经济体制的内生结果，而不是由外生因素决定的。因此，理论工作者不再用外生技术进步去解释自工业革命以来的人均收入水平的巨大提高。实证工作从解释不同的国家和地区的增长余值转向解释私人和公共部门的选择问题。这些选择是引起不同国家余值增长率差异的原因。正像新古典理论一样，新经济增长理论的重点在于总量经济行为，因此，这方面的工作是研究与开发（R&D）和生产率研究在微观层次上的补充。新经济增长理论主要有两个不同的起源：一个是关于趋同的争论；另一个是在总量水平上建立行之有效的完全竞争的替代模型。罗伯特·索洛和其他经济学家建立的新古典模型是朝着正规经济增长理论迈出的第一步，近年来的趋同争论几乎是根据新古典模型表达的，说明了模型的力量和持久性。从理论观点看，模型的力量在于将技术看成纯粹的公共商品，并保留了完全竞争的简单特性。①

　　新经济增长理论在实证研究中得到进一步验证。美国哈佛大学经济学家罗伯特·巴罗等在实证研究中利用罗默的理论和研究方法比较了许多不同国家的经济增长率，统计分析显示该理论是有效的。这项研究得出的结论是：由于缺乏人力资本（即教育），而不是由于缺乏物质资本投资，阻碍了穷国赶上富国。此外，还有一些经济学家使用罗默模型研究各国的经济增长。例如，美国哥伦比亚大学的里查德·鲍尔温研究欧洲统一大市场计划对经济增长的影响。根据罗默模型，他认为贸易自由化会提高经济的长期增长。法国的丹尼尔·柯恩采用了巴罗的理论，研究东欧国家的经济改革，他认为东欧国家的教育水平比较高，因而估计各国人均国民收入的长期增长率，每年平均可望达到3%～3.5%。当然，新经济增长理论的局限性也是明显的。一个明显的缺陷是，它们的模型都用到人力资本。但我们知道，即使对于有形的物质资本，学者也为之进行了旷日持久的论战，更不用说相对于物质资本更为抽象的人力资本了。实际上，人力资本是一个很难被完美定义的概念。另外，也很难对人力资本对经济增长的促进作用进行定量的分析，而只能作定性说明。特别是杨小凯、贝克尔等的"劳动分工"演进模型几乎无法进行经验证实，因为该模型中的参数无数据来源，分工演化是一个长时期内发生的事，难以用几十年间的数据进

① 陈峥嵘. 内生经济增长理论述评［J］. 江海学刊, 1996（6）.

行验证。这显然与已经日趋精确化、细致化、数量化的整个经济学理论的发展趋势是格格不入的。因此，整个新经济增长理论的未来发展趋势就在很大程度上取决于能否提出一个能具体测度人力资本的有效方法以及推计、估算模型所要求的有关数据的方法。但到目前为止，新经济增长理论还没有走向最终的成熟与定型，而是正向纵深发展，且各学派间相互渗透，界限变得模糊。因此，目前还不规范，还存在不少局限。①

根据新经济增长模型所依赖的基本假设条件的差异又可分为完全竞争条件下的新增长模型和垄断竞争条件下的新增长模型。

（一）完全竞争条件下的新增长模型

这类新增长模型可以根据各模型中关于总量生产函数的不同规定，分为两种基本模型：一种是外部性条件下的内生增长模型；另一种是凸性增长模型。

1. 外部性条件下的内生增长模型

外部性条件下的内生增长模型是采用马歇尔提出的外部经济分析法研究经济增长的模型，这类模型假定，总量生产函数呈现规模收益递增的特征。造成规模收益递增的原因在于技术产生的溢出效应。外部性条件下的内生增长模型主要包括：罗默的知识溢出模型（1986），卢卡斯的人力资本模型（1988），巴罗的公共产品模型和雍塞模型（1990），克鲁格曼-卢卡斯-扬的边干边学模型（1991），斯托齐的边干边学模型（1988）等。西方学者们普遍认为，罗默模型（1986）和卢卡斯模型（1986）最有代表性。我们主要考察罗默、卢卡斯和巴罗模型。罗默（1986）实际上将阿罗的边干边学模型向前推进了一步。他假定：①新知识是研究部门的产品，新知识给研究厂商带来递减收益。②单个厂商生产的新知识具有正的外部性。③消费品生产是知识的收益递增函数。④所有厂商都是价格接收者。因此可在完全竞争框架下考察经济增长过程。在罗默的知识溢出模型里，知识或技术是私人厂商进行意愿投资的产物，像物质资本投资一样，私人厂商进行知识投资也将导致知识资本的边际收益递减。但知识或技术的溢出足以抵消固定生产要素存在引起的知识资本边际产品造成的趋势，从而使知识投资的社会收益率保持不变或呈现递增趋势。同时，他还认为知识溢出的存在会造成厂商的私人收益率低于社会收益率，不存在政府干预

① 陈峥嵘. 内生经济增长理论述评 [J]. 江海学刊, 1996 (6).

时厂商用于生产知识或技术的投资太小，从而使分散经济的竞争性均衡增长率低于社会最优增长率。

罗默的知识溢出模型的意义在于将知识作为一个独立的因素纳入增长模型，并且认为知识积累是促进经济增长的最重要的因素。

卢卡斯的人力资本溢出模型（1988）实际上是将阿罗模型（1962）和宇泽弘文（1965）提出的一个增长模型结合起来而形成的。卢卡斯的基本假设是：①每个人的人力资本是指他的一般技术水平。每个人提供的劳动量和他的人力资本存量水平成正比。②每个人具有的人力资本对各自生产力的影响是人力资本的内在影响；所有劳动力的平均人力资本水平对其他生产要素的生产率影响是人力资本的外部性影响。卢卡斯认为，人力资本的溢出效应可以解释为向他人学习或相互学习，一个拥有教育人力资本的人对他周围的人会产生更多有利的影响，提高周围人的生产率，但他并不因此得到收益。卢卡斯模型的重要意义在于：①经济增长不再像起始模型所假设的那样，通过资本积累过程实现，而是通过人力资本积累过程来实现，也就是说，人力资本的积累通过外部性作用机制，实现经济系统的持续增长。②它可以解释国际间的要素流动。

与罗默和卢卡斯不同，巴罗（1990）认为，政府是推动经济增长的决定力量，技术进步表现为政府提供服务所带来的私人厂商生产率和社会生产率的提高，不同类型的政府服务对私人厂商有着不同的影响，并最终导致总量生产函数具有不同的形式。在巴罗的公共产品模型中，他假定政府提供共同产品，也就是说，政府产品具有非竞争性和非排他性。该模型采用的生产函数假定是总量生产函数，具有 $Y=AK^\alpha L^{1-\alpha} G^{1-\alpha}$ 的形式，其中 G 代表政府产品，经济也可以实现平衡增长。而在巴罗的雍塞模型中，他假定政府产品具有部分竞争性和非排他性。该模型采用的总量生产函数的形式为 $Y=A \cdot K \cdot f(G/Y)$。政府可以通过适当的比例税率，使分散化均衡增长率等于社会最优增长率。

2. 凸性增长模型

完全增长条件下的内生增长模型的第二条研究思路是在总量生产函数规模收益不变即凸性生产技术的假设下说明经济实现内生增长的可能性。凸性增长模型主要有：AK 模型、琼斯-真野惠里模型（1990）、雷贝洛模型（1991）、金-雷贝洛模型（1990）、拉德龙模型（1997）等，其中最重要的是琼斯-真野惠里模型。琼斯和真野惠里（1990）将 AK 模型和索洛模型结合起来，说明在一定条件下，规模收益不变的生产技术足以保证经济实现内生增长。琼斯和真野惠里认为，索洛模型之所以不能说明经济的内生增长，原因不在于其对资本收益递减的假设，而在于假定生产函数满足稻田条件，因此当经济中不存在外生技术进步时，资本积累将中止。只要取消了稻田条件，代之以假定资本的边际收益递减趋近于一个正数，就可以用资本积累解释经济增长。该模型还认为不存在政府干预时，竞争性均衡同时就是社会最优，经济将趋近于平衡增长路径。经济的稳定增长率既取决于生产技术条件，又取决于消费者的偏好。该模型的不足之处在于没有说明稻田条件不成立的原因。

（二）垄断竞争条件下的新增长模型

垄断竞争条件下的新增长模型也用技术进步解释经济增长，这类模型实际上是对罗默（1986）模型和卢卡斯（1988）模型研究思路的继承和发展。根据技术进步表现形式的不同，可以分为两种类型：一种是产品品种增加型增长模型；另一种是产品质量升级型内生增长模型。

1. 产品品种增加型增长模型

产品品种增加型增长模型将技术进步理解为中间产品品种或消费品品种的增加，该类增长模型主要包括罗默的知识驱动模型（1990），格罗斯曼-赫尔普曼模型（1991），里韦拉-罗默模型（1991）和扬模型（1993）。我们主要考察罗默的知识驱动模型。在罗默的知识驱动模型中，克服资本积累过程中收益递减问题的关键是在生产过程中新投入品的不断引入，他假设经济中存在两个拥有不同生产技术的部门，物质产品部门和研究部门，物质产品部门在 D-S 生产函数下生产最终产品和中间产品。研究部门则在二阶齐次的生产函数下生产新知识。由于物质产品部门的生产函数是 D-S 型的，技术进步使中间产品和最终产品的生产量规模收益递增。对物质产品生产者来说，技术进步等同于一种正的外部效应，技术进步的存在保证了物质资本的不断积累和经济的持续增长。

2. 产品质量升级型内生增长模型

如前所述，在产品品种增加型的增长模型中，经济增长表现为最终产品数量的不断增长，而产品质量升级型增长模型则认为，最终产品质量的不断提高也是经济增长的一种表现形式。产品质量升级型增长模型主要包括格罗斯曼-赫尔普曼模型（1991）、阿格亨-豪伊特模型（1992）、塞格斯特罗姆等的模型（1990）和塞格斯特罗姆模型（1991）、巴罗和撒拉模型（1995）等，其中最具代表性的是格罗斯曼-赫尔普曼模型（1991），我们着重考察这个模型。格罗斯曼-赫尔普曼的质量升级模型仍假定总量生产函数是 D-S 型的，但现在产品种类数被看成是固定不变的，技术进步表现为每一种产品质量的提高，厂商从事研究开发的前景是不确定的，厂商投入于研究的资源越多，其研究成功的概率越大。每一个商品序列由质量优劣不一的同种商品组成，只有最优质商品才能被实际生产出来，因此新产品的引入将导致旧产品被淘汰出生产过程。技术具有两种外部性：其一，所有研究厂商可以利用所有的创新成果，技术的溢出效应将导致分散经济的技术进步和均衡增长率均不太低；其二，生产某种产品的新技术的出现，使原先的厂商损失全部的资产价值，但创新厂商并不考虑他的创新给其他厂商使用。D-S 生产函数是一个效用函数，表明消费者偏爱多样化的消费。厂商带来的负面影响，技术具有的负外部性，将导致私人厂商从事创新的激励过高，从而使分散经济的技术进步率和经济增长率过高。

四、最优经济增长理论

与上述的实证动态增长理论不同，最优经济增长理论属于规范的动态学范畴，是福利经济学在经济增长问题上的应用。最优经济增长理论是关于经济长期增长过程中如何实现资源最优配置的理论。该理论依据社会福利最优化这一价值标准，确定储蓄和消费变动即经济增长的最优时间路线，以便为政府的增长政策和其他公共经济政策提供理论依据。

1928 年英国的经济学家拉姆齐（F. Ramsey）发表的《储蓄的数学理论》中，说明了最优储蓄（或最优消费）时间轨迹所必须满足的条件，至今仍然是最优经济增长理论的核心思想。由于拉姆齐的研究得到过凯恩斯的帮助，这一条件一般称为拉姆齐-凯恩斯条件。

拉姆齐认为，一个国家或民族在将一定时刻的国民收入分为储蓄和消费时，必须将由现期消费增加所得的快乐增大，与由储蓄所引起的未来消费增长带来的快乐增大进行比较，选择一条恰当的消费-储蓄时间轨迹，以使包括在一个较长时期或无穷时域内（如果这个国家和民族将永远存续下去）的各个时刻由消费所得的快乐或效用的总和最大，即社会福利最大。这就是拉姆齐解决最优储蓄问题的基本思路。① 后来"万能数学家"约翰·冯·诺伊曼在《一个一般经济均衡模型》中更精辟地证明了经济的最优增长问题。一些沿着拉姆齐思路研究实现消费者效用或消费最大化的资本积累路线的理论，被称为"消费导向"的最优增长理论。另一些沿着诺伊曼的方法集中探讨与现有技术相一致的最大资本积累率或增长率的理论，被称为"资本导向"的最优增长理论。

五、社会主义经济增长理论

马克思并没有在严格的意义上使用"经济增长"这一概念。马克思的所有经济增长含义都用"扩大再生产"概念表述。马克思关于经济增长的理论包括三个部分：资本积累的规律，扩大再生产的实现条件；资本主义经济增长过程中利润率下降的趋势。

卡莱茨基（1967）在《社会主义经济增长理论导论》中阐述了他的社会主义经济增长思想和理论体系。卡莱茨基将社会主义国家的经济增长率区分为自然增长率和实际经济增长率。他认为，自然增长率是由外生变量决定的增长率，外生变量主要是指劳动生产率的增长率和劳动人口的自然增长率。实际增长率则是由内生变量决定的经济增长率，内生变量包括投资率（i）、投入-产出系数（k）、生产性固定资本投资系数（m）、折旧系数（α）和改进系数（u）。卡莱茨基通过对上述内生变量之间的关系分析，提出了著名的关于社会主义增长的一般模型：

$$Y = \frac{i}{k} - \frac{m(a-u)}{k} \tag{5-14}$$

其中，Y 代表国民收入增长率。

卡莱茨基认为，社会主义经济增长是物质生产过程中三种效应——投资效应、损耗效应和改进效应的混合结果。他进一步认为，社会主义经济增长率还存在一个由外生变量规定的最高限，它决定于劳动生产率增长率和劳动人口的自然增长率。投资率和其他内生变量决定的实际增长率，不可能突破技术进步和人口自然增长所规定的界限。实际增长率达到自然增长率水平，表示技术进步的好处、自然增长的劳动人口得到充分利用。② 事实上，社会在达到增长的

① 林岗. 增长经济学 [M]. 北京：人民出版社，1994.
② 张富春. 资本与经济增长 [M]. 北京：经济科学出版社，2000.

自然界限前，会遇到种种限制，这些限制主要来自三个方面：一是积累与消费的矛盾，高积累率和高投资以低消费为代价，会遇到社会消费者的抵制；二是劳动力供给的限制，劳动力资源相对较高经济增长率的需要显得不足，这在苏联和东欧国家是一个很现实的问题；三是随着增长率的提高，因国内需求增加而使出口减少、进口增多，导致国际贸易状况恶化，会限制经济增长。

卡莱茨基认为，可以通过以下途径提高经济增长率：一是提高资本集约化程度，即提高投资系数；二是缩短设备生命周期，加速折旧与更新，即提高折旧系数；三是提高现有生产能力利用率，即提高改善系数。

综上所述，无论是马克思理论还是经济增长理论的发展过程都体现了人类对于经济增长的认识是一个不断演进、不断深化的过程。300 多年来，西方经济增长理论经历了由"物"到"人"、由外生增长到内生增长的演进过程。从斯密重视分工，李嘉图重视资本积累，约翰·穆勒重视合作和规模经济，到熊彼特重视创新，这些思想都从一定的侧面反映了经济增长的实际。每一种观点都是西方以至世界经济发展到一定程度的产物。从确立劳动在经济增长中的特殊地位到崇尚物质资本积累的资本决定论，从重视技术进步的作用到强调以人的素质为中心的知识、技术和人力资本的积累，清晰地勾勒出了一条人类在迈向工业化的进程中对经济增长源泉的认识渐趋深化的发展轨迹。

第二节 技术创新理论

一、技术创新理论

熊彼特增长理论在新经济增长理论中占有重要的地位。熊彼特是一个很特殊的经济学家，他既深受马克思主义的影响，又推崇新古典经济学的创始人庞巴维克和瓦尔拉，从而形成了既不同于马克思主义，又不同于新古典经济学的熊彼特经济学。与新古典经济学不同，熊彼特把经济增长问题放在很重要的位置。他认为经济增长的主要机制和动力来源于企业家的创新，没有创新，经济增长就没有动力，最终会停顿。

熊彼特认为，创新是企业家的基本行为，没有创新精神的企业经营者不能称为企业家。企业家创新的动力来源于两个方面：一是对高额利润的追求；二是超越利润观的、出于事业心的"企业家精神"。所谓"企业家精神"指：企业家的"首创精神"和甘冒风险的大无畏精神；企业家的"成功欲"。企业家"存在征服的意志，战斗的冲动，证明自己比别人优越的冲动，他求得成功不是为了成功的果实，而是为了成功本身"；企业家"存在创造的欢乐，把事情办成的欢乐，或者只是施展个人的能力和智慧的欢乐。……寻找困难，为改革而改变，以冒险为乐事"，企业家"为他的成功，更主要地与其说是敏锐和精力充沛，不如说是某种精细，它能抓住眼前的机会"。①

创新是企业家职能的实现，是企业家精神的发挥；创新可以充分利用生产要素的作用，提高生产效率。尤其重要的是，创新先发生于个别企业，因而可以产生垄断利润或超额利润，而利润和垄断的出现，打破了经济生活的"循环流转"，使静态的经济变成动态的经济，使简单再生产的静态均衡变成动态均衡，从而使经济生活进入资本主义经济发展过程。可见，创新是经济发展和资本主义产生的关键。②

二、技术创新周期理论

（一）技术创新的周期性规律

技术创新具有周期性。从微观上看，这种周期性主要表现在两方面：一是具体技术从诞生到应用，再到新技术出现而将其淘汰，具有生命周期特征。二是仅仅指从科学理论诞生到其指导下的技术出现，或新技术从发明到商业化的时间过程。自 20 世纪以来，尤其是"二战"以后，人们普遍意识到技术创新对经济社会发展的巨大促进作用，无论是科学理论转化为技术发明的速度，还是技术商品化速度，都呈加速趋势，技术创新短周期化日益明显。

科学理论突破，或者持续的技术创新活动积累到一定程度引发质变，常常导致技术创新出现重大突破，即形成突破性创新，通常称之为突破式创新或根本性创新（Radical Innovation）。Freeman（1987）对创新成果产生的时间段和从属部门进行调查发现，它们都表现出非均衡分布的趋势。这意味着取得突破性创新，出现技术飞跃，并不是连续的，而是具有一定偶然性和阶段性。与此同时，突破性创新引起科技和产业界重视，常常会引起深入研究和大量跟风、

① 熊彼特. 经济发展理论 [M]. 北京：商务印书馆，1990.
② 黄国桥. 谈西方经济思想对经济增长因素认识的演变及其现实意义 [J]. 云南财贸学院学报，1997 (2).

模仿，形成以此为核心的技术创新高潮，其标志通常是以突破性创新和渐进性创新结合为基础，最终催生某些全新产业部门或对若干经济部门产生意义深远影响的技术体系。Schumpter（1990）认为，创新是一个不连续的过程，"蜂聚"是最常见的形式。因此，单纯从技术创新角度看，随突破性创新出现的技术体系和技术集群在本质上是完全相同的。

宏观上，技术创新周期性表现在主导技术体系或创新集群随时间推移所呈现出的变化和更迭，如图5-1所示。S曲线与典型的技术演化规律曲线相同，在技术创新突破点后（A、B、C），相应的技术体系或创新集群开始逐渐占据主导地位，围绕渐进性创新的拓展，技术演化的推进，其主导地位最终为新技术体系或创新集群所取代。但总体上，人类技术创新活动仍是持续发展的。

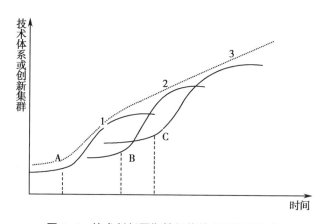

图5-1　技术创新周期性规律的宏观表现形式

近代科学史已证实，在每次重大科学突破后，短期内会出现知识爆炸，而两次突破间都有一段相当长的间歇，通常是技术创新产出的一个低谷。美国宾夕法尼亚大学吉利法尔克教授对120项技术革新项目的研究发现，近代基础研究和开发活动的高潮分布于1825年、1885年和1935年前后，并不是连续增长或均匀分布的。技术创新活动具有鲜明的时代和技术特征，如20世纪30年代的化学合成技术创新，90年代的互联网技术创新等，都有力地表明技术创新具有周期性。尽管如此，严格地说，技术创新周期性规律仍然是一种经验性规律，其积极意义在于揭示技术创新影响存在相应的周期性，科技发展政策应如何避免由于技术创新处于低谷带来的不利影响，以及开展科学预见工作，政策激励加速创新集群的出现。

（二）技术创新长周期的历史表现

技术创新周期如何表现，尤其是周期时间跨度多长，由于创新突破的性质和程度不同，难有固定模式。相比较之下，熊彼特和曼德尔等从创新视角对经济中的长波现象进行分析，给出了比较令人信服的解释。范·杜因考察了13个部门中的80项创新，发现创新的集群式更替是出现长波现象的主要成因。熊彼特通过创新浪潮起伏分析了资本主义发展的三次长波。随后，门施和弗里曼等根据技术创新进展与资本主义经济发展进行了拓展研究。

目前人们基本能形成共识的是，自第一次工业革命以来，技术革命是突破性创新的一种特殊表现形式，是形成新技术体系和创新集群的典型表现，也是形成技术创新长周期的重要驱动力量。Perez（2002）分析了一次典型技术革命的生命周期，与技术创新周期性规律表现形式如出一辙，如图5-2所示。这一周期包括酝酿期和四个阶段。酝酿期后的大爆炸类似于出现触发技术革命的突破性创新，其后几个阶段逐步形成新技术体系，出现创新集群。

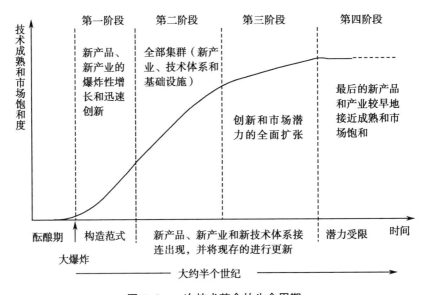

图5-2　一次技术革命的生命周期

资料来源：Perez, Carlota. Technological Revolutions and Financial Capital：The Dynamics of bubbles and Golden Ages ［M］. Cheltenham, Elgar, 2002.

综合科技史学家和经济学家的不同研究，虽然对历次技术革命的起止时间、技术创新形成的主导技术体系名称等仍存在不同观点，但较能形成共识的是，自第一次工业革命以来，已先后发生了五次技术革命，形成了五个技术创新长周期。熊彼特较早分析了最初的三个：第一次从 18 世纪 70 年代到 19 世纪 30 年代，主要以英国纺织工业出现的一系列创新为基础；第二次从 19 世纪 40 年代到 90 年代，主要以铁路工业创新为基础；第三次从 19 世纪 90 年代到 20 世纪 30 年代，以电子业、化工业和内燃机方面的创新为主。Perez（2002）对此给出了最新的详细分析，如图 5-3 所示。

（三）技术创新非均衡性与经济周期

经济学家们很早就注意到经济波动具有一定的周期性规律，即经济周期（Business Cycle），也被称为商业周期、商业循环或景气循环，是经济运行中周期性出现的经济扩张与经济紧缩交替更迭、循环往复的一种现象，突出表现为总产出、总收入和总就业的波动。

经济周期主要是统计得出的一种经验性规律，导致经济周期发生的原因是多方面的，也有不同的解释，其中将创新与经济增长联系在一起是一种很自然的想法。熊彼特为此做出了开创性的贡献，形成了技术创新理论和经济周期理论。简单地说，熊彼特认为，创新在扩散过程中，能刺激大规模投资，引起经济高涨。经济高涨导致价格下跌，一旦投资机会消失，经济便转入衰退。创新是不连续的、不稳定的和不均匀的，同时具有多样性，正因为创新对经济发展的影响范围和程度有所不同，有的带来较短的波动，有的导致较长的潜在高涨，从而形成了不同长度的经济周期。

熊彼特解释了资本主义经济发展过程中大体存在三种长度不同的周期，即长周期康德拉季耶夫周期、中周期尤格拉周期和短周期基钦周期，或称为长波、中波和短波，这三种周期都与特定的技术创新活动紧密联系。虽然熊彼特视角的技术创新与技术创新并不完全一致，但技术创新是技术创新的先导和核心之一，尤其他认为，创新是经济发展和经济波动的原动力，康德拉季耶夫长周期是由那些影响深远、以产业革命为代表的重大创新集群引起的。每一次长波都包括一次产业革命及其消化吸收过程，长波起伏与创新集群更替相一致。事实上，恩格斯在《关于英国工人阶级状况》中，早已大致描绘了与重大技术革命联系在一起的就业和产量长期波动（《马克思恩格斯全集》），熊彼特认为这是康德拉季耶夫理论的前奏（Schumpeter，1990）。康德拉季耶夫认为，长波是由主要固定资本产品如蒸汽机、发电机和电动机等更新换代所引起的，它

技术革命或创新集群	突破性的科技创新	导入期		转折点	展开期	
		爆发阶段	狂热阶段		协同阶段	成熟阶段
第一次 工业革命	动力和纺织工厂化	1771年 18世纪70年代至80年代早期	18世纪80年代至90年代早期	1793~1797年	1798~1812年	1813~1829年
第二次 蒸汽和钢铁	蒸汽机、冶金、制造	1829年 19世纪30年代	19世纪40年代	1848~1850年	1850~1857年	1857~1873年
第三次 钢铁、电力	电力、冶金	1875年 1875~1884年	1884~1893年	1893~1895年	1895~1907年	1908~1918年*
第四次 能源、汽车和大规模生产	石油化工、汽车	1908年 1908~1920年	1920~1929年	1929~33年(欧) 1943~43年(美)	1943~1959年	1960~1974年*
第五次 信息和远程通信	计算机、通信和互联网	1971年 1971~1987年	1987~2001年	2001?- 20?-		

图5-3 历史上的五次创新长周期

资料来源：Freeman C., Loucas F. As time Goes by –From the Industrial Revolutions to the Information Revolution [M]. Oxford University Press, 2001.

包含新一代的主要固定资本品取代旧的主要固定资本品。几次康德拉季耶夫长周期与历史上已出现的几次以产业革命为代表的创新长周期惊人一致，也证明了这一点，如表5-1所示。

表5-1 经济周期的主要类型

周期类型	初始研究者与时间	时间跨度	备注
基钦周期	英国经济学家基钦，1923年	40个月（3~4年）	小周期，短周期，短波
尤格拉周期	法国经济学家朱格拉，1862年	9~10年	中周期，中波，主要经济周期
康德拉季耶夫周期	俄国经济学家康德拉季耶夫，1925年	50~60年	大周期，长周期，长波
库兹涅茨周期	美国经济学家库兹涅茨，1930年	20年	长周期，建筑业周期，长波

熊彼特后的一些研究进一步分析了创新与经济周期的密切关系。例如，乔治·雷发现，康氏长周期出现低潮的前10~20年，技术创新就会集群式出现。弗里曼等认为，在一个长波周期中，基础性创新集群导致经济增长复苏，改进性创新集群导致经济增长繁荣，而在市场需求饱和、盈利机会消失之际，创新减少，经济陷入萧条（Freeman，1982）。格·门斯通过对1740~1960年技术创新资料的分析发现，大批基本性技术创新分别集中出现在1770年、1825年、1886年和1935年，这正处于世界经济增长的低谷，而此前恰好发生了所谓的技术僵局。经济增长长波与技术创新频度波动的关系，以及1800~1973年美国物价指数与基本性技术创新频度的逆相位关系，都证明了这一点。格·门斯据此认为，创新是"萧条扳机"，当创新对经济增长的推动力消耗完时，企业家都会努力推出新的基本性创新，因此创新主要出现在萧条期，并推动经济复苏。萨哈尔（1983）整理了1850~1970年几组基本性技术创新的统计资料发现，重要技术创新长周期大约为48年，与康德拉季耶夫长周期相差无几。多数创新出现在萧条结束时或经济复苏时，在一定程度上验证了格·门斯的"萧条扳机"说。

三、技术创新的影响要素

影响技术创新的要素有：机会、环境、支持系统、创新者。四种要素相互作用、相互影响，如图 5-4 所示。创新者指能够使创新成果商业化的企业家、科研单位负责人、政府计划管理人员等，这些创新者根据市场需求信息与技术进步信息，捕捉创新机会，通过把市场需求与技术上的可能性结合起来，产生新的思想。新的思想在合适的经营环境与创新政策的鼓励（包括资金、科技人员、信息等）和内部的组织功能（研究开发、试制、生产营销）下，发展成技术创新。四种因素缺一不可，而其中创新是最主要的。

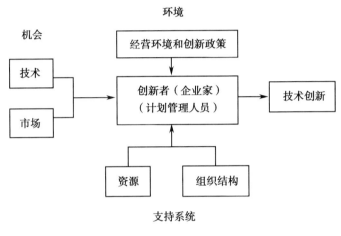

图 5-4　技术创新要素

四、技术创新过程

技术创新总体而言是一个"在市场需求和技术发展推动下，将发明的新思想通过研究开发和生产，演变为具有商品价值的新产品、新技术"的过程。

（一）技术创新的链式过程

链状模式（见图 5-5）适用于以技术推动为主、创新目标明确、市场需求和技术变化都不快的环境。主要的过程包括：首先，由科学研究开始，特别是基础研究与应用研究获得的新设想或思想；其次，经过研究开发出模型、样品及相关实验数据，并为小批试制提供参数；再次，经过小批试制为设计生产线提供依据；最后，将新产品投入市场或将工艺投入使用，并将成果扩散。

（二）技术创新的复合环状过程

技术创新的复合环状过程（见图 5-6）主要用于技术发展速度、综合程度和复杂性日益提高、市场需求变化快的环境。这种模式要求创新者在创新的每

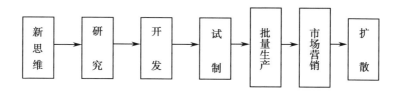

图 5-5　技术创新的链式过程

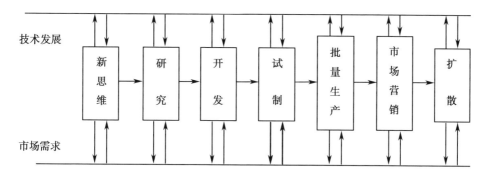

图 5-6　技术创新的复合环状过程

一个阶段都密切注意环境的变化，尤其是科技的发展和市场需求的变化，据此确定和修改工作目标，并与其他阶段相协调。组织结构和运行机制对该模式的效果具有重要的影响作用，该模式要求企业在具有较强的研究开发能力的基础上，管理、营销、生产的能力和财力也要具备一定条件。

另外，从管理决策的角度看，技术创新可以被认为是一个多阶段的决策过程。美国学者 E.罗伯茨把这一过程分为"确认机会、思想形成、问题求解、问题得以解决、批量生产的开发、技术的应用与扩散"六个阶段，其中，每一个阶段都是根据不同的管理决策问题设计的。

五、技术创新的动力

（一）技术推动模式

技术推动模式是最早的创新动力模式，如图 5-7 所示，该模式认为，技术创新是由科学发现和技术发明推动的，研究开发是创新的主要来源，市场是创新成果的被动接受者，研究开发产生的成果在寻求应用过程中推动创新的完成。无线电、晶体管、计算机的发明导致的大量创新均为此类创新。有效利用技术发展的成果及相应规律可以促进技术创新的成功。

图 5-7   技术推动模式

(二) 需求拉动模式

20 世纪 60 年代中期,人们通过对大量技术创新的实际考察发现:大多数技术创新不是由技术推动引发的,需求拉动起了更重要的作用。需求拉动模式 (见图 5-8) 认为,技术创新是市场需求和生产需要激发产生的。研究表明,60%~80% 的创新是由市场需求引发的。因此,对企业而言,研究需求、有效通过需求拉动技术创新更为重要。

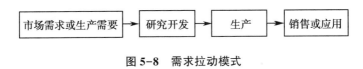

图 5-8   需求拉动模式

(三) 技术推动与需求拉动相结合的交互式模式

交互式模式是 20 世纪 70 年代末 80 年代初在综合前两种模式的基础上提出的。该模式认为,技术创新是由技术和市场共同作用引发的,同时强调研究开发与市场营销组织间的意见交流、反馈具有重要的意义。各种研究与事实证明,加强技术的推动和市场的拉动在技术创新决策中的结合作用更有利于创新的成功。近年来,技术创新的发展主要以"并行开发""注重与客户、供应商的密切联系"和"横向合作创新"为特点,技术创新的管理和组织更具有柔性,这些都为使产品更具有个性化创造了条件。

六、动态的技术创新过程

一项重大的技术创新往往会带动一系列后续的创新产生,这些创新可能对成熟产业产生重大的变革,甚至引发新产业的出现与成长。美国哈佛大学的阿伯纳西 (N. Abernathy) 和麻省理工学院的厄特巴克 (J. M. Utterback) 将系列创新过程分为三个创新阶段:不稳定阶段、过渡阶段、稳定阶段,简称 A-U 模式,如图 5-9 所示。

不稳定阶段产品创新的频率较高,工艺创新较少,企业往往以潜在需求为市场目标,通过产品原理、结构等方式的改变使产品设计相应的功能不断完善。该阶段进入市场的产品类型、功能差异大,制造工艺和生产组织不稳定,

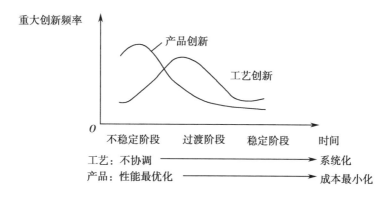

图 5-9　技术创新动态模型

企业的 R&D 支出较高，但经济效益往往不显著。

　　过渡阶段产品的功能和基本结构经过市场及生产实践后已趋于成熟，产品的主导设计和标准已经确定，产品的创新频率大大下降，企业为了降低生产成本，提高经济效益，把创新的重点放在工艺创新上，工艺创新的频率迅速上升。

　　稳定阶段的产品和工艺技术已成熟，创新频率都较低，市场需求稳定，企业创新的目标在于进一步降低成本，提高质量，满足各类用户的差异性需求，稳定阶段的创新大多为产品和工艺的渐进性创新。

第三节　区域增长理论

　　区域经济学作为一门独立的学科出现，是在 20 世纪中期，而对于区域经济增长的研究，则是从新古典区域经济增长理论开始的。与一般的经济增长问题不同，区域经济增长不但受到经济规律的制约，还受区域空间因素的影响。因此，在进行区域经济增长分析时，必需考虑到经济活动的空间关系。

　　新古典增长理论只考虑一个区域的经济增长，区域内的资本装备越少，其资本积累越快，通过这种快速增长，在一定时期内达到区域的均衡。

　　新古典区域经济增长理论建立在新古典增长理论的假设条件和函数形式基础上，其核心是：稀缺性导致价格变化，经济主体对价格变化做出反应，市场机制的作用将会消除稀缺性，导致经济增长的均衡。市场机制能够发挥作用的假设前提是：经济主体追求利益最大化；经济主体能获得有关价格的完全信息；所有市场都处于完全竞争状态；价格灵活有弹性，生产要素可以自由流动；不存在区域运输费用；所有区域有相同的固定比例规模收益的生产函数。新古典区域经济增长理论强调生产要素和产品在区域流动中的影响作用，以纯供给要素为出发点。在规模收益不变、存在完全竞争的产品和要素市场的前提下，区域经济长期增长来源于资本、劳动力和技术进步三个要素的区内供给率差异和区际流动。由于假定随着区域资本劳动率的提高，边际劳动生产率（以工资率表示）也提高，而边际资本生产率降低。因而资本与劳动力的流向相反，即劳动力将由低工资区域流向高工资区域，而资本将由高工资区域流向低工资区域。其结果是，区域的差距将缩小，区域经济将均衡增长。

新古典区域经济增长模型在形式上明确，且结论符合逻辑，但新古典区域经济增长模型只偏重于供给要素对区域经济增长的影响，忽视了需求、规模收益递减、聚集经济等的影响，其假设条件存在一定的问题。流动性假设忽视了劳动力不同技能、受教育程度、职业经验、所属社会群体的差异；资本一旦投资就成为实物资本，意味着不能再随意转为他用，流动性也大受影响；纯市场因素之外的企业关系如长期供货依赖等也与假设不符。完全流动性假设排除了区域因素，所以，从这个意义上看，新古典区域经济增长理论是一种没有区域因素的理论。

为了弥补新古典区域经济增长模型的不足，希伯特（Siebert, 1997）运用宏观经济分析方法，并综合了供给、需求、内外部效果等因素的分析，通过一系列假设和方程，提出了区域经济增长模型[①]。在区域之间产品可流动、交换的条件下，区域的资本和劳动力在数量及质量上的差别，导致了生产专业化，各个区域都以相对较好的装备去生产相应的产品。由于每个区域都利用了自身的比较优势，从整个国民经济上看就能利用现有资源，生产和提供更多的产品和服务。所以，对于所有参与的区域而言贸易都是有益的。而由聚集经济及各种聚集变量所导致的劳动力、资本、技术进步在空间上的聚集，使得区域产生不平衡发展及区域内经济增长。

一、区域平衡发展理论

平衡发展理论由纳克斯（R. Nurkse）提出，其出发点是贫困恶性循环论

---

① Horst Siebert. Labor Market Rigidities: At the Root of Unemployment in Europe [J]. The Journal of Economic Perspectives, 1997, 11 (3): 37-54.

和新古典区域经济增长理论①。新古典区域经济增长理论认为，区域经济的长期增长取决于资本、劳动、技术进步三个要素，在自由竞争条件下劳动从低工资区域流向高工资区域，资本从高工资区域流向低工资区域，因此区域经济趋于空间均衡。而贫困恶性循环论则从供需两个方面总结了不发达经济存在恶性循环的原因。

纳克斯指出，在不发达经济中要想打破恶性循环，关键要突破资本形成不足这一约束条件，而影响资本形成的主要因素是决定投资预期的市场有效需求不足。平衡发展论者以萨伊定律为基础，认为只要平衡地增加生产，在各个产业部门同时增加投资，就会出现市场的全面扩大，提高需求弹性，从恶性循环中走出来。投资供给创造有效需求，不可分的供给函数、社会分摊资本、社会各部门劳动分工的联系，都是经济走向良性循环的条件。

二、区域不平衡发展理论

事实上，发展中国家并不具备全面增长的资本和资源，平衡发展在现实中不可能实现。只能通过有选择地在若干部门和区域投资，通过带动作用才能实现整个区域的发展。赫尔西曼、缪尔达尔等在对区域平衡发展理论进行批判的同时提出了区域不平衡发展的观点。

赫尔希曼（1958）在《经济发展战略》中提出了不平衡增长的论断。② 他认为，作为发展中国家，主要稀缺资源是资本，若实行平衡投资则无法突破资本稀缺的瓶颈。经济增长是"非均衡链"的传递过程，即从经济主导部门向次要部门传递，从一个产业向另一个产业传递，从一个企业传递到另一个企业。由于不同部门、不同区域有着不同的增长率，存在经济水平和发展速度上的差距，因此这种非均衡链才是经济发展的动力。要使经济保持向前的运动，可以进行社会基础资本的投资或直接的生产活动投资。前者创造外部经济，后者占用内部经济。赫尔希曼还提出了"前向关联"效应和"后向关联"效应。所谓"关联效应"是指一个部门在投入与产出上与其他部门之间的关联作用。前向关联刺激下游生产阶段的投资，而后向关联刺激上游生产阶段的投资。但

---

① Ragnar Nurkse. Foreign Aid and the Theory of Economic Development ［J］. The Scientific Monthly, 1957, 85(2):81-85.

② A. O. Hirschman . The Strategy of Economic Development ［M］. New Haven: Yale University Press, 1958.

持反对意见的学者认为，除非国家强有力地进行干预，否则"非均衡链"将会造成人为的阻碍，稀缺的存在将形成垄断和对既得利益的维护。

缪尔达尔（G. Mydral）也是不平衡发展理论的拥护者。他从"低水平均衡陷阱理论"出发，提出市场的力量通常是倾向于增加而不是减少区域的差异。由于聚集经济的存在，发达区域会因市场的作用而持续、累积地加速增长，并同时产生扩散效应（Spread Effect）和回流效应（Back Wash Effect）。① 扩散效应指发达区域到不发达区域的投资活动，包括直接投资和间接投资，这种效应有利于不发达区域经济的增长。回流效应是劳动和资本从不发达区域向发达区域回流的过程，将引起不发达区域经济的衰退。在市场机制作用下，扩散效应小于回流效应，因此发达区域更发达，不发达区域更不发达。要消除这种逐渐扩大的两极分化，必须在制度方面进行重大调整、改革。

三、区域经济基础理论

区域经济基础理论（Economic-base Theory）的前身是输出基础理论（Export-base Theory）。输出基础理论由美国经济学家诺思（1955）在《区位理论和区域经济增长》中提出②，经蒂博特、波洛夫、罗曼斯、博尔顿等完善而成。该理论以比较静态分析中的外贸乘数概念为基础，其基本思路是：一个区域经济的增长取决于其输出产业的增长，区域外需求的扩大是区域经济增长的主要原动力。因而增加区域的输出基础即区域所有的输出产业和服务，将启动一个乘数过程，乘数等于区域输出产业与非输出产业的收入或就业之比。一方面，区域对外输出的总额越大（包括产品和服务），其输出产业的收入越多。这部分收入除了补偿输出产业的生产费用外，可以用于满足区域内需要的产品生产和服务业及扩大出口。另一方面，输出产业的生产活动需要多个区域的非输出产业进行配合和协作。这样，输出产业越发达，区域内的生产和服务业就会得到越大程度的发展。因此，输出生产和输出总额越大，区域经济的规模和相应收入就越大。也就是说，输出及其收入对区域经济增值的贡献，取决于输出产品的输出净收入和区域经济结构。这就是所谓的"输出乘数理论"，该过

---

① Gunnar Myrdal. Asian Drama [M]. New York：Pantheon，1968.
② Douglass C. North. Location Theory and Regional Economic Growth [J]. The Journal of Political Economy，1955，63(3)：243-258.

程被称为区域经济发展的外部循环过程。

但输出理论将需求作为区域经济增长的唯一动力，具有一定的局限性。而且，根据该理论的逻辑，区域经济成倍增长的结果会导致全球经济的成倍增长，但全球作为一个经济整体并不输出任何商品。因此该理论不适用于层次过高、空间范围过大的经济系统。

经济基础理论继承了输出理论的部分思想，但与输出基础理论不同，经济基础理论承认经济增长是由许多因素而不仅仅是输出决定的。长期以来，区域经济基础理论都被看作分析区域经济增长与结构变化的最简单、最概括的框架。该理论从供、需的角度出发，认为区域发展的决定性因素是区内资源、产品、服务的供给能力以及区外对区内资源、产品、服务的需求规模，并由此将区域产业部门划分为基础（Basic）和非基础（Non-basic）两大部门。区域的基础部门直接或间接地为区外提供产品和服务、满足区外需求的部门，是承担区域分工任务的专业化部门。非基础部门则是随着基础部门的发展和经济的增长，为满足本地消费需求而产生的非专业化部门。区域基础部门对区域经济的影响至关重要，区域的基础部门越强大，区域经济的辐射和扩散越强大，区域经济的增长也越有力。非基础部门则处于从属地位，它的发展取决于本区的经济增长。因此，区域经济的发展可以划分为供给推动型（Supply Driven）和需求推动型（Demand Driven）两种模式。供给推动型侧重研究区域的前向联系，需求推动型则侧重研究区域的后向联系。

但有些学者认为，以基础-非基础部门为核心的区域经济基础理论及从基础-产业-出口-乘数（Base-Industry-Export-Multiplier）角度分析区域经济发展的观点，其理论基础并不完善。批评者认为[①]：第一，乘数理论主要是针对投资的，并不能说明出口乘数问题；第二，其理论不能解释区域发展是如何启动的，因为出口部门的增长存在区外需求，而这种需求难以由区内自我启动；第三，在实际中很难区分基础和非基础部门，且由于理论的缺陷，划分基础和非基础部门是没有意义的。尽管如此，经济基础理论在分析区域经济发展中仍具有一定的解释力，也是目前仍在应用的区域分析理论之一。

---

① B. Higgins, D. Savoie. Regional Development Theories and Their Application [C]. Transaction Publisher, 1995.

四、增长极理论

增长极理论是在 20 世纪 40~50 年代西方经济学家关于经济是否平衡增长争论的过程中产生的，以弗朗索瓦·佩鲁为代表，是具有广泛影响的区域经济发展理论之一。[①]

增长极理论从抽象的经济空间出发，以"增长极"为标志并以由部门分工决定的产业联系作为主要内容，以"不平等动力学"或"支配学"为基础。增长极理论认为，经济空间存在着若干中心、力场或极，产生类似"磁极"作用的各种离心力和向心力，从而产生相互联合的一定范围的"场"，并总是处于非平衡状况的极化过程中。佩鲁等认为，落后地区往往具有相对广阔的地域和丰富的自然资源，但物质技术基础薄弱，交通不便，自然地理条件差，开发程度低；区域内中心城市数量少、规模小，且分布零散。有限的建设资金和迫切的基础设施建设需要间存在矛盾，因此，促进这类地区经济发展的关键是采取不平衡发展战略，配置一两个规模较大、增长迅速且具有较大乘数效应的中心城市，实行重点开发。这类中心城市，就是该区域的增长极。所谓增长极，是指各种条件优越、具有区位优势的区域内少数地点，是产业部门集中而优先增长的先发地区。当增长极形成之后，要围绕着它吸纳周围的生产要素，使本身日益壮大，并使周围的区域成为极化区域。当极化作用达到一定程度且增长极扩张到足够强大时会从增长极产生向周围地区的扩散作用，将生产要素扩散到周围的区域，从而带动周围区域的增长。

增长极的形成过程中存在着四种效应：

（1）乘数效应。乘数效应主要指增长极中的推动型产业与其他产业间的联系，这种联系又可以分为前向联系、后向联系和旁侧联系等。由于这种联系的存在，推动型产业的发展能够通过列昂惕夫投入产出关联而对其他经济部门产生波及乘数效应。这种联系的强弱可根据其力量和重要性来判断。联系的力量指由于推动型产业的建立而促使其他相关产业建立的可能性。联系的重要性指推动型产业的建立通过区域乘数效应所导致的就业或生产的增长。用公式表示为：

---

① Francois Perroux. Note on the Notion of Growth Pole [J]. Economie Appliquee, 1955 (17): 307-320.

$$M_i = E_i + \sum_{j=1}^{n} E_{ij} + \sum_{k=1}^{m} E_{ik} \tag{5-15}$$

其中，M_i 为产业 i 所产生的总就业，E_i 为产业 i 所产生的直接就业，E_{ij} 为部门 i 对部门 j 的需求产生的间接就业，E_{ik} 为产业 i 对最终需求产生的诱导性就业。

（2）支配效应。支配效应指增长极在形成和发展的过程中对周边地区不对称的资源、人才、资本的吸纳现象。这是因为，增长极依靠自身的优势，形成了相对于周围地区的创新产业；拥有较高劳动生产率的部门在不断扩张市场份额的同时大幅度提高了资本收益率和员工的分配水平。其结果是，资源伴随着创新产业商品和劳务市场的扩大而源源不断地流入增长极；资本和人才也因较高的收益蜂拥而至。在空间上表现为对周边地区的剥夺。因此，支配效应也被称为剥夺效应。

（3）极化效应。极化效应也称聚集效应，指增长极因其较明显的外部效应而使企业向其靠拢的现象。增长极形成后将会产生极化效应，即增长极周围区域的生产要素向增长极集中，增长极本身的经济实力不断增强。主导产业的产生会在增长极出现极化作用，因为规模经济作用引起了产业聚集作用。规模经济指随着生产规模的扩大而导致生产的成本下降和收益增加，分为厂内规模经济和厂外规模经济。厂外规模经济引起产业的聚集。产业聚集一般有三种形式：基于共同利用基础设施而获得的成本节约的聚集；由于产业链的前后联系而获得的成本节约的聚集；由于管理方便引起的聚集。产业聚集将带动科技、人才、信息、第三产业的聚集，使产业聚集的空间载体——增长极——变得越来越强大，对周边地区的要素吸引作用越来越强大，从而形成生产要素向增长极集中的趋势。

（4）扩散效应。扩散效应指增长极向周边地区输送人才、资本、技术等生产要素的又一类空间经济现象。扩散效应是与极化效应同时存在、作用力相反的效应，表现为生产要素从增长极向周边区域扩散的趋势。扩散效应又被称为"涓滴效应"，即生产的发展通过扩散而促进增长极周边地区的发展，从而缩小地区之间的差异。首先，经济上的互相依存使增长极在产生伊始就存在扩散效应。市场交易的存在，使得增长极在获取物质资料的同时其资金也流向周边地区。这种由贸易而导致的生产要素双向流动，产生了极化效应和扩散效应。其次，由于技术发展水平的不断提升，增长极上的产业技术不断发生更替。增长极存在着产业不断被更替的规律，被更替下来的产业向增长极周边地区转移，而随着增长极的规模扩大和技术水平提升，这种趋势越来越明显，表现出来的结果是扩散效应日益显著，扩散范围也逐渐增大。最后，随着社会经济发展水平的提高，产业部门存在扩散的趋势。对一些增长极无法从事的产业的需求的扩大，使得这些产业的相关生产要素从增长极向周边扩散，从而促进了这些产业的发展。

扩散效应一般可用下述公式度量：

$$S_r = S_o e^{-ar}$$

其中，S_r 为增长极对与其距离为 r 的地区的扩散效应；S_o 为增长极的扩散强度；a 为距离衰减系数；r 为距离。

极化效应和扩散效应的综合影响称为溢出效应。如果极化效应强于扩散效应，则溢出效应为负值，这对增长极腹地不利；反之，则溢出效应为正值，对增长极腹地有利。

增长极理论为区域经济发展理论的研究提供了新的思路。一方面，它反对平衡增长观点，主张区域经济发展的非均衡增长；另一方面，它在经济分析中引入了空间变量。许多国家试图运用这一理论消除落后地区的贫困，促进各地区经济协调发展，并取得了较好的效果。但增长极理论仍存在一些问题，譬如增长极的合理数量，增长极本身的起始规模与合理规模，增长极内部产业配置和结构优化，增长极的确定与主导产业选择等方面的研究尚待完善。

五、梯度理论

梯度理论源于美国学者弗农（1966）的《工业生产生命周期阶段论》。[1]梯度理论的主要观点有两个：第一，无论在世界范围，还是在一国范围，经济技术的发展是不平衡的，因此客观上存在经济与技术发展的区域梯度差异；第二，只要有地区技术经济势差，就存在着技术经济推移的动力，会形成生产力的空间推移，因此，客观上存在产业与技术由高梯度地区向低梯度地区扩散与转移的趋势。利用生产力的梯度转移规律，要从梯度的实际情况出发，首先让

[1] Raymond Vernon. International Investment and International Trade in the Product Cycle [J] . The Quarterly Journal of Economics, 1966, 80(2):190-207.

有条件的高梯度地区引进和掌握先进技术，然后逐步向下级梯度的地区转移；随着经济的发展，推移的速度加快，可以逐步缩小地区间的差距，实现经济分布的相对均衡，进而实现国民经济的平衡发展。所谓区域经济发展梯度，是指不同区域在经济发展水平上所存在的差异。根据数学上的概念，梯度的计算公式可写为：

$$T = \frac{y_2 - y_1}{x_2 - x_1} = \frac{y_2 - y_1}{\Delta x} \tag{5-16}$$

其中，T 为梯度，y_1、y_2 分别代表中心地区和对比地区的对比指标值，x_1、x_2 分别代表中心地区和对比地区的空间坐标值，或距离特定点的距离，两者之差通常用 Δx 表示。

梯度理论在 20 世纪 70 年代末 80 年代初被引入我国，用以针对我国经济分布不平衡的特点调整空间结构。但随着经济的发展和实际情况的转变，原有的梯度理论受到质疑：

反梯度推移论的拥护者认为，梯度推移理论的结果将会是，落后地区永远赶不上先进地区，落后国家永远赶不上先进国家。因此现有生产力水平的梯度顺序，不一定是引进并采用先进技术和经济开发的顺序；后者只能由经济发展的需要和可能性决定。只要有需要并具备条件，就可以引进先进技术、进行大规模开发，而不用过多地在意区域所处的梯度。因此，落后地区可直接引进世界最新技术，实现超越发展，然后向二级梯度、一级梯度反推移。

并存论的拥护者认为，技术的空间转移可分为三种类型：纯梯度式、纯跳跃式和混合式。三种类型的推进都起着作用，但根据区域的生产力水平状况，三者的推进作用大小不同。大多数区域处于梯度推移与跳跃推移并存的混合式推移状态。但具体来说，生产力水平低下的区域，空间推移规模较小，因此梯度式推移的作用最为显著；随着生产力的发展和基础设施的发展、完善，技术空间的推移规模扩大，跳跃式成为主要推移模式。

主导论虽然承认并存论，但仍坚持梯度推移才是起主导作用的推移方式。从理论上看，推移的原因一方面是扩散区域内在动力与外在压力，另一方面是接受区域存在接受扩散的引力场。引力场包括劳动力场、资源场、区位场、市场场、技术场、资金场。六个引力场都有引力但强度不同。一般认为引力由强至弱分别为技术场、资金场、市场场、区位场、劳动力场和资源场。资源属于自然禀赋，区位既是自然范畴又是经济范畴，其余四个方面都是同经济成熟程度相联系的。资源场、劳动力场多分布于欠发达/不发达区域，其他场主要分布于发达区域。因此从总体上看，梯度推移是符合空间推移的一般规律的。但也存在特殊情况，譬如低梯度区域的增长极所处梯度高于高梯度区域非增长极所处梯度，增长极的溢出效应及由此产生的外部经济使得增长极的投资效益较好；或者，低梯度区域具备矿产、土地、淡水等特别强的资源场，而这些资源又是制约高梯度区域经济发展的关键因素。在这些情况下会出现前文提到的反梯度推移。此外，在同一个区域内部，增长极的发展和扩散也是一种广义的推移。

技术的空间推移一般遵循以下规律：向梯度差较小的方向推移；向引力大于斥力的方向推移；技术推移中最有效的是人才转移；技术推移的最终实现，需要经过选择、学习消化、适应性改造三个阶段；技术推移呈现出随经济发展和社会进步而加速的状态。

本章小结

技术创新是经济增长的重要源泉。经济增长理论经过 300 多年的发展，经历了从古典经济增长理论、现代经济增长理论至新经济增长理论的发展阶段。经济增长的要素作用逐渐从劳动决定论，经由资本决定论向技术决定论演进，从确立劳动在经济增长中的特殊地位到崇尚物质资本积累，再到重视技术进步的作用，强调以人的素质为中心的知识、技术和人力资本的积累。

20 世纪 80 年代兴起的新经济增长理论，将技术进步作为经济系统的内生变量，强调知识在经济增长中的作用，技术进步（知识积累）是长期经济增长的动力源泉。新经济增长理论确立了自主创新成为推动全要素生产率提升和经济增长的核心动力要素的地位。根据新增长理论和创新经济学，创新是经济增长的主要驱动。

技术创新是拉动经济繁荣的重要动力。无论是在长周期，还是在短周期或中周期，一个经济周期都包括繁荣、危机或衰退、萧条、复苏四个阶段，其中，繁荣和萧条是经济周期的两个主要阶段，危机和复苏是两个过渡阶段或转折点。经济发展的周期性是资本主义生产方式的致命弱点，而技术创新从某种程度上影响着经济周期，推迟经济衰退时间，减小经济波动幅度，只要技术创新成果持续不断并大量投入市场，就有可能使经济进入新一轮的上升通道，从而有助于避免经济衰退，减轻经济波动幅度。当经济运行到即将衰退的临界点时，技术创新会刺激公众对新产品的消费和企业对新技术的投资，从而拉动经济增长。

新古典区域经济增长理论强调生产要素和产品在区域流动中的影响作用，以纯供给要素为出发点。在规模收益不变、存在完全竞争的产品和要素市场的前提下，区域经济长期增长来源于资本、劳动力和技术进步三个要素的区内供给率差异和区际流动。增长极理论为区域经济发展理论的研究提供了新的思路。一方面，它反对平衡增长观点，主张区域经济发展的非均衡增长；另一方面，它在经济分析中引入了空间变量。许多国家试图运用这一理论消除落后地区的贫困，促进各地区经济协调发展，并取得了较好的效果。技术的空间推移一般遵循以下规律：向梯度差较小的方向推移，技术推移中最有效的是人才转移，技术推移呈现出随经济发展和社会进步而加速转移的状态。

思考题

一、名词解释

索洛余值、技术周期、内生经济增长、经济增长极、区域不平衡发展

二、简答题

1. 简述经济增长理论的演变。
2. 简述技术创新的动力来源。
3. 索洛"余值法"的假设前提是什么？
4. 如何利用C-D生产函数测算技术进步的作用？
5. 简述技术转移的一般规律。

三、论述题

1. 技术进步与经济增长的关系。
2. 技术进步对经济增长贡献的测算方法。

第二篇
技术经济学方法体系及部分典型工具[①]

① 本篇相关内容是中国社科院数技经所蔡跃洲结合近年来在社科院研究生院授课讲义、参与科技部《创新方法工作专项项目》（2009IM020400）"技术经济方法研究"相关成果，以及近年来在技术经济学学科建设中相关发表和思考基础上形成的。其中第四章、第五章中的很多内容得益于浙江大学管理学院陆文聪教授、中国科学院科技政策所博士后朱彩飞以及浙江大学管理学院多位博士研究生在参与"技术经济方法研究"课题所形成的共同研究成果。李平研究员、齐建国研究员、王宏伟研究员、汪向东研究员、张晓研究员、杨敏英研究员及数技经所其他专家给出了很多指导性意见。

技术经济学作为一门新兴交叉学科，其方法体系的形成与学科发展过程中学科边界、研究对象及目标任务的不断拓展直接相关。从1962年正式创立至今的近半个世纪历程中，技术经济学适应经济社会发展的需要，其学科边界由成立之初的工程项目技术经济评价逐步拓展为涵盖技术进步、技术转移、生产率测算、国家创新体系、循环经济等主体的综合性学科。与之相应，技术经济学的研究方法早已超越了以财务评价为核心的技术经济评价，越来越多的现代经济学、管理学分析工具被大量应用于技术经济相关问题的研究中。尽管很多方法工具并不专属于技术经济学，但我们仍可以从研究对象和学科边界拓展的角度对相关问题研究的方法和工具进行梳理，形成技术经济学方法体系。①

为了尽可能全面地把握技术经济方法体系的发展历程，追踪技术经济方法的应用前沿，本篇首先从学科发展历史的视角，全面分析技术经济学创立以来，经济社会环境、学科研究对象以及学科方法体系发生的变化和调整，并对未来学科及其方法体系的发展趋势进行展望。在此基础上，我们首先对传统项目技术经济评价的主要方法工具进行简要回顾；然后选择运筹规划、计量分析（概率统计）、系统模拟这三大类方法，对较为常用和前沿的分析工具，对其基本原理和在技术经济相关领域的应用情况进行简要介绍。

我们认为，技术经济方法体系的形成和完善是适应经济社会现实需求及学科研究范畴调整需要的结果。当前，技术经济与经济学的诸多前沿领域形成交叉融合，技术经济方法体系也在吸收各种定量及定性方法工具过程中得到完善。另外，从方法论上看，系统论在技术经济研究中将成为重要甚至占主导地位的方法论，"微观细化、宏观集成"的趋势将逐步确立并强化。当前，可计算一般均衡、微观模拟以及能源物质流分析等工具在技术经济领域的应用正是该趋势的具体体现。

---

① 技术经济相关问题使用的研究方法确实很少有专属性，即使是传统的工程项目技术经济评价也可以说是从财务评价中借鉴过来的，技术经济学在很多时候也被诟病为没有自己的方法体系。然而，从另一个角度看，方法和工具本身也通常会有多种用途，很难说某种方法工具就一定专属于某个研究领域。因此，我们认为围绕技术经济相关问题研究涉及和使用的不同方法工具完全可以构成技术经济学自身的方法体系。

第六章 技术经济学方法体系的拓展与完善

内容提要

一门学科研究方法体系的形成与该学科的研究对象、目标任务有着直接关联。技术经济学作为一门应用经济学分支①，创立于 20 世纪 60 年代初，至今已经走过近半个世纪的历程。期间，学科初创时所面临的经济环境、制度基础都发生了非常大的变化。为适应不同历史时期我国经济社会发展的需要，技术经济学科的研究对象、内涵边界等也一直在调整和拓展。随着学科不断调整和拓展，相应的学科方法体系也不断拓展和完善。本章拟从技术经济学科发展的历史沿革出发，结合不同时期的经济社会宏观环境、技术经济学科对象范畴发生的变化，对技术经济方法体系的形成、拓展情况进行梳理。在此基础上，结合当前经济社会发展现实需求和技术经济学基本特征，就未来技术经济方法体系的进一步拓展和完善进行展望。

第一节 学科创建初期形成的方法体系

技术经济学创立于 20 世纪 60 年代初，是当时我国国民经济现实、社会经济制度和所面临的国际政治环境等因素共同作用的产物。初创时期的技术经济方法体系有着明显的时代特征。

---

① 尽管从教育部的学科目录看，"技术经济及管理"划归"工商管理"，属管理学。但学科目录下的"技术经济及管理"实际上包含两部分内容，即"技术经济"和"技术管理"。后者理所当然属于管理学范畴，而前者则仍应属于应用经济学范畴。如无特别说明，本节中的"技术经济"主要指作为应用经济学分支的技术经济学。

一、学科创立的时代背景

20世纪50年代前期建设156个援建项目时，我国已经积累了一些技术与经济相结合的正面经验。"对比之下，深感生产技术的发展必须考虑经济规律，技术和经济必须结合"（徐寿波，1988）。"为此，当时担任中央科学领导小组成员的著名经济学家于光远便提出，技术发展及其政策制定要讲求经济效果，技术与经济要结合，并指定徐寿波等就国外专门研究技术与经济结合的学科进行调研。"可以说，"一五"时期比较注意技术与经济结合积累的有益经验和"二五"时期技术发展违反经济规律的教训，是"技术经济"学科产生的根本原因和主要历史背景（徐寿波，2009）。

二、初创时期的学科定位及研究对象

技术经济学初创时期的学科定位同样与其所处的时代背景有密切关联。学科的创建从根本上说是克服计划经济条件下存在的"割裂技术规律与经济规律关系""忽视经济效率（效果）"等倾向，更好地服务于当时的社会主义经济建设。正如徐寿波（1988）所总结的："以马克思主义和毛泽东思想的经济理论为指导；以社会主义基本经济规律、有计划按比例发展规律和价值规律为依据；以多快好省建设社会主义的要求为目标；以定性和定量相结合的方法为手段；以结合中国的社会主义四化建设的具体实际为基础；以认识和正确处理技术同经济之间的实际矛盾关系为目的。"

以"多快好省建设社会主义的要求"为目标，本质上是追求经济效率（效果）；而正确处理"技术同经济之间的实际矛盾"，则意味着技术经济学科的具体目的和主要内容是："通过对技术方案经济效果的计算、评价来确定技术方案的经济效果……通过算经济账也可以反过来提出技术方案的修改意见和修改要求……从而达到技术与经济的最佳结合与合理匹配。"（李京文，1995）

从研究对象来讲，初创时期技术经济主要侧重于国民经济各部门、各领域中的实际技术经济问题，具体包括"合理利用土地""农、林、牧、副、渔综合经营""农业技术改革""食物营养构成""燃料动力""原料材料选择""采用新工艺、新装备和发展产品品种""建筑工业""综合运输""工业生产力的结构、布局和生产规模"等方面的技术经济研究（徐寿波，2009）。

三、初创时期的技术经济方法体系

初创时期的学科目标定位和主要研究对象决定了这一阶段技术经济学的主要任务是研究国民经济各部门、各专门领域的具体工程项目技术方案经济效果评价。围绕项目技术方案的经济效果评价，在吸收苏联及东欧国家"部门经济学"、投资经济效果计算、技术经济论证等相关方法基础上，逐步形成了以"国民经济评价"为核心，以技术方案的"社会纯收入－社会全部消耗费用分析"为评判标准，考虑"时间价值"因素的技术经济方法体系。该方法体系适应了当时经济社会体制的特征，较好解决了计划体制下技术方案与经济效果相互割裂的矛盾。

严格的计划经济体制决定了客观评价工程项目技术方案的经济效果，必须着眼于国民经济评价。新中国成立初期，为应对国内外压力，实施赶超战略，必须由国家主导加快推进工业化、现代化进程。国家主导的工业化推进，在经济体制上必然实行计划经济，以便在全国范围内统一配置资源。因为如果按照市场经济规律运行，后发国家禀赋方面的比较优势无法自发走上加快重工业发展的道路。实施计划经济体制，意味着价格体系的扭曲，商品交换只是存在于形式上。作为微观主体的企业，其账面盈亏并不能反映其真实的经济效益状况。在宏观层面，国家实行统收统支的财政体制，确保国家整体核算出总的经济效益。这意味着，当时整个国家就是一个大核算单位，各地区和各部门都是在大核算单位下的"车间和班组"。只有在国家层面进行的核算才能真正反映经济效益的真实情况；单个企业和项目仅从企业本身很难判断其真实的经济效益。因此，要对国民经济各专门领域的具体工程项目进行技术方案的经济效果评价，从微观层面并不能得出真实的结果，必须从国民经济评价的角度，从技术方案能够带来的"社会收入"以及"社会全部消耗费用"的核算出发，才能得出客观的经济效果评价结果。如图 6-1 所示。

以"时间价值计算"为基础的"国民经济评价"，从操作层面解决了计划经济条件下，价格信号扭曲，无法准确核实、评价工程项目经济效果的难题。就"时间价值"而言，虽然早已成为现代公司财务分析的基础性概念和基本原则，但在 20 世纪 60 年代应用其进行经济效果评价则是一项很重要的创举。一方面，计划体制下的企业资金都来源于上级划拨，时间价值、复利、资金融

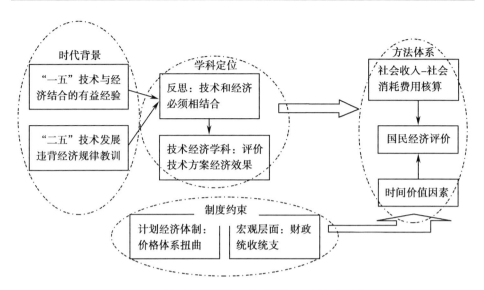

图 6-1　技术经济学科初创时期的方法体系形成

通等对于微观层面的企业来说几乎没有现实意义；另一方面，苏联投资经济效果计算方法中，采用的基本是"投资回收期"等方法，没有考虑资金"时间价值"。

第二节　改革开放至 20 世纪末方法体系的发展与完善

一、外部环境变化与研究对象的调整

改革开放至 20 世纪末，中国的经济社会发展进入到一个全新的阶段。从发展阶段看，这 20 年正是中国开始加速推进工业化进程、实现经济起飞的重要时期，发展经济成为首要任务；在经济体制方面，传统的计划经济体制逐步向社会主义市场经济体制转型，最大限度地发挥市场的资源配置功能、尽可能提高经济效率成为经济实践中的核心问题；在基本建设方面，随着经济的持续增长和国家财力的增强，基础设施和重大工程项目纷纷上马，建设规模不断扩大；在对外经贸往来方面，通过吸引外资、引进技术等方式，加快技术进步和产业升级步伐。

经济发展实践中出现的上述变化，大大拓展了技术经济学的研究范围，为学科的发展提供了更为广阔的舞台。学科的研究对象不再局限于初创时期的技术方案经济效果评价，而是更多地考虑技术发展与经济发展之间的相互关系，研究如何通过技术进步促进经济发展以及技术本身的开发、应用、转移等规律。这一阶段，技术经济学研究范围和研究对象的拓展主要体现在以下方面：①技术进步与经济增长关系；②技术进步与产业结构升级；③生产率测算；④经济发展过程中的技术开发、应用、扩散、转移等规律的研究；⑤超大型工程项目的技术经济评价。

二、技术经济方法体系的拓展

随着研究范围和研究对象的调整扩大，相应的技术经济学方法体系得到进一步的丰富和拓展。调整后的技术经济学，其研究对象和范畴开始与西方主流经济学的相关领域出现交叉，包括经济增长理论、产业经济学等。西方主流经济学的研究范式、方法工具开始逐步引入到技术经济研究中，为丰富完善技术经济学方法体系提供了新的养分。

拓展后的技术经济方法体系中，主流经济学的定量分析工具已经成为最重要的组成部分。研究技术进步与经济增长关系，涉及经济增长理论，必然使用到最优化方法、最优控制理论等主流宏观建模方法；进行生产率测算，需要使用经济计量分析、数据包络分析等实证工具；分析技术进步与产业结构变化时，投入-产出分析是必不可少的数量分析工具；分析技术发展规律时，除了数理模型分析和计量实证外，还可能使用到数值模拟等方法。

当然，学科初创时的技术方案经济效果评价也因为超大型工程项目的出现而得到进一步的丰富和发展。在超大型工程项目评价中，除了原有的"财务评价"和"国民经济评价"外，还增加了"区域评价""社会评价""不确定性评价"等方面的内容，相应的"综合指标评价""盈亏平衡分析""敏感性分析""概率分析"等方法对原有方法体系也是一种补充（郑友敬等，1994）。

事实上，完善拓展后的技术经济学方法体系所包含的定量分析方法已经远远超出了初期经济效果评价（财务评价和国民经济评价）所采用的财务分析方法。这些方法大体可分为五大类，即数理分析类、运筹规划类、概率统计类、系统模拟类、成本收益类。拓展对象与对应的分析方法如表6-1所示。

表6-1　改革开放至20世纪末技术经济研究范围拓展及研究方法体系分类

	技术进步与经济增长	生产率测算	技术进步、扩散、转移规律	技术进步与产业升级	超大型工程项目评价
数理分析类	增长模型、欧拉方程、最优控制		动态建模		
运筹规划类		DEA非参数			AHP
概率统计类	计量分析	计量分析	计量分析	计量分析	概率分析
系统模拟类			数值模拟	投入产出分析	
成本收益类					盈亏平衡分析、敏感性分析

第三节　21世纪以来方法体系的拓展与完善

一、经济社会特征及研究对象的拓展

21世纪以来，能源、资源、环境对我国经济社会发展的约束越来越大，原有的物质要素驱动型增长模式不具备可持续的条件。与此同时，经济全球化下的国际竞争不断加剧，不占据技术上的制高点，在全球产业分工中只能处于价值链的低端，永远受制于人；在应对全球气候变化及其他国际事务中处于被动地位。转变经济发展方式，建设创新型国家成为中国经济发展的迫切需求。加快自主创新步伐、提高技术创新水平，成为提升国家核心竞争力、推动经济结构调整和经济发展方式转变的重要途径。应该说，市场经济体制建立和不断完善，为创新型国家建设和经济发展方式转变提供了基本的制度基础；而改革开放以来的高速增长也为转变发展方式提供了良好的物质基础。

21世纪以来，我国经济社会发展中存在的上述特点，进一步拓展了技术经济学的发展空间，同时为今后学科的完善指出了新的方向，具体体现在以下方面。

第一，转变发展方式、建设创新型国家的时代要求，使得自主创新成为学科重要研究领域。在自主创新规律等理论研究方面，可以用熊彼特创新理论、新古典增长理论、制定创新理论等相关内容丰富技术经济学科内涵。在现实问题研究方面，重点包括技术的引进、消化、吸收规律，自主创新相关的制度建设和政策措施等。从宏观层面看，为提升国家整体技术水平和核心竞争力，国家正着力培育和发展战略性新兴产业。以战略性新兴产业为突破口，促进技术进步和产业升级，推动经济发展方式转变，将是新时期技术经济学科研究的重要任务。从微观层面看，企业作为自主创新最为重要的主体，其创新行为、创新激励、创新管理及商业模式，是提高国家自主创新能力的微观基础，也应该成为新时期技术经济学科的重要研究对象。

第二，以"节能减排、环境保护"为核心的绿色创新是当前及未来技术经济研究的重要领域。从发展趋势看，绿色发展代表着未来世界发展的主流方向，而实现绿色发展的内在支撑在于绿色创新。从"技术-经济范式"（Techno-economic Paradigm）看，绿色创新是既有的技术轨迹（Technological Trajectory）被新的环境友好型技术轨迹逐步替代的演化过程。

第三，循环经济作为绿色创新实践的具体模式和绿色发展的具体实现形式，也已成为技术经济的重要研究对象。从技术角度讲，发展循环经济主要是依靠相关节点技术的突破和应用，实现物质资源的循环利用，降低污染排放。从经济角度讲，一方面，物质的循环利用能够最大限度提高资源利用效率；另一方面，循环经济模式顺利运转的前提是经济利润的实现。

第四，全球经济一体化背景下国际间的技术转移、扩散呈现出新的特点，其中的机遇与挑战并存。事实上，当前国际上正在兴起以"绿色壁垒""技术壁垒"为特征的新贸易保护主义。其本质是发达国家凭借技术优势，通过制定国际规则的形式，限制发展中国家的贸易和发展，是一种新型的技术封锁。如何应对国际间技术转移可能遭遇的新障碍，合理利用国际规则，提升国家整体技术水平已经成为当务之急，也应成为未来技术经济学的研究对象。

此外，传统的工程项目技术经济评价，无论是评价范围还是评价内容都有所拓展。

二、方法体系的拓展与完善

考虑到当前及未来经济社会环境及技术经济研究对象的上述变化趋势，技术经济学将不断吸纳包括创新经济学、环境经济学、演化经济学、制度经济学等相关学科的研究方法和研究范式，形成一套更为完善的研究方法体系。

（一）国家创新体系研究对方法体系的拓展

国家创新体系及创新型国家建设的相关研究，需要采用相关的定量分析方法，对国家（区域）创新能力及创新效率进行测度，对激励技术创新政策作用效果进行事后评估和事前模拟。这些定量分析方法，既包括数学规划、计量分析等经济学分析中常用的数量工具，还可能用到以系统论为方法论的非主流经济学工具和方法。

传统经济学建模大多建立在以主体理性、同质等假设为基础的可预期均衡框架下，变量间作用关系基本是线性的。虽然各变量、各因素之间也会有相互反馈，但变量之间作用反馈的传导机制比较清晰。因此，可以以还原论为方法论基础，对其进行解构、分析，传统的数理建模、计量检验等方法恰恰是还原论方法论的具体表现形式。然而，从系统论角度看，国家创新体系是由政府机构、大学、企业和非营利组织等多个主体相互作用而共同组成的一个复杂系统；国家创新体系的各组成部分也分别是一个复杂系统，而创新体系本身是更为复杂和庞大的经济社会系统的组成部分（Godin，2007）。系统内部各组成要素之间的关系已经越来越远离简单的线性模式，而呈现网状关系。上述特征决定了研究国家创新体系还需要使用以系统论为指导的工具方法。具体来说，包括系统动力学及系统分析、基于主体建模的微观仿真模拟等定量工具，以及演化分析等非定量分析方法。

事实上，技术创新研究与演化经济学之间有着深刻的渊源。[①] 从演化经济学角度看，创新是一项系统工程，而经济增长是技术、厂商及产业结构、支持及治理制度等共同演化的结果（Nelson，2008）。研究创新政策和创新行为，还涉及创新主体激励和创新制度设计等问题，即如何通过更为合理的制度安排、政策倾斜激励企业进行更多的创新活动。因此，拓展的方法除演化分析

---

① 国家创新体系的代表人物尼尔森（Richard Nelson）恰恰也是演化经济学的创始人之一。

外，还包括制度分析、博弈论与激励机制设计等领域的方法工具。

（二）绿色创新及循环经济对方法体系的拓展

绿色创新及循环经济方面的研究，不仅需要使用创新研究普遍使用的上述工具方法，更需要能源物质流分析、绿色经济核算等与能源物质消耗节约相关的定量分析手段。例如，在分析评价经济现实中某项特定的循环经济模式时，最为重要的考量是该模式能在多大程度上实现资源能源的节约和循环再利用，为此需要使用能源物质流分析手段；而评价某项绿色创新是否成功，不仅需要考察创新带来的经济效益，更需要考察其带来的节能减排及环境保护方面成效，这些显然离不开物质流分析及绿色经济核算等方法的支撑。

（三）国际技术转移扩散对方法体系的拓展

21世纪以来的国际间技术转移与扩散同经济全球化、新贸易保护主义、应对全球气候变化等问题交织在一起，使得技术转移扩散面临的外部环境和影响因素更为复杂，技术转移扩散的传播路径、组织形式等与封闭经济条件下也有所不同。为了能够更好地把握国际间技术转移扩散的一般规律，同样需要以系统论作为方法论，从全球政治经济格局演变、创新系统演进等角度进行分析。

跨国公司作为当前经济全球化的重要载体，在全球范围内布局其产业价值链的同时，也直接影响着技术转移扩散的路径和方式。研究跨国公司内部的技术转移扩散涉及产业组织理论、公司理论、价值链分析等方面的分析手段和工具。此外，绿色技术的转移和扩散与应对全球气候变化直接相关，涉及各国之间的合作和博弈，需要采用博弈论作为分析工具。

（四）环境评价及社会评价对方法体系的拓展

当前，分析工程项目及其他经济活动对生态环境产生的潜在影响，已经成为项目评价不可或缺的组成部分，也是传统项目评价方法适应资源节约和环境保护要求而进行的具体拓展。而对于一些具有公益性质的公共项目来说，如奥运场馆、世博会展馆等，除分析项目本身的成本收益外，还需要进行项目的社会评价，即从公共产品角度进行社会成本收益分析，估算项目建设可能带来的社会福利增加。生态环境评价和社会评价的加入是对传统工程项目经济效果分析的又一次拓展，涉及的方法包括绿色经济核算、社会福利分析等（见表6-2）。

表 6-2　21 世纪以来技术经济研究范围拓展及研究方法体系分类

	国际创新体系与创新激励政策	绿色创新与循环经济	国际间技术转移与扩散	工程项目生态环境及社会评价
数理模型类	欧拉方程、最优控制	数理建模	动态建模	
运筹规划类	综合评价、AHP、DEA	综合评价、AHP、DEA		综合评价、AHP
概率统计类	计量分析（微观计量）	计量分析、绿色经济核算	计量分析	绿色经济核算、概率分析
系统模拟类	CGE、基于主体的微观模拟仿真、系统动力学	能源物质流平衡分析、实物投入产出	数值模拟	实物投入产出分析
成本收益类		盈亏平衡分析、敏感性分析		盈亏平衡分析、敏感性分析、社会成本收益分析、福利分析
制度分析类	制度分析	制度分析	公司理论、产业组织、价值链分析	
演化博弈类	演化分析	演化分析、博弈分析	博弈分析	

注：演化分析和博弈分析都从动态角度对系统的变化情况进行描述和刻画，因此可以归为系统模拟类方法。

第四节　未来技术经济学及其方法体系的趋势判断

一、学科综合性、与经济学前沿融合度不断提高

现代科学的发展越来越呈现出专业化和综合化这两种截然不同的趋势。技术经济学作为一门新兴交叉学科，其产生和发展正是上述两种趋势的产物和具

体体现。

一方面，现代社会的进步离不开技术进步，技术本身可以看作是一种无形要素，渗透在经济社会的各个方面，由此带来技术经济学科边界的不断拓展。从研究对象看，自主创新、资源环境、生态保护、高技术产业发展、国际技术转移等已逐步成为技术经济学的重要研究对象；而这些研究对象所涉及的经济增长理论、环境经济学、资源经济学、循环经济学、国际经济学、制度经济学、演化经济学、产业组织理论、博弈论等都属于主流经济学或现代经济学前沿的领域范畴。因此，技术经济学与现代经济学前沿的交汇融合已经成为一种现实。在未来，这种融合趋势会随着技术经济研究范畴的继续拓展而得到进一步加强。

另一方面，技术经济学与相关领域交叉重合的同时，与各相关领域的研究重点又有所不同，有其自身的规律。技术经济学的研究更侧重于上述研究对象中所涉及的技术问题，从技术和经济两方面研究各种现实问题仍然是技术经济学科的根本特征。

二、更加注重定量方法和定性分析的结合

技术经济学作为一门应用学科，研究的直接目的是为经济和技术实践活动提供指导性意见及建议。在指导性意见的形成过程中，需要进行大量的实证分析才能归纳提炼出相关规律。早在学科初创时期，以成本收益分析（经济效果分析）为主的定量分析方法在技术经济研究中便占据着主导地位。随着技术经济研究范畴的扩大、研究对象复杂程度的提高、与经济学前沿学科的不断融合交叉，数理建模分析、运筹规划、经济计量学、概率统计、经济模拟仿真等定量方法已经成为技术经济研究的必备工具。这种趋势还将进一步强化。

当然，为了能够给经济和技术活动提供具有操作性的意见及建议，在注重定量方法应用的同时，还应注重定量与定性分析的结合。任何定量分析工具都有其局限性，不同定量分析得出的相关结果还需要经过定性综合判断，才能形成最终的决策和行动意见。从技术经济学科发展的历程看，包括工程项目技术经济方案的最终评价、创新行为的演化分析、制度分析等，都属于定性分析的范畴。未来，随着研究对象复杂程度的进一步提高，对于那些暂时无法采用合适定量手段进行分析的领域，定性分析仍将发挥重要作用。

三、系统论将成为支撑学科发展的方法论

技术经济学作为一门多学科综合交叉的新兴学科和边缘学科，无论是研究对象还是研究方法，都涉及相互联系但又明显区别的不同部分。既需要对具体的细节进行深入分析，又需要从全局的角度进行整体把握。因此，需要以系统论作为指导技术经济学研究的方法论，这也是由技术经济学的学科特点所决定的。

系统论思想的指导作用在技术经济学的几乎所有研究中都有体现。在经济活动评价中，一方面，需要对被评价对象从不同角度进行分解，运用各种定量方法进行分析、对比；另一方面，在各方面定量分析的基础上，需要从整体和全局的角度，对各种结果进行全盘考虑、综合分析，并最终给出结论性的意见。在超大型工程项目、公共工程项目的经济效果、生态环境效果、社会效益等综合评价中，这种分解与综合相结合的分析模式显得尤为重要。

在研究技术活动与经济活动的互动关系时，同样需要从部分和整体两个方面进行分析。例如，在研究产业发展与技术进步规律时，既要从还原论的角度，测度技术进步对产业发展的推动作用、梳理技术进步与产业发展的轨迹和脉络、分析促进技术进步和产业发展的各种因素；还要从动态和整体角度，对技术进步和产业发展这个系统的演化规律、未来的发展方向进行把握和预测。

至于国家创新体系、国际间技术转移扩散等方面的研究，更是需要将研究对象放置于一个更大的复杂巨系统中，从系统分析、系统演化的角度进行把握。

四、微观细化、宏观集成的趋势将得到强化

随着技术经济研究对象的复杂性不断提高，未来技术经济领域的研究将呈现"微观层面的不断细化、宏观层面的不断集成"的趋势。

从微观层面看，技术经济学的研究起点是微观项目的技术经济评价。随着学科边界的拓展和相关定量分析方法的引入，特别是各种微观定量分析方法，如微观计量、基于主体行为的微观模拟等在研究中的应用，未来微观层面的研究将随着各种微观模拟分析手段的提高而得到不断细化。

从宏观层面看，包括国家创新体系、创新型国家建设、资源环境、生态保护等方面的研究，涉及诸多的交叉领域，需要更多地运用系统集成手段，将基于各种不同定量和定性工具分析得出的结果进行综合集成。

本章小结

本章从学科发展历史的角度，全面分析了技术经济学科创立发展不同时期所面临时代背景的变迁，以及由此引致的研究对象的变化和方法体系的拓展及完善，并对未来学科及其方法体系的发展趋势进行展望。具体有以下几点：

第一，技术经济学方法体系的形成和完善是适应经济社会现实需求及学科研究对象变化而不断调整的结果。

第二，经过近半个世纪的发展，技术经济的研究范畴已经与经济学的诸多前沿领域产生了交叉和融合。现代经济学常用的各种定量及定性分析工具也成为技术经济方法体系的重要组成部分。

第三，随着研究对象的日益复杂，系统论在未来的技术经济研究中将成为重要甚至占主导地位的方法论。微观细化、宏观集成的趋势将逐步确立并强化。

思考题

一、名词解释

工程项目经济评价、社会评价、绿色创新、系统论、国家创新体系

二、简答题

1. 技术经济学初创时期的方法体系的主要特征有哪些？
2. 改革开放至 20 世纪末技术经济方法体系有哪些拓展？
3. 21 世纪以来技术经济学科边界拓展对方法体系的主要影响有哪些？
4. 技术经济学研究中的常用定量工具包括哪些？

三、论述题

1. 从学科边界角度探讨技术经济学方法体系的拓展轨迹。
2. 系统论对于构建现代技术经济学方法体系的重要意义。

第七章　项目经济评价主要方法

内容提要

经济评价是项目实施前进行可行性研究的核心内容之一，也是早期技术经济评价的主要工作。尽管技术经济学的研究范围已经有了极大的拓展，但作为技术经济学的传统领域，项目经济评价相关方法在技术经济学方法体系中仍然占据重要地位。因此，本章将对项目经济评价中的财务评价、国民经济评价、不确定性分析等相关方法工具进行简要介绍。

第一节　财务效益费用估算与财务评价

财务评价从微观角度对项目的盈利能力、偿债能力、财务生存能力等进行分析和评估，是进行方案比选、决定项目上马与否的重要依据。而项目的财务效益和费用估算是财务评价的重要基础。

一、财务效益与费用估算

财务效益与费用估算涉及的内容非常庞杂，本部分将重点对建设投资估算、营业收入估算、总成本费用估算进行说明。

（一）估算主要内容与遵循原则

拟建设项目财务效益与费用估算包括建设投资估算、营业收入估算、经营成本估算、流动资金估算、建设期利息估算、资产原值估算、折旧及摊销计算、运营期各年利息估算、总费用成本估算、税金及附加估算、利润估算等环节。由于项目建设通常涉及融资，因此，在进行效益与费用估算时，首先，估算建设投资和营业收入，以及经营成本和流动资金；其次，进行融资需求分析并确定初步融资方案后，进行建设期利息估算；最后，进行各种具体成本费用的估算、税金利润估算。

财务效益和费用估算应遵循"有无对比"的原则,正确识别和估算"有项目"和"无项目"状态的财务效益与费用。估算时要充分反映项目的行业特点,做到依据明确、价格合理、方法适宜。在估算过程中,价格的选择应符合以下要求:①效益、费用都采用相同的价格体系;②可以考虑价格变动因素,采用预测价格;③对于增值税相关的项目,投入产出估算可采用不含增值税价格。

(二)建设投资估算

建设投资估算要求在给定建设规模、产品方案和工程技术方案的基础上,估算项目建设所需的各项费用。建设投资主要由工程费用、工程建设其他费用和预备费三部分构成。其中,工程费用又可以细分为建筑工程费、设备购置费、安装工程费;预备费包括基本预备费和涨价预备费。

建设投资的估算方法分为两大类:一是概略估算法(概算法);二是详细估算法。具体实践中,可以根据项目前期研究各阶段对投资估算精度的要求、行业特点和相关规定,选择相应的投资估算方法。

概略估算法主要是根据实际经验和历史资料,对建设投资进行综合估算,具体包括:生产规模指数法、资金周转率法、分项比例估算法和单元指标估算法。采用概算法精度不高,但适合在建设投资估算的初期采用。详细估算法是针对建筑投资的每一项构成部分,逐一进行投资估算,最后汇总得出建设投资总的估算值。

(三)营业收入估算

营业收入是财务评价的重要数据,其估算的准确性直接影响项目财务效益的评价。营业收入包括销售产品或提供服务所获得的收入,估算的基础数据主要是产品/服务的数量和价格。

在产品/服务数量估算方面,应着重分析、确认产品或服务的市场预测数据,根据技术的成熟度、市场开发程度、产品的寿命期、需求量的增减变化等因素,并结合行业和项目建设规模、产品/服务方案等方面的特点加以确定。实践中常用的两种方法是:①根据经验确定负荷率后进行估算;②根据营销计划确定。

在确定产品/服务价格时,需要从价格基点、价格体系、价格预测方法等方面，对所选取价格的合理性进行充分论证。

（四）总成本费用估算

总成本费用是项目运营期内为生产产品或提供服务所发生的全部费用，包括经营成本、折旧费、摊销费和财务费用。总成本费用估算须遵循国家现行的企业财务会计制度对成本和费用核算的规定，遵循国家税制中准予所得税前列支科目的规定。总成本费用估算可以按照以下两种方法进行。

1. 生产成本加期间费用估算法

总成本费用=生产成本+期间费用

生产成本=直接材料费+直接燃料和动力费+直接工资+其他直接支出+

制造费用期间费用=管理费用+营业费用+财务费用

2. 生产要素估算法

总成本费用=外购原材料、燃料和动力费+工资及福利费+折旧费+摊销费+

修理费+财务费用（利息支出）+其他费用

由于各行业成本费用的构成不同，制造业项目可直接采用以上公式进行计算，而其他行业则应该根据行业规定或结合行业特点进行调整。

总成本费用可以分解为固定成本和可变成本。固定成本一般包括折旧费、摊销费、修理费、工资及福利费（计件工资除外）和其他费用；通常把运营期发生的全部利息也作为固定成本。可变成本则主要包括外购原材料、燃料及动力费用和计件工资等。有些成本费用属于半固定半可变成本，必要时可进一步分解为固定成本和可变成本。项目评价中可根据行业特点进行简化处理。

二、建设项目财务评价

建设项目的财务评价是在现行会计制度、税收法规、价格体系下，以财务效益与费用估算为基础，通过财务指标的技术，分析评价项目的盈利能力、偿债能力和财务生存能力，判断项目的财务可接受性，明确项目对财务主体及投资者的价值贡献，为项目决策提供依据。对于非经营性项目来说，财务评价的重点在于项目的财务生存能力分析。

（一）盈利能力分析

盈利能力分析采用的主要评价指标包括项目投资内部收益率、净现值、项目资本金内部收益率、投资回收期、总投资收益率、项目资本金净利润率等，其中，前三项考虑了资金的时间价值属于动态评价指标，后三项则属于静态评价指标。

1. 内部收益率（Internal Return Rate，IRR）

能够使项目计算期内净现金流量现值累计为零的折现率即为内部收益率，具体如下：

$$\sum_{t=1}^{n}(CI-CO)_t(1+IRR)^{-t}=0 \tag{7-1}$$

其中，CI 为现金流入量，CO 为现金留出量，$(CI-CO)_t$ 为第 t 期的净现金流量，n 为项目计算期。

投资内部收益率、资本金内部收益率、投资各方的内部收益率都可以采用式（7-1）计算，但具体计算过程中使用的现金流入和现金流出有所不同。通常，当内部收益率大于或等于所设定的基准收益率 i_c 时，项目方案在财务上是可以接受的。

2. 净现值（Net Present Value，NPV）

净现值通常是指按照基准收益率 i_c 计算的项目计算期内净现金流量的现值总和，具体计算公式如下：

$$NPV=\sum_{t=1}^{n}(CI-CO)_t(1+i_c)^{-t} \tag{7-2}$$

一般来说，盈利能力分析只计算投资净现值。当然，根据需要可以选择技术所得税前净现值或所得税后净现值。如果按照设定的基准折现率计算出的净现值大于或等于零，则说明方案在财务上是可行的。

3. 项目投资回收期

项目投资回收期是指项目的净收益回收投资所需要的时间，一般以年为单位，并从项目开始年份起算。若从项目投产年起算，则应给予特别标注。项目投资回收期可采用式（7-3）、式（7-4）表达和计算：

$$\sum_{t=1}^{P_t}(CI-CO)_t=0 \tag{7-3}$$

$$P_t=T-1+\frac{\sum_{t=1}^{T-1}(CI-CO)_t}{(CI-CO)_T} \tag{7-4}$$

式（7-3）和式（7-4）中，P_t 表示项目投资回收期，T 为从项目建设开始到各年累计净现金流量首次为正值或零期间所经历的年数。投资回收期越短，表明项目投资回收越快、抗风险能力越强。

4. 总投资收益率（Return of Investment，ROI）

总投资收益率是指项目正式运营并达到设计能力后，正常年份的年息税前利润（Earnings before Interest and Tax，EBIT）或运营期内的年平均息税前利润与项目总投资（TI）的比率，反映了总投资的盈利水平，具体计算如下：

$$ROI = \frac{EBIT}{TI} \times 100\% \tag{7-5}$$

如果总投资收益率高于同行业的收益率参考值，则表明用总投资收益率所表示的项目盈利能力能够满足要求。

5. 资本金净利润率（Return of Equity，ROE）

资本金净利润率指项目正式运营并达到设计能力后，正常年份的净利润（NP）或运营期内的年平均净利润与项目资本金（EC）的比率，具体计算如下：

$$ROE = \frac{NP}{EC} \times 100\% \tag{7-6}$$

如果资本金净利润率高于同行业的收益率参考值，则表明以该指标所表示的项目盈利能力能够满足要求。

（二）偿债能力分析

偿债能力分析主要是通过技术利息备付率（Interest Coverage Ratio，ICR）、偿债备付率（Debt Service Coverage Ratio，DSCR）和资产负债率（Liability on Assets Ratio，LOAR）来判断项目的偿债能力。

1. 利息备付率

利息备付率是指在借款偿还期内的息税前利润与应付利息（PI）的比值，它从付息资金充裕性的角度反映了项目偿付债务利息的保障程度，具体计算公式如下：

$$ICR = \frac{EBIT}{PI} \tag{7-7}$$

2. 偿债备付率

偿债备付率是指在借款偿还期内，用于还本付息的资金（EBITDA-TAX）与应还本付息金额（PD）的比值，它从还本付息资金充裕性的角度反映了项目偿付借款本息的保障程度，具体计算公式如下：

$$DSCR = \frac{EBITAD-TAX}{PD} \qquad (7-8)$$

3. 资产负债率

资产负债率是最为简单和综合的偿债能力分析指标，由期末负债总额与资产总额比较而得，具体计算公式如下：

$$LOAR = \frac{TL}{TA} \times 100\% \qquad (7-9)$$

(三) 财务生存能力分析

财务生存能力分析是在财务分析辅助表和利润分配表等基础上编制财务计划现金流量表，通过考察项目计算期内的投资、融资和经营活动所产生的各项现金流入和流出，计算净现金流量和累计盈余资金，分析项目是否有足够的净现金流来维持正常运营，从而实现财务上的可持续性。

财务可持续性具体来说应体现为以下几方面：①有足够大的经营活动现金流；②各年累计盈余资金不应出现负值；③若出现负值应进行短期借款，并结合短期借款期限长短和金额大小进一步判断项目财务生存能力。

对于非经营性项目来说，主要考察的是项目的财务生存能力。由于此类项目通常需要政府提供长期补贴才能维持运营，因此需要合理估算项目运营期间所需的政府补贴数额，并分析政府补贴的可能性和支付能力。对于有债务资金的非经营性项目，还应结合借款偿还要求对其财务生存能力进行分析。

第二节 国民经济评价与经济费用效益分析

在现实中，由于价格扭曲、难以通过货币进行衡量等原因，仅仅依靠财务评价无法真实全面地反映项目的经济价值。特别是一些公共工程项目，其产出的很多外部溢出效应根本无法在项目现金收入中体现，为此需要从国民经济评价的角度对项目的经济费用效益进行更为全面的分析。

一、国民经济评价的必要性与适用范围

国民经济评价是从宏观资源配置的角度，对建设项目的资源消耗和经济效

益进行综合评估，评价其经济合理性。在市场机制有效配置资源的情形下，通过项目财务评价基本可以满足投资决策需求。然而，市场机制并非万能，即使在欧美成熟的市场体制中，市场失灵现象仍普遍存在。资源要素价格体系扭曲、公共物品、外部性等都会导致严重的市场失灵，使得项目投资人的私人成本收益（费用效益）与项目的社会成本收益出现偏差。这种情况下，如果仅仅考虑基于私人成本收益而进行的财务评价结果，可能会导致有失公允的投资决策。为此，需要从国民经济和全社会的角度进行更为全面的经济费用效益分析。

需要进行国民经济评价的项目主要是基础性项目和公益性项目，具体包括：①具有垄断特征的项目；②产出具有公共产品特征的项目；③外部性特征显著的项目；④资源开发项目；⑤涉及国家经济安全的项目；⑥过度行政干预的项目。

国民经济评价的对象决定了评价的目标超越了财务评价中相对狭隘的财务可行性，而是更加注重效率和公平，更加注重项目带来的社会和国家层面的宏观效果，更加注重一些难以精确估计的间接效果。

二、国民经济评价与财务评价关系

国民经济评价与财务评价之间既有很多共同之处，但也存在着明显的区别。

（一）共同之处

（1）评价方法相同。两者都是经济效果评价，都使用基本的经济评价理论，即效益与费用比较理论方法，都是要寻找以最小投入获得最大产出，并且都考虑资金的时间价值，采用内部收益率、净现值等盈利性指标对项目的经济效果进行评价。

（2）评价的基础工作相同。两者都要在完成产品需求预测、工艺技术选择、投资估算、资金筹措方案等可行性研究内容的基础上进行。

（3）基本分析方法和主要指标的计算类同。两者都是从项目的"效益"与"费用"入手，寻求收益与费用的最佳关系，评价项目的优劣，确定项目的可行性。二者都采用现金流量分析方法，经济指标的选择和含义基本相同。

（4）评价的计算期相同。

（二）主要区别

（1）两者评价的基本出发点不同。财务评价着眼于项目层面，从项目经营者、投资者、未来债权人等微观主体的立场出发，分析项目可能的财务生存能力、各方面临的收益或损失、投资或贷款的风险与收益，属于微观经济评价的范畴。国民经济评价则着眼于国民经济和社会发展，从全社会宏观角度分析计算项目需要付出的成本和代价、能够对国民经济和社会带来的贡献，进而考察投资行为的经济合理性，属于宏观经济评价的范畴。

（2）评价内容不同。财务评价包括盈利能力分析、偿债能力分析和财务生存能力分析；而国民经济评价通常只从费用和收益角度进行效率分析。

（3）费用和效益的含义和划分范围不同。财务评价只根据项目直接发生的财务收支计算项目的费用和效益，凡是项目的货币收入都视为效益，凡是项目的货币支出都视为费用，工资、利息、税金等均作为费用支出。国民经济评价则从全社会的角度考察项目的费用和效益，这时项目的部分收入和支出不能作为社会费用或收益，如税金和不同银行贷款利息等。另外，国民经济除计算项目的直接效益和费用外，还要计算项目的外部效果（即间接费用和效益），并考虑非经济因素方面的社会效果。

（4）所使用的价格体系不同。财务评价使用实际的市场预测价格，国民经济评价则使用一套专用的影子价格体系。

（5）所使用的主要参数不同。在内部收益率上，财务评价使用财务基准收益率，而国民经济评价使用社会折现率；财务基准收益率会因行业的不同而有所差别，而社会折现率在全国各行各业各地区都是一致的。

三、国民经济费用效益识别原则

（一）基本原则

费用和效益都是相对于目标而言的。效益是对目标的贡献，费用是对目标的负贡献。国民经济评价以实现社会资源的最优配置和国民收入最大化为目标，因此，凡是增加国民收入的就是国民经济效益，凡是减少国民收入的就是国民经济费用。

（二）边界原则

财务评价从项目自身的利益出发，其分析的边界是项目本身。国民经济评价从国民经济的整体利益出发，其分析的边界是整个国家和社会。因此，国民经济评价不仅要识别属于项目自身的内部效益，还要识别项目对国民经济其他部门产生的外部效益。

(三) 资源变动原则

在计算财务效益与费用时，依据的是货币的变动。而国民经济评价需要从全社会经济资源变动的角度识别效益和费用。凡是减少社会资源的项目投入都产生国民经济费用，凡是增加社会资源的项目产出都产生国民经济收益。

此外，国民经济评价中，项目的国民经济效益可以分为直接效益和间接效益；项目的国民经济费用也可以分为直接费用和间接费用；而直接效益和直接费用统称为内部效果；间接效益和间接费用可称为外部效果。

第三节　不确定性与风险分析

一、项目的不确定性与风险分析

所谓不确定性（Uncertainty）和风险（Risk）是指由于对项目将来面临的运营条件、技术发展和各种环境缺乏准确的知识而产生的决策的没有把握性。严格来讲，当这些不确定性的结果可以用发生的概率来加以表述和分析时，称为风险分析；反之，不能用概率表示的，称为不确定性分析。

投资项目经济评价所采用的数据大部分来自预测和估算。尽管在评价过程中已就项目市场、采用技术、设备、工程方案、环境保护、配套条件、投资融资和投入产出价格等方面作了尽可能详尽的研究，但项目经营的未来状况仍然可能与设想状况发生偏离，项目实施后的实际结果可能与预测的基本方案产生偏差，投资项目因而有可能面临潜在危险。这是由于上述投资项目决策分析与评价工作所采用的各项数据都是根据历史数据和经验对将来相当长一段时期进行预测得到的，而预测的不确定性已为大家所共知。因此这些数据都或多或少带有某种不确定性，致使投资项目的决策分析与评价结果具有不确定性。

为分析不确定性因素对评价指标的影响，估计项目可能承担的风险，有必要进行不确定性分析和经济风险分析。通过该分析，可以尽量弄清和减少不确定性因素对经济效益的影响，预测项目投资对某些不可预见的政治与经济风险的抗冲击能力，从而证明项目投资的可靠性和稳定性，避免投产后不能获得预期的利润和收益，致使企业亏损。不确定性分析所作出的比较可靠、接近客观实际的估计或预测，将对决策者和未来的经营者具有十分重要的参考价值。不确定性分析的主要工具有盈亏平衡分析和敏感性分析。

二、盈亏平衡分析

盈亏平衡分析是指通过计算项目达产年的盈亏平衡点（Break-even Point，BEP），分析项目成本与收入的平衡关系，判断项目对产出产品数量变化的适应能力和抗风险能力。盈亏平衡分析一般只适用于财务分析评价。根据总收入、总成本与销售量的函数关系又可以分为线性盈亏平衡分析和非线性盈亏平衡分析，但项目评价中仅进行线性盈亏平衡分析。线性盈亏平衡分析通常有四个假设前提：①产量等于销售量，即当年产出当年销售完毕；②产量变化时，单位可变成本不变，从而保证总成本费用为产量的线性函数；③产量变化时，产品售价不变，从而保证销售收入是销售量的线性函数；④按照单一产品技术，当生产多种产品时，应该换算为单一产品，不同产品的生产负荷率变化应保持一致。

假设项目建成达产后，在一定时期内的固定成本为 F，产出量为 Q，单位产品的可变成本为 C_V，单位产品的销售价格为 P，盈利为 B，Q_0 为盈亏平衡点产出，则有：

$$固定成本+总可变成本+盈利=销售收入$$

$$F+C_VQ+B=PQ$$

$$B=PQ-(F+C_VQ)$$

$$PQ_0=F+C_VQ, \quad Q_0=(F+C_VQ)/P$$

假设建设项目的设计生产能力为 Q_{max}，则最低生产能力利用率为：

$$BEP_{生产能力利用率}=(Q_0/Q_{max})\times100\%$$

最低生产能力利用率指标越小，说明建设项目抗风险能力越强。显然，盈亏平衡点（Break-even Point）越小越好。其方法是降低固定成本，或者是加大产品单价与变动费用之差。

盈亏平衡点也可以采用图解法进行求解，具体如图7-1所示。

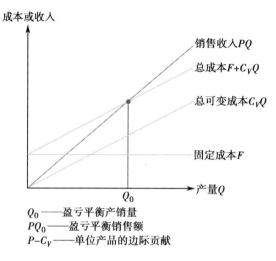

Q_0 ——盈亏平衡产销量
PQ_0 ——盈亏平衡销售额
$P-C_V$ ——单位产品的边际贡献

图 7-1   盈亏平衡点图解法

三、敏感性分析

敏感性分析是投资建设项目评价中应用非常广泛的一种技术，通常被用来考察项目涉及的各种不确定因素对项目基本方案经济评价指标的影响，以找出敏感因素，估计项目效益对它们的敏感程度，粗略预测项目可能程度的风险，为进一步的风险分析打下基础。

敏感性分析包括单因素敏感性分析和多因素敏感性分析。单因素敏感性分析指每次只改变一个因素的数值来进行分析，估算单个因素的变化对项目效益产生的影响；多因素分析是同时改变两个或两个以上因素进行分析，估算多因素同时发生变化的影响。为了找出关键的敏感性因素，通常只进行单因素敏感性分析。单因素敏感性分析的大致步骤如下：

第一，根据项目特点，结合经验判断选择确定分析指标，如投资回收期、财务净现值、财务内部收益率等。

第二，选择需要分析的不确定性因素，如项目投资、建设周期、项目寿命年限、成本、价格、产销量等。

第三，选择不确定因素变化的百分率，如（-5%，5%）、（-10%，10%）、（-15%，15%）、（-20%，20%）等，并分析每一个不确定性因素的波动程度对分析指标的影响。

第四，确定敏感性因素，为此需要计算敏感度系数和临界点。

敏感度系数计算如下：

$$S_{AF} = \frac{\Delta A / A}{\Delta F / F}$$

其中，S_{AF} 为评价指标 A 对于不确定因素 F 的敏感系数；$\Delta F / F$ 为不确定因素 F 的变化率；$\Delta A / A$ 为不确定因素 F 发生 ΔF 变化率时，评价指标 A 的相应变化率。

$S_{AF} > 0$，表示评价指标与不确定因素同方向变化；$S_{AF} < 0$，表示评价指标与不确定因素反方向变化。$|S_{AF}|$ 较大者敏感度系数高。

临界点，也称转换值（Switch Value），是指不确定性因素的变化使项目由可行变为不可行的临界数值，可采用不确定性因素相对基本方案的变化率或其对应的具体数值表示。当该不确定因素为费用科目时，为增加的百分率；当其为效益科目时，为降低的百分率。临界点也可以用该百分率对应的具体数值表示。当不确定因素的变化超过了临界点所表示的不确定因素的极限变化时，项目将由可行变为不可行。以基准收益率为例，在基准收益率确定条件下，临界点越低，说明该因素对项目评价指标影响越大，项目对该因素越敏感。

第五，敏感性分析结果在项目决策分析中的应用。对敏感性分析的结果进行会诊，编制敏感性分析表、敏感性系数与临界点分析表等。在此基础上，选择敏感程度小、承受风险能力强、可靠性大的项目或方案。

第八章 运筹规划类典型方法工具

内容提要

技术经济学研究的很多问题都是寻求经济可行和技术可行的最优解决方案，包括数学规划在内的各种运筹学工具恰恰是解决最优化问题的有效方法。早在 20 世纪 80 年代的技术经济问题研究中，线性规划等运筹学工具就已经被广泛应用。随着研究范围和学科边界的不断拓展，更多的运筹学工具被引入到技术经济学研究中，运筹规划类方法已经成为传统财务评价以外技术经济学最为常用的工具。在运筹学方法中，线性规划是基础。为此，本节首先简要介绍线性规划基础知识，然后讨论层次分析法和数据包络分析这两个常用工具的基本原理及应用案例。

第一节 线性规划基础知识

在现实生产经营和规划管理中，经常涉及如何合理地利用有限的人力、物力、财力资源，取得最好的经济效果。为解决上述问题需要使用到线性规划工具。本部分将通过一个实例，说明如何根据实际问题建立线性规划模型。在此基础上，简要介绍线性规划的两种解法：①两个变量情形下的图解法；②涉及多个变量的一般方法——单纯形法。

一、线性规划基本形式

例 8.1 某厂商现有设备可以用于生产甲、乙两种产品，需要使用 A、B 两种原材料，生产单位产品所需设备台时和原材料如表 8-1 所示。该厂商每生产 1 单位的甲产品可以获利 2 元，每生产 1 单位的乙产品可以获利 3 元。已知该厂商在未来某个时期内可以获得有效台时为 8，原材料 A 16 千克，原材料 B

12 千克,如何安排生产可以使该厂商获利最大?

表 8-1 厂商生产利润最大化问题

	单位产品耗费(甲)	单位产品耗费(乙)	台时及原材料总计
设备	1	2	8 台时
原材料 A	4	0	16 千克
原材料 B	0	4	12 千克

解决上述利润最大化问题,可以用数学模型进行刻画:

假定 x_1 和 x_2 为两个非负数,分别代表甲、乙两种产品的计划产量。根据利润最大化原则,可以设定目标函数:$\max \quad z=2x_1+3x_2$。其中,z 表示利润。

由于总的有效设备台时为 8,因此有第一个约束条件:

$$x_1+2x_2 \leqslant 8$$

另外,A、B 两种原材料的总量也有限制,于是又加上两个约束条件:

$$4x_1+0x_2 \leqslant 16, \quad 0x_1+4x_2 \leqslant 12$$

上述目标函数和约束条件合在一起,就构成了上述生产利润最大化问题的数学模型:

$$\begin{cases} \max \quad z=2x_1+3x_2 \\ \text{s. t.} \quad x_1+2x_2 \leqslant 8 \\ \qquad 4x_1+0x_2 \leqslant 16 \\ \qquad 0x_1+4x_2 \leqslant 12 \\ \qquad x_1, \ x_2 \geqslant 0 \end{cases} \qquad (8-1)$$

例 8.2 还是例 8.1 中提到的厂商,假定未来某段时期内,其生产技术和拥有的设备及原材料等禀赋不变。不过由于市场的不断发展和完善,厂商多了一种选择,那就是将现有的设备出租,原材料出让,而自己不从事具体生产。这就面临对设备台时租金以及 A、B 两种原材料附加值定价的决策,并构成一个新的线性规划问题。

首先,假定设备台时租金和 A、B 两种原材料附加值定价分别为 y_1、y_2 和 y_3,三种定价显然都应是非负的;其次,将设备台时出租和原材料出让所得的租金和附加值总计为 ω。

对于 A、B 两种产品来说,生产单位产品所需要的设备台时和原材料,其租金和原材料附加值之和不应该低于生产单位产品所能获得的利润，否则厂商还不如用这些设备和原材料自己生产，赚取利润。于是有：

$$y_1 + 4y_2 + 0y_3 \geq 2 \text{ 和 } 2y_1 + 0y_2 + 4y_3 \geq 3$$

对于厂商来说，在满足上述两个约束条件下，应该尽量降低总的出租和出让所得，以便尽快完成上述出租和出让行为。于是就有新的目标函数：

$$\min \quad \omega = 8y_1 + 16y_2 + 12y_3$$

上述函数共同构成新线性规划问题的数学表达式：

$$\begin{cases} \min \quad \omega = 8y_1 + 16y_2 + 12y_3 \\ \text{s.t.} \quad y_1 + 4y_2 + 0y_3 \geq 2 \\ \quad\quad 2y_1 + 0y_2 + 4y_3 \geq 3 \\ \quad\quad y_1,\ y_2,\ y_3 \geq 0 \end{cases} \quad\quad (8-2)$$

根据上面两个例子，可以给出线性规划问题的（形式）定义：给定一些变量的某些线性等式或不等式约束条件，求这些变量的值，使得它们的某个线性函数值达到最大（或最小）。变量的现行函数称为目标函数。

满足线性规划约束条件的解称为可行解，可行解的全体称为可行域。使目标函数达到最大值（或最小值）的可行解称为最优解，最优解对应的目标函数值称为最优值。

二、线性规划求解的图解法

图解法简单直观、有助于了解线性规划求解的基本原理，适用于只有两个变量的线性规划问题。例 8.1 恰好是两个变量的线性规划问题，可以用作图解法示例。

图 8-1 中阴影部分是由三个约束条件边界线所组成的可行域。对目标函数进行代数变换得：$x_2 = -(2/3)x_1 + z/3$，它代表以 z 为参数、以 $-2/3$ 为斜率的一组平行线。

当 z 值由小变大时，直线 $x_2 = -(2/3)x_1 + z/3$ 将沿其法线方向（图中带箭头实线）向右上方移动。当移动到 Q_2 点时，使 z 值在可行域边界上实现最大化，Q_2 点是该线性规划问题的唯一解。根据 Q_2 点坐标可以计算出 $z = 14$。这说明该厂商最优的生产方案是，生成甲产品 4 件，乙产品 2 件，实现最大利润 14 元。

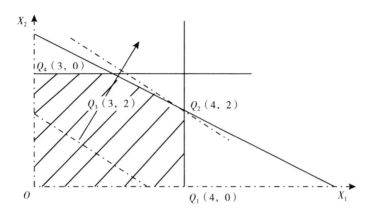

图 8-1　图解法示例（唯一最优解）

除了唯一解情况外，通常线性规划问题的求解结果还可能出现"无穷多最优解（多重解）""无界解"和"无可行解"三种情况。

（一）无穷多最优解（多重解）

将例 8.1 中的目标函数变为 max　$z = 2x_1 + 4x_2$，则以 z 为参数平行线族与第一个约束条件 $x_1 + 2x_2 \leqslant 8$ 的边界线平行。当 z 值由小变大时，将与线段 Q_2Q_3 重合（见图 8-2）。线段 Q_2Q_3 上任意一点都使 z 取得相同的最大值，该线性规划问题有无穷多最优解（多重解）。

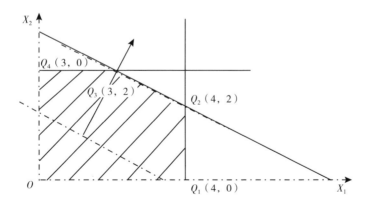

图 8-2　图解法示例（无穷多最优解）

（二）无界解

如果将例 8.1 的约束条件改为：$-2x_1 + x_2 \leqslant 3$，$x_1 - x_2 \leqslant 4$，则该问题的可行

域无界，目标函数值可以增加到无穷大，这种情况称为无界解或无最优解，如图 8-3 所示。

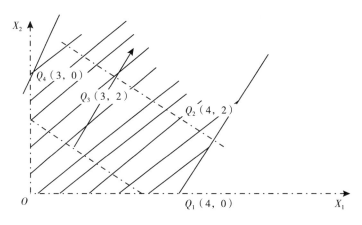

图 8-3 图解法示例（无最优解）

(三) 无可行解

如果在例 8.1 中增加一个约束条件 $-2x_1+x_2 \geqslant 4$，则线性规划问题的可行域变为空集，即无可行解，当然也不存在最优解。

通常出现（二）、（三）两种情况时，说明数学模型本身存在问题，前者缺乏必要的约束条件，后者则是约束条件间存在矛盾。

从图解法中可以直观地看出：①当线性规划问题的可行域非空时，它是有界或无界凸多边形；②若线性规划问题存在最优解，最优解一定在可行域的某个顶点得到；③若在两个顶点同时得到最优解，则它们连线上的任意一点都是最优解，即有无穷多最优解；④图解法只适用于两个变量的情况，当变量数多于3 个以上时，它就无能为力了。这时需要采用一种代数方法——"单纯形法"。

三、线性规划求解的单纯形法

线性规划问题的所有可行解构成的集合是凸集，也可能为无界域，它们有有限个顶点，线性规划问题的每个基可行解对应可行域的一个顶点；若线性规划问题有最优解，必在某顶点上得到。虽然顶点数目是有限的（它不大于 C_n^m个），若采用"枚举法"找所有基可行解，然后一一比较，可能找到最优解。但当 n、m 的数较大时，这种办法是行不通的。如何有效地找到最优解，需要采用单纯形法。为了更好地理解单纯形法，不妨对凸集、顶点等相关概念给出更为精确的定义。

凸集：设 S 是 n 维欧氏空间中的点集，若 S 中任意两点 $\vec{X_1}$、$\vec{X_2}$，对于每个处于 0 和 1 之间的系数 a（$0 \leqslant a \leqslant 1$）都有，$\vec{X} = a\vec{X_1} + (1-a)\vec{X_2} \in S$，即 $\vec{X_1}$、$\vec{X_2}$ 连线上任一点都在 S 内，则称 S 为凸集。平面上三角形为凸集；若 S 中只含一点，同样也为凸集。

顶点：凸集 S 中的一点 $\vec{X_0}$，若对于 S 中的任意两点 $\vec{X_1}$、$\vec{X_2}$，$\vec{X_0}$ 总不是连接 $\vec{X_1}$、$\vec{X_2}$ 的线段内的点，即 $\vec{X_0} \neq a\vec{X_1} + (1-a)\vec{X_2}$（$0 < a < 1$），则称 $\vec{X_0}$ 为凸集 S 的顶点或极点。

单纯形法求解的基本原理和思路是：若可行域有界，线性规划问题的目标函数一定可以在其可行域的顶点上达到最优。根据问题的标准型式，从可行域中某个基可行解（一个顶点）开始，转换到另一个基可行解（顶点），并且使目标函数达到最大值时，就找到了线性规划问题的最优解。

具体步骤如下：

（1）将线性规划问题变换为标准型式，并找出初始可行基。

（2）根据目标函数中非基变量系数是否全部为非负来判断该基可行解是否为最优解。如果全部小于零，则为唯一最优解；如果全部小于等于零，且有一个非基变量系数为零，则有无穷多最优解；如果仍有非基变量的系数为正，说明不是最优解；如果某个非基变量对应的目标函数中的系数为正，但其在约束条件中的系数小于等于零，则该线性规划问题无解（无最优解）。

例 8.3 仍然以例 8.1 作为求解示例，将其化为标准型式：

$$\begin{cases} \max & z = 2x_1 + 3x_2 + 0x_3 + 0x_4 + 0x_5 \\ \text{s. t.} & x_1 + 2x_2 + x_3 = 8 \\ & 4x_1 + 0x_2 + x_4 = 16 \\ & 0x_1 + 4x_2 + x_5 = 12 \\ & x_j \geqslant 0, \ j = 1, 2, \cdots, 5 \end{cases} \qquad (8\text{-}3)$$

式（8-3）中约束方程的系数矩阵为：

$$A = (P_1, P_2, P_3, P_4, P_5) = \begin{pmatrix} 1 & 2 & 1 & 0 & 0 \\ 4 & 0 & 0 & 1 & 0 \\ 0 & 4 & 0 & 0 & 1 \end{pmatrix}$$

x_3、x_4、x_5 对应的系数列向量 P_1、P_2、P_3 之间是线性独立的，因此共同构成一个基，x_3、x_4、x_5 也就成为相应的基变量，其他两个变量 x_1 和 x_2 则为非基变量：

$$B = (P_3, \ P_4, \ P_5) \begin{pmatrix} 1 & 0 & 0 \\ 0 & 1 & 0 \\ 0 & 0 & 1 \end{pmatrix}$$

根据式（8-3）可得：

$$\begin{cases} x_3 = 8 - x_1 - 2x_2 \\ x_4 = 16 - 4x_1 \\ x_5 = 12 - 4x_2 \end{cases} \tag{8-4}$$

将式（8-4）代入式（8-3）可得：

$$z = 0 + 2x_1 + 3x_2 \tag{8-5}$$

令非基变量 $x_1 = x_2 = 0$，便得到 $z = 0$。这时得到一个基可行解 $X^{(0)}$：

$$X^{(0)} = (0, \ 0, \ 8, \ 16, \ 12)^T$$

这个基可行解的经济含义是：工厂没有安排生产产品甲、乙；资源也都没有被利用，工厂的利润也为零。从式（8-5）可以看出：非基变量 x_1、x_2 的系数都为正数，因此，如果将非基变量变换为基变量。目标函数的值就可能增大。只要在目标函数（8-5）的表达式中还存在正系数的非基变量，就表明目标函数值还有增加的可能，需要将非基变量与基变量进行对换。通常，选择正系数最大的那个非基变量（这里为 x_2）作为换入变量，与此同时，要在原有的基变量中选取一个变量作为换出变量，具体方法如下：

确定 x_2 为换入变量后，x_1 仍为非基变量，令其为 0，x_3，x_4，$x_5 \geqslant 0$，由式（8-4）可得：

$$\begin{cases} x_3 = 8 - 2x_2 \geqslant 0 \\ x_4 = 16 \geqslant 0 \\ x_5 = 12 - 4x_2 \geqslant 0 \end{cases} \tag{8-6}$$

从式（8-6）可以看出，只有选择 $x_2 = \min(8/2, 12/4) = 3$ 时，才能保证式（8-6）成立。当 $x_2 = 3$ 时，原基变量 $x_5 = 0$，这就意味着用 x_2 去替换 x_5。为了求得以 x_3、x_4、x_2 为基变量的新的基可行解，需要将式（8-4）中 x_2 与

x_5 的位置进行对换，于是有：

$$\begin{cases} x_3+2x_2=8-x_1 & （1） \\ x_4=16-4x_1 & （2） \\ 4x_2=12-x_5 & （3） \end{cases} \qquad (8-7)$$

利用高斯消去法，将式（8-7）中 x_2 的系数列向量变换为单位列向量。具体步骤为：$(3)'=(3)/4$；$(1)'=(1)-2\times(3)'$；$(2)'=(2)$，于是有：

$$\begin{cases} x_3=2-x_1+\dfrac{1}{2}x_5 & （1）' \\ x_4=16-4x_1 & （2）' \\ x_2=3-\dfrac{1}{4}x_5 & （3）' \end{cases} \qquad (8-8)$$

将式（8-8）代入目标函数得：

$$z=9+2x_1-\frac{3}{4}x_5 \qquad (8-9)$$

令非基变量 $x_1=x_5=0$，便得到 $z=9$。这时得到一个基可行解：

$$X^{(1)}=(0,\ 3,\ 2,\ 16,\ 0)^T$$

从目标函数表达式（8-9）可以看出，非基变量 x_1 的系数为正，说明目标函数值仍可能增大，$X^{(1)}$ 不一定是最优解。于是重复上述方法，换入、换出变量，得到另一个基可行解 $X^{(2)}=(2,\ 3,\ 0,\ 8,\ 0)^T$。再经过一次迭代，得到又一个基可行解 $X^{(3)}=(4,\ 2,\ 0,\ 0,\ 4)^T$，此时目标函数表达式为：

$$z=14-1.5x_3-0.125x_4 \qquad (8-10)$$

从分析式（8-10）可以看出：所有非基变量 x_3、x_4 的系数都是负数。说明若要使用剩余资源（或冗余资源）生产 x_1、x_2 以外的产品 x_3、x_4，则还需要支付附加费用。所以，当 $x_3=x_4=0$，即不再使用剩余资源生产其他产品时，目标函数达到利润最大。所以，$X^{(3)}$ 为最优解，即当生产 4 件甲产品、2 件乙产品时，工厂实现利润最大。另外，对比图解法还可以看出，两者结果是一致的。

第二节 层次分析法

一、评价的基本思路与特点

对被研究对象进行综合评价是技术经济研究中最为常见的一项工作。任何一个技术经济问题都处于经济社会复杂巨系统中，因此要进行尽可能客观公正的评价必然会设定多项目标、综合考虑各种因素。就单个目标和因素而言，对其优劣进行判断相对容易，在可以采用某项定量指标表征该因素情况下更是如此。然而，在多目标和多因素情形下，要做出客观的评价首先必须对不同目标和因素之间的相对重要程度进行主观评价，而主观评价的准确性将直接影响最终评价结果的客观性。在涉及因素不多（5 个以内）时，采用德尔菲法（专家打分法）综合相关专家的主观意见，通常不难得到相对准确和令人信服的评价结果，对各因素给予较为客观的赋权；但是，一旦涉及因素过多（超过 10个），且不同因素之间具有一定关联性和互补性，对各种因素的梳理和比较将变得更为复杂。此时，要做出相对准确的判断就需要采取一套更为系统的评价程序和方法，而层次分析法恰恰能够胜任此类工作。

层次分析法（Analytic Hierarchy Process，AHP）最早是由美国运筹学家匹兹堡大学萨蒂（A. L. Saaty）教授在 20 世纪 70 年代初期为美国国防部研究"根据各个工业部门对国家福利的贡献大小而进行电力分配"课题时提出的。层次分析法（Analytic Hierarchy Process，AHP）解决问题的基本思路是：①将一个复杂的多目标决策问题作为一个系统，将目标分解为多个目标或准则，进而分解为多指标（或准则、约束）的若干层次；②通过定性指标模糊量化方法计算出层次单排序（权数）和总排序。作为一种解决多目标、多因素决策问题的系统评价方法，层次分析法将专家定性判断与定量分析巧妙结合在一起，充分利用定性和定量分析中包含的各种有效信息，为涉及多目标、多因素的复杂决策问题提供了一种简便、灵活、实用的模式化解决方案。目前，层次分析法已被广泛地应用于经济计划和管理、能源开发利用与资源分析、城市产业规划、行为科学、军事指挥、交通运输、生物制药、教育以及水资源分析利用等各个领域。

二、建模评价的主要步骤

采用层次分析法对相关问题进行评价，通常包括以下几个步骤：一是根据涉及的各种目标和因素之间的关联关系对其进行分类组合，构造出一个多层次的分析结构模型；二是通过专家打分等方式对不同层次中并行的各因素进行两两对比分析，并利用两两比较标度表构造出各层次因素的两两比较判断矩阵；三是求解其矩阵最大特征根及特征向量得到各层次各因素的相对权重及其排序，并对计算结果进行一致性检验及相应调整，以提高相对权重计算的准确性；四是在各层次权重计算及单排序基础上计算所有因素的相对权重及总排序，并设定每项基础指标（因素）的标准值/最优值，将包含所有指标标准值的方案作为理论上的最优方案，利用相对权重和各方案包含的具体指标值，可以计算出各方案对于最优方案的加权相对值，进而得到各方案的优劣排序。

（一）构造多层次分析结构模型

利用 AHP 进行综合评价，首先需要梳理拟解决的问题以及该问题可能涉及的各种因素和各因素之间的相互关系。然后将上述涉及多因素的复杂系统按照因素属性分解成若干类别和层次。同一层的因素作为准则对下一层某些（不一定是全部）因素起支配作用，作为准则这一层的元素又受上一层元素的支配。一般分为 3 个层次：①最高层 z：称之为目标层，一般是一个总体的目标；②中间层 $y = \{y_1, y_2, \cdots, y_n\}$：为实现目标所涉及的中间环节，称之为准则层，准则层又可以由若干个层次构成；③最底层 $x = \{x_1, x_2, \cdots, x_n\}$：为实现目标可供选择的各种措施、决策方案等，称之为措施层或方案层。

（二）构造各层次两两比较判断矩阵

建立判断矩阵是层次分析法中最为关键的一步，就是以矩阵的形式来表述每一层次中各元素相对其上层某元素的重要程度。例如，Y 层次中元素 Y_k 与其下一层次（即 X 层）的元素 X_1，X_2，$\cdots$，X_n 有关，要分析 X 层各元素间关于 Y_k 的相对重要程度，可以构造如表 8-2 所示的判断矩阵。

表 8-2 判断矩阵一般形式

Y_k	X_1	X_2	...	X_j	...	X_n
X_1	a_{11}	a_{12}	...	a_{1j}	...	a_{1n}
X_2	a_{21}	a_{22}	...	a_{2j}	...	a_{2n}
$\vdots$	$\vdots$	$\vdots$	...	$\vdots$	...	$\vdots$
X_i	a_{i1}	a_{i2}	...	a_{ij}	...	a_{in}
$\vdots$	$\vdots$	$\vdots$	...	$\vdots$	...	$\vdots$
X_n	a_{n1}	a_{n2}	...	a_{nj}	...	a_{nn}

表 8-2 中的判断矩阵也可以写成如下形式：

$$A = (a_{ij})_{n \times n} \tag{8-11}$$

其中元素 a_{ij} 满足 $a_{ij} = 1/a_{ji}$ $i, j = 1, 2, \cdots, n; i \neq j$

$a_{ij} = a_{ik}/a_{jk}$ $i, j = 1, 2, \cdots, n; i \neq j$

$a_{ij} = 1$ $i, j = 1, 2, \cdots, n; i = j$

式 (8-11) 中，A 为判断矩阵；n 为两两比较的因素数目；a_{ij} 为因素 i 比 j 相对某一准则的重要性比例尺度，可按照 1~9 比例标度对重要性程度赋值，如表 8-3 所示。

表 8-3 判断矩阵标度标准表

说明 I	a_{ij}	说明 II	a_{ji}
因素 i 与 j 同样重要	1	因素 i 与 j 同样重要	1
因素 i 与 j 稍微重要	3	因素 i 与 j 略不重要	1/3
因素 i 与 j 明显重要	5	因素 i 与 j 不重要	1/5
因素 i 与 j 强烈重要	7	因素 i 与 j 很不重要	1/7
因素 i 与 j 极端重要	9	因素 i 与 j 极不重要	1/9
表示重要程度介于上述两种之间	2、4、6、8	表示重要程度介于上述两种之间	1/2、1/4、1/6、1/8

(三) 层次单排序与一致性检验

层次单排序是根据判断矩阵，计算对于上一层次中某元素和本层次与之有联系的元素的重要性权重，是总排序的基础。层次单排序主要是计算判断矩阵的最大特征值和与之相对应的特征向量。根据线性代数相关知识（Perron 定理），对于 n 阶判断矩阵 A，必定有一个特征值 λ_{max} 满足：

$$|\lambda_{max}E-A|=0 \tag{8-12}$$

式（8-12）中，E 为单位矩阵，且 $\lambda_{max} \geq n$，为单根。特别地，当判断矩阵具有完全一致性时，$\lambda_{max}=n$，其余特征值均为 0。

根据判断矩阵的最大特征值 λ_{max} 可以计算与之相对应的特征向量，即满足 $AW=\lambda_{max}W$ 的向量 W，W 的分量 w_i 就是对应因素的单排序权重。

由于在 AHP 法中计算判断矩阵的最大特征值和特征向量，并不需要很高的精度，故用近似法计算即可，具体如下：

第一，计算判断矩阵每行所有元素的几何平均值：

$$\overline{w}_i = \sqrt[n]{\prod_{j=1}^{n} a_{ij}} \quad i=1, 2, \cdots, n \tag{8-13}$$

得到 $\overline{W}=(\overline{w}_1, \overline{w}_2, \cdots, \overline{w}_n)^T$。

第二，将 $\overline{w}_i$ 归一化，即计算：

$$\overline{w}_i = \frac{\overline{w}_i}{\sum_{j=1}^{n} \overline{w}_i} \quad i=1, 2, \cdots, n \tag{8-14}$$

得到新的 $\overline{W}=(\overline{w}_1, \overline{w}_2, \cdots, \overline{w}_n)^T$，即为所求特征向量的近似值，也就是各因素的相对权重。

第三，进行判断矩阵的一致性检验。如果在正互反矩阵中，各元素存在如下关系 $X_{ij}=X_{ik} \times X_{kj}$，则该矩阵就具有完全一致性。然而，由于客观事物的复杂性、人们认识上的多样性和可能产生的片面性，很难要求每一个矩阵都具有完全一致性。为了考察判断矩阵能否用于层次分析，就需要对判断矩阵进行一致性检验。

根据 $AW=\lambda_{max}W$ 和近似计算出的特征向量（相对权重向量）$\overline{W}$，可以近似计算出判断矩阵的最大特征值 $\overline{\lambda}_{max}$，即：

$$\overline{\lambda}_{max} = \sum_{i=1}^{n} \frac{(A\overline{W})_i}{n\overline{w}_i} \tag{8-15}$$

其中，$(A\overline{W})_i$ 为向量 $A\overline{W}$ 的第 i 个元素。

从判断矩阵的定义可知，对于一阶、二阶矩阵，判断矩阵总是完全一致的，不必计算一致性指标。当 $n \geq 3$ 时，判断矩阵的一致性指标 CI 与同阶平均

随机一致性指标 RI 之比称为随机一致性比率 $CR=CI/RI$，其中 $CI=(\bar{\lambda}_{\max}-n)/(n-1)$。显然，如果判断矩阵具有完全一致性，那么有 $\bar{\lambda}_{\max}=n$，则 $CI=0$；如果 $\bar{\lambda}_{\max}$ 略大于 n，则判断矩阵具有满意一致性。

对于不同阶的判断矩阵，其 CI 的值不同，阶数 n 越大，CI 值就越大。为了度量不同阶判断矩阵是否具有满意的一致性，就需要引入判断矩阵的平均随机一致性指标 RI。RI 是一个系数，可以查表 8-4 得到。一般而言，CR 越小，判断矩阵的一致性越好。通常认为当 $CR\leqslant0.10$ 时，判断矩阵符合满意的一致性标准，否则，需要修正判断矩阵，直到检验通过。

表 8-4　平均一致性指标 RI 值

n	1	2	3	4	5	6	7	8	9	10	11	12
RI	0.00	0.00	0.58	0.90	1.12	1.24	1.32	1.41	1.45	1.49	1.52	1.54

一致性检验通过后，便可以根据近似求出的特征向量（权重向量）$\bar{\omega}$ 得出本层次各因素的重要性排序。

（四）权重总排序与方案优劣比较

所谓层次总排序就是针对最高层目标而言，本层次各要素重要性的次序排列。总排序需按照从上到下的逐层顺序进行，最高层次的总排序就是其层次单排序。假定上一层次 Y 各要素指标 Y_1，Y_2，…，Y_m 的总排序已经完成，其权重为 w_1，w_2，…，w_m；且本层次 X 各元素 x_1，x_2，…，x_n 对 Y_j 的层次单排结果是 w_{j1}，w_{j2}，…，w_{jn}，则本层次总排序如表 8-5 所示。

表 8-5　层次总排序表示意

层次 Y / 层次 X	Y_1	Y_2	…	Y_j	…	Y_m	层次 X 的总排序
	w_1	w_2	…	w_j	…	w_m	
X_1	w_{11}	w_{21}	…	w_{j1}	…	w_{m1}	$\sum w_j w_{j1}$
X_2	w_{12}	w_{22}	…	w_{j2}	…	w_{m2}	$\sum w_j w_{j2}$
⋮	⋮	⋮	…	⋮	…	⋮	⋮
X_i	w_{1i}	w_{2i}	…	w_{ji}	…	w_{mi}	$\sum w_j w_{ji}$
⋮	⋮	⋮	…	⋮	…	⋮	⋮
X_n	w_{1n}	w_{2n}	…	w_{jn}	…	w_{mn}	$\sum w_j w_{jn}$

由方案层 X 的总排序结果，就可以得出方案的优劣次序。

在进行层次总排序后，也需要进行与层次单排序相同的一致性检验。

最后，进行组合一致性检验。$CI = \sum_{i=1}^{n} CI_i w_i$，$RI = \sum_{i=1}^{n} RI_i w_i$，$CR = \dfrac{CI}{RI} < 0.10$ 则通过一致性检验，其中，w_i 表示中间层相对于最高层的权重系数。

总排序及一致性检验完成后便可以利用计算出的权重系数进行方案的优劣比较。在进行各方案比较前，需要确定各具体因素指标的标准值（或基准值）；在此基础上对各方案中的具体指标值进行标准化处理。

通常定量指标根据其性质可分为两类：一是指标值越大越好的指标，如人均 GDP、人均投资水平等；二是指标值越小越好的指标，如新生婴儿出生死亡率等。基准的确定及指标值的标准化根据指标性质的不同有一些细微差别。

如果是越大越好的指标，则按式（8-16）进行标准化：

$$\widetilde{y}_{ij} = \frac{y_{ij} - \min_{k}\{y_{ik}\}}{\max_{k}\{y_{ik}\} - \min_{k}\{y_{ik}\}} \tag{8-16}$$

式（8-16）中，$\widetilde{y}_{ij}$ 是第 j 个评价对象第 i 项指标经重新换算（Re-scaling 或 Normalization）处理后的（标准）值。k 表示所有参与评比对象的集合。

如果是越小越好的指标，则将式（8-16）进行细微调整：

$$\widetilde{y}_{ij} = \frac{\max_{k}\{y_{ik}\} - y_{ij}}{\max_{k}\{y_{ik}\} - \min_{k}\{y_{ik}\}} \tag{8-17}$$

经式（8-16）、式（8-17）的标准化处理后，所有指标都以标准值呈现，均为值越大越好，且有 $0 \leqslant \widetilde{y}_{ij} \leqslant 1$。利用前面计算出的总排序权重和经过标准化处理的具体指标，便可以计算出各方案的综合评分，进而可以根据得分高低判断各方案的优劣。

整个层次分析法的应用过程可以表示为图 8-4。

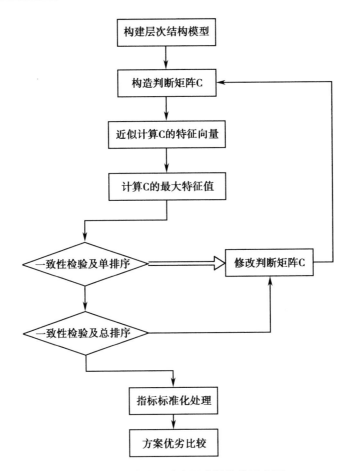

图 8-4 层次分析法应用步骤简化示意图

第三节 数据包络分析

　　数据包络分析（Data Envelopment Analysis，DEA）是评价相同类型部门或单位（决策单元）投入产出相对效率的有效工具，特别适合于"多投入、多产出"的情形。DEA 作为一种运筹学方法最早由著名运筹学家 A. Charnes、W. W. Cooper 和 E. Rhodes 于 1978 年提出。不过 DEA 方法中关于相对效率测度的理念则可以追溯到 20 世纪 50 年代 Debreu（1951）、Koopmans（1951）、Farrell（1957，1962）等经济学文献，特别是 Farrell（1957）、Farrell（1962）这两篇文献。Farrell（1957）首次系统研究了多投入–多产出情况的效率度量问题，并提出总体效率（Overall Efficiency）和价格效率（Price Efficiency）的概念，而这些其实就是现在所说的经济效率（Economic Efficiency）和分配效率（Allocative Efficiency）。Farrell（1962）尝试利用不同观测值构成的散点图，构造一个凸集，并选取凸集表面适当部分用于估计生产函数形式，在此基础上进行效率测度；利用观测点构造生产函数的做法与后来 DEA 方法构造生产前沿面的思路是非常相近的。随着 Charnes 等（1978）的研究，DEA 方法自身不断完善并得到广泛应用。20 世纪 90 年代，DEA 方法与 Malmquist 指数构造相结合成为全要素生产率测度的一种重要途径。本部分将追本溯源，从 Farrell（1957）的经济效率概念出发，对 DEA 方法的基本概念、不同模型以及基于 DEA 的 Malmquist 指数测算等进行简要梳理和介绍。

一、效率测度的相关概念

（一）投入导向（Input-Orientated）效率

生产效率是经济学人永恒的研究话题。在很长一段时间里，生产效率的度量都局限于（平均）劳动生产率的测算。时至今日，人们在谈及技术进步和效率提高时，仍然将劳动生产率的提高作为一项非常重要的衡量指标。劳动生产率也可以看作是单投入-单产出情形下的生产效率问题。

Farrell（1957）大概是最早系统探讨"多投入-多产出"情况下生产效率度量问题的经济学家。他认为仅留下劳动而忽略其他投入，显然不是一个令人满意的测算方法；而如果将所有投入加权平均后与产出相比，又会出现权重不好确定的通病。基于此，Farrell（1957）首先从理论上给出了在已知生产函数具体形式的前提下以投入为导向的效率测度方法。为便于理解，不妨以"两种投入，一种产出"的情况为例进行说明。

图 8-5 其实是微观经济学中"既定产量下的成本最小化问题"。x、y 分别代表厂商的两种投入，具体生产中可以采用不同的技术（及投入组合）。假定厂商甲在不同的投入组合下都能实现最大产出，即取得最优效率；SS' 则代表厂商甲生产单位产出的等产量线。现有厂商乙，需要 P 点的要素投入才能生产出单位产品。

从图 8-5 中可以看出，采用相同比例的要素投入，厂商甲只需在 Q 点就能实现单位产出。因此，可以用 OQ/OP 来表示厂商乙的技术效率（Technical

Efficiency)。假定等产量线 SS' 上点 Q' 的切线 AA' 恰好与两种投入要素 x、y 的价格比例相等，即 AA' 为能够生产出单位产品的最低等成本线，则生产单位产出的最佳选择就不是 Q 点，而是 Q' 点，因为 Q' 点的成本仅为 Q 点成本的一部分，即 OR/OQ，该比例称为"分配效率"（Allocative Efficiency）或"价格效率"（Price Efficiency）。上述两个比例相乘，得到 OR/OP，为厂商乙（Q 点技术）生产的总"经济效率"（Economic Efficiency）或"整体效率"（Overall Efficiency）。

$$\frac{w_i}{w_j} = \frac{\partial f(\vec{X^*})}{\partial x_i} \bigg/ \frac{\partial f(\vec{X^*})}{\partial x_j}$$

现实当中，往往很难直接给出最具效率的生产函数形式，尤其当生产过程比较复杂时，情况更是如此。这时，只能通过观察到的不同的投入产出组合来确定类似图 8-5 中的等产量线。事实上，通过观察点获取的等产量线（见图 8-6），还需满足凸性假设，且每一点上的切线必须为非负。

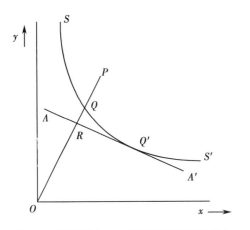

图 8-5　两种投入、一种产出情况下的投入
导向效率测度示意图

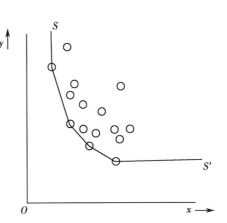

图 8-6　根据观察得出的最优效率
等产量线

（二）产出导向（Output-Orientated）效率

前面是 Farrell（1957）基于投入导向的生产效率测度。与之类似，还可以进行产出导向的效率测度。[①] 不妨以"一种投入、两种产出"进行图例示意（见图 8-7）。

---

① 后面会进一步说明，所谓以投入为导向的测度，是指产出固定，通过比较投入的相对大小来测度投入产出的相对效率；而以产出为导向的测度则是投入固定，通过比较产出的相对大小来测度投入产出相对效率。

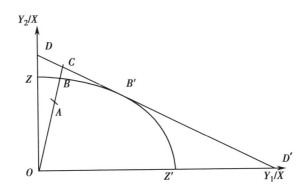

图8-7　一种投入、两种产出情况下的产出导向效率测度示意图

在图8-7中，一种投入 X 可以产出 Y_1、Y_2 两种产出。曲线 ZZ' 是单位投入最具效率的产出组合曲线。B 和 B' 分别是曲线上的两种产出组合，其中 B' 的切线斜率恰好与两种产出的价格比例相等。A 为某个无效率的厂商用单位投入得到的产出组合。在这种情况下，技术效率为 OA/OB，分配效率为 OB/OC，而经济效率则为 OA/OC。

类似于图8-5，经济学教科书中的无差异曲线、等预算线与图8-7大致构成了一对对偶规划。

二、DEA 的基本概念

(一) 决策单元及输入输出指标

在阐述 DEA 的基本原理之前，有必要将其中涉及的几个基本概念予以澄清。

决策单元 (Decision Making Unit，DMU)，参与评价的每个部门或单位进行的某项 (生产)[①] 活动即是一个决策单元。

输入指标，指决策单元在进行某项活动时的某种投入，具有越小越好的特征。

输出指标，指决策单元在进行某项活动时最终取得的某种结果，具有越大越好的特征。

通常，在使用 DEA 方法进行效率评价时会假定有 n 个决策单元，每个决

[①] 需要特别说明的是，这里生产的含义很宽泛，既包括厂商最直接意义的生产活动，也包括其他更为抽象的投入产出活动。

策单元包含 m 个输入变量和 s 个输出变量。每个 DMU 及其投入、产出向量的数学表达式为：

$$(x_{1j}, x_{2j}, \cdots, x_{ij}, \cdots, x_{mj}, y_{1j}, y_{2j}, \cdots, y_{rj}, \cdots, y_{sj})^T$$

$$\overrightarrow{x_j} = (x_{1j}, x_{2j}, \cdots, x_{ij}, \cdots, x_{mj})^T; \overrightarrow{y_j} = (y_{1j}, y_{2j}, \cdots, y_{rj}, \cdots, y_{sj})^T$$

$$i=1, 2, \cdots, m; \quad r=1, 2, \cdots, s; \quad j=1, 2, \cdots, n$$

（二）凸性及生产可能集

尽管 DEA 是用来解决多输入、多输出决策单元间相对效率评价的有效方法，但多输入、多输出意味着多维空间，相对来说比较抽象。

为了便于理解，我们不妨假定某企业消耗一种投入，同时也只生产一种产品，同时假定该企业在短期内技术水平保持不变。在上述假设条件下，任意投入 $x>0$，有最大可能的产出 Y 与它对应，此函数关系 $Y=f(x)$ 即生产函数。

给定投入 $x \geq 0$，可能的产出 y，称 (x, y) 为生产活动，其全体 T 称为生产可能集。生产函数的图像 C 为生产可能集 T 的上边界线（见图 8-8），其上的点 (x, Y) 称为有效的（生产活动），C 以下的点都是可能的生产活动。用公式表示如下：

$$Y = \max y$$
$$\text{s.t.} \ (x, y) \in T$$
$$x \geq 0$$

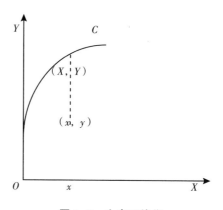

图 8-8　生产可能集

假定现有 n 个同样性质的企业，其中，第 j 个企业有投入为 x_j、产出为 y_j 的生产活动 (x_j, y_j)，其对应点为 A_j，$j=1, \cdots, n$。由这 n 个企业的生产活动组成的集合 $\overline{T} = \{(x_j, y_j), j=1, \cdots, n\}$。

通常对于任意两个可能的生产活动 (x_1, y_1) 和 (x_2, y_2) 来说，任意给定满足 $\lambda_1 + \lambda_2 = 1$ 的 $\lambda_1 \geq 0$ 和 $\lambda_2 \geq 0$，输入 $\lambda_1 x_1 + \lambda_2 x_2$ 与输出 $\lambda_1 y_1 + \lambda_2 y_2$ 构成一个可能的生产活动。用数学公式表示就是，$(\lambda_1 x_1 + \lambda_2 x_2, \lambda_1 y_1 + \lambda_2 y_2) = \lambda_1 (x_1, y_1) + \lambda_2 (x_2, y_2)$ 为可能的生产活动，该性质被称为凸性。

图 8-9 是 $n=6$ 情况下的一个示意图。在图中的六个点 A_1、A_2、A_3、A_4、A_5、A_6 均为可能的生产活动，则两点连线，如线段 A_1A_2 上的点也都是可能的生产活动。

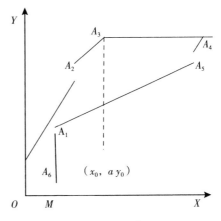

图 8-9　生产活动示意图（$n=6$）

上述凸性推广就是，对于 n 个生产活动 (x_1, y_1)、$\cdots$、(x_n, y_n)，任意给定满足 $\sum_{j=1}^{n} \lambda_j = 1$ 的 $\lambda_j \geqslant 0$（$j=1$，$\cdots$，n），则它们的凸组合

$$\left(\sum_{j=1}^{n} \lambda_j x_j, \sum_{j=1}^{n} \lambda_j y_j \right) = \sum_{j=1}^{n} \lambda_j (x_j, y_j)$$

为可能的生产活动。其全体记为

$$C_1(\overline{T}) = \left\{ \sum_{j=1}^{n} \lambda_j (x_j, y_j) \ \Big| \ \sum_{j=1}^{n} \lambda_j = 1, \ \lambda_j \geqslant 0, \ j=1, \cdots, n \right\} =$$

$$\left\{ \left(\sum_{j=1}^{n} \lambda_j x_j, \sum_{j=1}^{n} \lambda_j y_j \right) \ \Big| \ \sum_{j=1}^{n} \lambda_j = 1, \ \lambda_j \geqslant 0, \ j=1, \cdots, n \right\}$$

当 $n=6$ 时，它是图 8-9 中以 A_1、A_2、A_3、A_4、A_5、A_6 为顶点的凸多边形。

对于某个可能的生产活动 (x_0, y_0)，如果 $x \geqslant x_0$，$0 \leqslant y \leqslant y_0$，则 (x, y) 也是可能的生产活动，因为使用更多的输入或者产生更少的产出，这种生产总是可以实现的，这一性质被称为无效性。

最小性：生产可能集是同时满足凸性和无效性集合的交集，即必须同时满足上述两个性质。

根据无效性，对于可能的生产活动 $\left(\sum_{j=1}^{n} \lambda_j x_j, \sum_{j=1}^{n} \lambda_j y_j \right) \in C_1(\overline{T})$，如果

$$x \geqslant \sum_{j=1}^{n} \lambda_j x_j, \ y \leqslant \sum_{j=1}^{n} \lambda_j y_j$$

则 (x, y) 为可能的生产活动，于是

$$T = \left\{ (x, y) \mid x \geqslant \sum_{j=1}^{n} \lambda_j x_j, \ y \leqslant \sum_{j=1}^{n} \lambda_j y_j, \sum_{j=1}^{n} \lambda_j = 1, \ \lambda_j \geqslant 0, \ j=1, \cdots, n \right\}$$

被称为生产可能集。

在多投入、多产出情况下，假定有 n 个同类部门或单位，每个单位或部门

（或企业）都是一个决策单位，记为 DMU_j。每一个决策单元都包括 m 个输入指标和 s 个输出指标，分别记为 $x_{ij}(i=1, \cdots, m)$ 和 $y_{ij}(k=1, \cdots, s)$，$j \in J = \{1, \cdots, n\}$。设 $X_j = (x_{1j}, \cdots, x_{mj})^T$，$Y_j = (y_{1j}, \cdots, y_{sj})^T$，$DMU_j$ 即可表示为 (X_j, Y_j)，并可以称为第 j 个生产活动。

多输入、多输出条件下，同样存在前面所述的凸性和无效性。

凸性：$\left(\sum_{j=1}^{n} \lambda_j X_j, \sum_{j=1}^{n} \lambda_j Y_j \right) = \sum_{j=1}^{n} \lambda_j (X_j, Y_j)$

无效性：对于某个可能的生产活动 (X, Y)，如果 $X' \geq X$，$Y' \leq Y$，则 (X', Y') 也会是可能的生产活动，因为使用更多的输入或者产生更少的产出，这种生产总是可以实现的。

生产可能集变为：

$$T = \left\{ (X, Y) \mid X \geq \sum_{j \in J} X_j \lambda_j, \ Y \leq \sum_{j=1}^{n} Y_j \lambda_j, \ \sum_{j=1}^{n} \lambda_j = 1, \ \lambda_j \geq 0, \ j \in J \right\}$$

锥性：对于任意 $(\vec{X}, \vec{Y}) \in T$，及标量 $k \geq 0$，均有 $k \ (\vec{X}, \vec{Y}) = (k\vec{X}, k\vec{Y}) \in T$，即如果以投入量 $\vec{X}$ 的 k 倍进行输入，则输出原投入量所得产出的 k 倍也是可能的。锥性主要是生产处于规模报酬不变阶段（状态）时所具备的性质，即只要投入产出之间的比例关系确定，投入产出相同倍数的扩大（或缩小）都属于可行的生产活动。

事实上，对于规模报酬不变情形来说，生产可能集是满足无效性和锥性的所有集合的交集；对于规模报酬变化情形来说，生产可能集是满足无效性和凸性的所有集合的交集。由于满足锥性必然也满足凸性，因此前者包括在后者中。

三、规模报酬不变（CRS）下的 DEA 效率评价模型（C^2R）

（一）DEA 与效率评价指数的构造和求解

对于单投入–单产出情况来说，评价各决策单元的相对效率，通过"产出–投入比"即可实现。拓展到"多投入–多产出"的一般情况下，各决策单元的效率评价也采取类似的"产出–投入比"，不过具体的比率计算需要将所有投入产出指标都予以考虑，具体来说可以构造如下效率评价指数：

$$h_j = \frac{\sum_{r=1}^{s} u_r y_{rj}}{\sum_{i=1}^{m} v_i x_{ij}}, \quad i = 1, 2, \cdots, m; \quad r = 1, 2, \cdots, s; \quad j = 1, 2, \cdots, n$$

其中，h_j 代表第 j 个决策单元的效率评价指数，u_r 和 v_i 则分别表示第 r 个产出指标和第 i 个投入指标的权重，相应的投入、产出权重系数向量分别为：

$$\vec{v} = (v_1, v_2, \cdots, v_m)^T, \qquad \vec{u} = (u_1, u_2, \cdots, u_s)^T$$

总是可以找到合适的权重系数向量 $\vec{v}$ 和 $\vec{u}$，使得所有决策单元的效率评价指数都不超过 1，即：

$$h_j \leqslant 1, \quad j = 1, 2, \cdots, n$$

现在要对某个决策单元 DMU_0 进行效率评价，以权重系数 $\vec{v}$ 和 $\vec{u}$ 作为变量，以决策单元 DMU_0 的效率指数 h_0 为目标，以包括 DMU_0 在内的所有决策单元的效率指数

$$h_j \leqslant 1, \quad j = 1, 2, \cdots, n$$

为约束条件，构造如下最优化模型：

$$(\overline{P}) \begin{cases} \max \quad \dfrac{\vec{u}^T \vec{y}_0}{\vec{v}^T \vec{x}_0} = V_{\overline{P}} \\[4mm] \text{s. t.} \quad \dfrac{\vec{u}^T \vec{y}_j}{\vec{v}^T \vec{x}_j} \leqslant 1 \quad j = 1, 2, \cdots, n \\[4mm] \vec{v} \geqslant 0 \\[2mm] \vec{u} \geqslant 0 \end{cases} \tag{8-18}$$

式（8-18）中（$\overline{P}$）为分式规划，通过 Charnes-Cooper 变换，可以将其化为一个等价的线性规划问题（Charnes and Cooper, 1962），具体过程如下：

令 $t = \dfrac{1}{\vec{v}^T \vec{x}_0}$，$\vec{\omega} = t\vec{v}$，$\vec{\mu} = t\vec{u}$，于是式（8-18）中的目标函数、约束条件加上新的假设条件，分别演变为新的目标函数和新的约束条件，具体推导有，

$$\vec{\mu}^T \vec{y}_0 = t u^T \vec{y}_0 = \frac{1}{\vec{v}^T \vec{x}_0} \vec{u}^T \vec{y}_0 = \frac{\vec{u}^T \vec{y}_0}{\vec{v}^T \vec{x}_0},$$

$$\frac{\vec{\mu}^T \vec{y}_j}{\vec{\omega}^T \vec{x}_j} = \frac{\vec{u}^T \vec{y}_j}{\vec{v}^T \vec{x}_j} \leqslant 1, \quad j = 1, 2, \cdots, n$$

$$\vec{\omega}^T \vec{x}_0 = t v^T \vec{x}_0 = \frac{1}{\vec{v}^T \vec{x}_0} \vec{v}^T \vec{x}_0 = 1,$$

$$\vec{\omega} \geqslant 0, \quad \vec{\mu} \geqslant 0$$

这样，分式规划（$\bar{P}$）就可以转换为线性规划（P）如下：

$$(P) \begin{cases} \max \quad \vec{\mu}^T \vec{y}_0 = V_P \\ \text{s. t.} \quad \vec{\mu}^T \vec{y}_j - \vec{\omega}^T \vec{x}_j \leqslant 0, \ j = 1, 2, \cdots, n \\ \qquad \quad \vec{\omega}^T \vec{x}_0 = 1, \\ \qquad \quad \vec{\omega} \geqslant 0, \vec{\mu} \geqslant 0 \end{cases} \tag{8-19}$$

定理 1 式（8-18）的分式规划（$\bar{P}$）和式（8-19）的线性规划（P）在下述意义下是相互等价的，即：

（1）若 $\vec{v}^0$，$\vec{u}^0$ 为（$\bar{P}$）的最优解，则 $\vec{\omega}^0 = t^0 \vec{v}^0$，$\vec{\mu}^0 = t^0 \vec{u}^0$ 为（P）的最优解，且最优值相等，其中，$t^0 = 1/\vec{v}^{0T} \vec{x}_0$。

（2）若 $\vec{\omega}^0$，$\vec{\mu}^0$ 为（P）的最优解，则 $\vec{v}^0$，$\vec{u}^0$ 也为（$\bar{P}$）的最优解，并且最优值相等。

根据线性规划（P）可以得出其对应的对偶规划（D）。

首先，可以将（P）重新整理成如下形式：

$$(P) \begin{cases} \max V_P = (\vec{\omega}^T, \vec{\mu}^T) \begin{pmatrix} 0_{m \times 1} \\ \vec{y}_0 \end{pmatrix} \\ \text{s. t.} \quad (\vec{\omega}^T, \vec{\mu}^T) \begin{pmatrix} -X_{m \times n} & \vec{x}_0 \\ Y_{s \times n} & 0_{s \times 1} \end{pmatrix} \leqslant \begin{pmatrix} 0_{n \times 1} \\ 1 \end{pmatrix} \\ \qquad \quad \vec{\omega} \geqslant 0, \vec{\mu} \geqslant 0 \end{cases} \tag{8-20}$$

以 $\vec{\lambda}_{n \times 1} = (\lambda_{11}, \lambda_{12}, \cdots, \lambda_{1n})^T$ 和标量 θ 为对偶规划（D）的变量，根据式（8-20）的矩阵形式，可以得出对偶规划（D）的矩阵形式如下：

$$(D)\begin{cases} \min V_D = \begin{pmatrix} 0_{n\times 1} \\ 1 \end{pmatrix}^T \begin{pmatrix} \vec{\lambda}_{n\times 1} \\ \theta \end{pmatrix} = 0_{1\times n}\vec{\lambda}_{n\times 1} + \theta \cdot 1 \\ \text{s. t.} \quad \begin{pmatrix} -X_{m\times n} & \vec{x_0} \\ Y_{s\times n} & 0_{s\times 1} \end{pmatrix}\begin{pmatrix} \vec{\lambda}_{n\times 1} \\ \theta \end{pmatrix} \geqslant \begin{pmatrix} 0_{m\times 1} \\ \vec{y_0} \end{pmatrix} \\ \theta > 0, \ \lambda_j \geqslant 0, \ j = 1, \ 2, \ \cdots, \ n \end{cases} \quad (8\text{-}21)$$

式（8-21）的矩阵形式可进一步转换为：

$$(D)\begin{cases} \min V_D = \theta \\ \text{s. t.} \quad -X_{m\times n}\vec{\lambda}_{n\times 1} + \vec{x_0}\theta \geqslant 0_{m\times 1} \\ \quad\quad Y_{s\times n}\vec{\lambda}_{n\times 1} + 0_{s\times 1}\theta \geqslant \vec{y_0} \\ \theta > 0, \ \lambda_j \geqslant 0, \ j = 1, \ 2, \ \cdots, \ n \end{cases} \quad (8\text{-}22)$$

为上述对偶规划添加松弛变量，转换为等式约束条件：

$$(D)\begin{cases} \min V_D = \theta \\ \text{s. t.} \quad X_{m\times n}\vec{\lambda}_{n\times 1} + \vec{IS}_{m\times 1} = \vec{x_0}\theta \\ \quad\quad Y_{s\times n}\vec{\lambda}_{n\times 1} - \vec{OS}_{s\times 1} = \vec{y_0} \\ \theta > 0, \ \lambda_j \geqslant 0, \vec{IS}_{m\times 1} \geqslant 0, \vec{OS}_{s\times 1} \geqslant 0 \end{cases} \quad (8\text{-}23)$$

$$\Rightarrow$$

$$(D)\begin{cases} \min V_D = \theta \\ \text{s. t.} \quad \vec{x_0}\theta - X_{m\times n}\vec{\lambda}_{n\times 1} - \vec{IS}_{m\times 1} = 0 \\ \quad\quad -\vec{y_0} + Y_{s\times n}\vec{\lambda}_{n\times 1} - \vec{OS}_{s\times 1} = 0 \\ \theta > 0, \ \lambda_j \geqslant 0, \vec{IS}_{m\times 1} \geqslant 0, \vec{OS}_{s\times 1} \geqslant 0 \end{cases} \quad (8\text{-}24)$$

其中，$\vec{IS}_{m\times 1}$、$\vec{OS}_{s\times 1}$ 分别是投入松弛变量和产出松弛变量。对偶规划 （D）也是投入导向模型（Input-Orientated Model）。[①]

定理2　线性规划（P）和（D）都存在最优解，并且最优值 $V_D = V_P \leqslant 1$。

由于对偶规划（D）比原规划的约束条件更少（$m+s<n+1$），因此更适合

---

① 可以这样理解，约束条件中的投入约束是由 $\vec{x_0}\theta$ 控制的，而产出约束则由 $\vec{y_0}$ 所控制。这意味着该规划考察的是产出不变下，投入可以缩减的最大比例。

用来求解最优值。① 而求解出的最优值 θ 也正是相应决策单元 DMU_0 的效率评价指数（Efficiency Score）。② 通常 $\theta \leqslant 1$，当 $\theta = 1$ 时，说明相应的决策单元 DMU_0 处在生产前沿面上，因此属于技术上有效的决策单元。对于每一个决策单元，都可以计算出相应的效率评价指数。

（二）弱 DEA 有效（C^2R）与 DEA 有效（C^2R）

定义 1 若线性规划（P）的最优解 $\vec{\omega^0}$，$\vec{\mu^0}$ 满足 $V_P = \vec{\mu^{0T}} \vec{y_0} = 1$，则称决策单元 DMU_0 为弱 DEA 有效（C^2R）。

定义 2 若线性规划（P）的最优解中存在 $\vec{\omega^0} > 0$，$\vec{\mu^0} > 0$，且目标值 $V_P = \vec{\mu^{0T}} \vec{y_0} = 1$，则称决策单元 DMU_0 为 DEA 有效（C^2R）。（没有浪费、剩余）

定理 3 决策单元的最优效率评价指数 V_P 与输入量 x_{ij} 及输出量 y_{rj} 的量纲选取无关。③

定理 4 对于对偶规划（D）来说：①若（D）的最优值 $V_D = 1$，则决策单元 DMU_0 为弱 DEA 有效（C^2R），反之亦然；②若（D）的最优值 $V_D = 1$，且对于每个最优解 $\vec{\lambda^0}$、θ^0、$\vec{IS^0}$、$\vec{OS^0}$ 来说有 $\vec{IS^0} = 0$，$\vec{OS^0} = 0$，则决策单元 DMU_0 为 DEA 有效（C^2R），反之亦然。（松弛变量为零，没有出现冗余情形）

（三）单投入–单产出情况下的原理示意

为了便于理解，我们以单输入、单输出为例，在二维空间上对 DEA 的基本原理进行阐释。

图 8–10 中通过原点的直线 $\mu_0 y = \omega_0 x$ 是生产前沿面，该直线和 x 轴所夹区域为生产可能集。A、B 两点都在生产可行域内，其中 B 点位于生产前沿面上。以 B 点为 DMU_0，则有 $V_P = \mu_0 y_0 = 1$，而 B 点本身位于生产前沿面上，肯定是 DEA 有效（C^2R）。对于 A 点来说，以其为 DMU_0，则 $V_P = \mu_0 y_0 = 0.5$，所以不

---

① $m+s$ 个约束条件，$n+1$ 个变量，解方程组如果方程数大于变量数，则会出现过度识别；二者相等则会是恰好识别；而变量数大于方程数，则会出现无法识别的情况，即无可行解。计量中，联立模型中也存在同样问题。

② 从分式规划 $\bar{P}$ 到线性规划 P，再到对偶规划 D，目标函数都是等值变换的。

③ 这一点在数学上是可以严格证明的。从直观上也大致可以这样去理解：在分式规划 $\bar{P}$ 中，权重 v_i，μ_s 对应每个投入产出。其量纲的变化后，可以通过相应权重以相同倍数进行缩减来保证相对效率评价指数 h_j 保持不变。

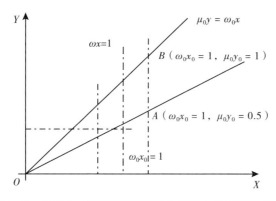

图 8-10　单投入-单产出情况下的产出导向效率指数示意图

是 DEA 有效（C^2R），而 A 点本身也确实不在生产前沿面上。

（四）求解示例

有 5 个决策单元，每个决策单元均为两种投入、一种产出。各决策单元的投入产出情况如表 8-6、图 8-11 所示。

表 8-6　两投入-单产出 CRS 下 DEA 示例原始数据

DMU	Y	X_1	X_2	X_1/Y	X_2/Y
1	1	2	5	2	5
2	2	2	4	1	2
3	3	6	6	2	2
4	1	3	2	3	2
5	2	6	2	3	1

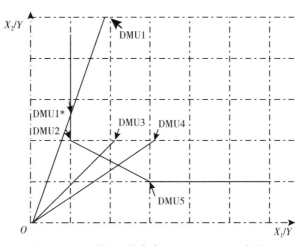

图 8-11　两投入-单产出 CRS 下 DEA 示例图

以 DMU3 的相对效率值求解为例，相应的对偶规划（D）可以写成如下形式：

$$\begin{cases} \min \quad \theta \\ \text{s.t.} \quad -y_3 + (y_1\lambda_1 + y_2\lambda_2 + y_3\lambda_3 + y_4\lambda_4 + y_5\lambda_5) \geq 0 \\ \quad \theta x_{13} - (x_{11}\lambda_1 + x_{12}\lambda_2 + x_{13}\lambda_3 + x_{14}\lambda_4 + x_{15}\lambda_5) \geq 0 \\ \quad \theta x_{23} - (x_{21}\lambda_1 + x_{22}\lambda_2 + x_{23}\lambda_3 + x_{24}\lambda_4 + x_{25}\lambda_5) \geq 0 \\ \quad \lambda \geq 0 \end{cases} \tag{8-25}$$

或

$$\begin{cases} \min \quad \theta \\ \text{s.t.} \quad \begin{pmatrix} -\vec{X}_{2\times5} & \vec{X}_3 \\ \vec{Y}_{1\times5} & 0 \end{pmatrix}\begin{pmatrix} \vec{\lambda}_{5\times1} \\ \theta \end{pmatrix} \geq \begin{pmatrix} 0_{5\times1} \\ y_3 \end{pmatrix} \\ \quad \lambda \geq 0 \end{cases} \tag{8-26}$$

每一个决策单元都需要以上述形式进行效率指数求解，最终各决策单元的效率值以及相应的 λ 值和松弛变量值如表 8-7 所示。

表 8-7　两投入-单产出 CRS 下 DEA 求解结果

DMU	θ	λ_1	λ_2	λ_3	λ_4	λ_5	IS_1	IS_2	OS
1	0.5	—	0.5	—	—	—	—	0.5	—
2	1.0	—	1.0	—	—	—	—	—	—
3	0.833	—	1.0	—	—	0.5	—	—	—
4	0.714	—	0.214	—	—	0.286	—	—	—
5	1.0	—	—	—	—	1.0	—	—	—

不妨以 DMU1 的求解来进行具体说明。从图 8-11 中可以看出，DMU1*、DMU2、DMU5 围成的这条折线是生产前沿面。同样是生产 1 个单位的产出，DMU1 所需的投入与生产前沿面上的 DMU1* 相比是其两倍，因此其效率值 θ 为 0.5。与此同时，虽然同为生产前沿面，但 DMU1* 和 DMU2 相比，多出了 0.5 个单位的投入 X_2，这样与 X_2 对应的松弛变量 IS_2 为 0.5。

对于 CRS 下的弱 DEA 有效，或者说有冗余的情况，只有在多投入-多产出情形下才会出现。因为某种投入或产出可能会多出来。但对于单投入-单产出来说，规模报酬不变且 DEA 有效，就不应该存在冗余，或者说没有弱 DEA

有效一说。因为规模保持不变，假设投入出现冗余，完全可以生产出更多的产出，否则就不能算 DEA 有效。

四、规模报酬变动（VRS）下的 DEA 效率评价模型（C^2GS^2）

前面的 C^2R 模型处理的是生产前沿面为规模报酬不变情况下的相对效率评价问题。现实中，更多的情况是，生产前沿面在不同的区间，其规模报酬是变动的。有时为规模报酬递减、有时为规模报酬不变、有时则为规模报酬递增。要处理这种情况下的相对效率评价，就需要采用 C^2GS^2 模型。

（一）规模报酬变动（VRS）下的数学形式

从数学形式上看，只需在 CRS 模型基础上增加一个凸性约束 $\sum_{j=1}^{n} \lambda_j = 1$，

$$(D)\begin{cases} \min V_D = \theta \\ \text{s. t.} \quad -X_{m\times n}\vec{\lambda}_{n\times 1} + \vec{x_0}\theta \geq \vec{0}_{m\times 1} \\ \qquad Y_{s\times n}\vec{\lambda}_{n\times 1} + 0_{s\times 1}\theta \geq \vec{y_0} \\ \sum_{j=1}^{n} \lambda_j = 1 \\ \theta > 0, \ \lambda_j \geq 0, \ j=1, \ 2, \ \cdots, \ n \end{cases} \qquad (8\text{-}27)$$

同规模报酬不变情况下锥形包络面（线）相比，规模报酬变动情况下是一个凸性包络面，由其计算出的相对效率值将大于等于规模报酬不变下的分值。

（二）规模效率（Scale Efficiency）的测度

规模报酬变动情况下，利用式（8-27），即带有凸性约束的线性规划 (D)，计算出的相对效率指数包含了规模效率的因素，而前面规模报酬不变条件下计算出的相对效率指数就是纯粹的效率指数。因此，利用这两个效率指数可以计算出规模效率。为了便于理解和说明，仍以单投入-单产出情况为例进行说明。

在图 8-12 中，OB 通过原点，代表规模报酬不变情况下的生产前沿面（数据包络面），而折线 CP_VQ_V 则是规模报酬变化的生产前沿面（数据包络面）。对于点 P 来说，它既属于以 OB 为生产前沿面的生产可行集，又属于以 CP_VQ_V 为生产前沿面的生产可行集。分别以 $TE_{I,CRS}$ 和 $TE_{I,CRS}$ 代表规模报酬不

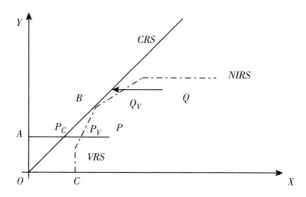

图 8-12 单投入-单产出规模效率计算示意图

变和规模报酬变动情况下的投入导向效率指数，而 SE_I 则表示以投入为导向的规模效率。于是，点 P 的效率指数可以表示如下：

$$\begin{cases} TE_{I,CRS} = AP_C/AP \\ TE_{I,VRS} = AP_V/AP \\ SE_I = AP_C/AP_V \end{cases} \qquad (8-28)$$

根据式（8-28）的三个表达式又可以得到：

$$TE_{I,CRS} = TE_{I,VRS} \times SE_I \qquad (8-29)$$

这样，规模报酬不变情况下的技术效率就可以分解为规模报酬变动下的技术效率（纯技术效率，Pure Technical Efficiency）和规模效率两部分。

运用上述效率指数分解仅仅解决了规模效率测度的问题，但仍无法判断企业处于规模报酬递增还是规模报酬递减的状况。为了解决这个问题，可以对式（8-27）所代表的对偶线性规划（D）做进一步的修正。将原先添加的 $\sum_{j=1}^{n} \lambda_j = 1$ 改为 $\sum_{j=1}^{n} \lambda_j \leqslant 1$，代表非规模报酬递增（Non-increasing Returns of Scale）的情形，于是有：

$$(D) \begin{cases} \min V_D = \theta \\ \text{s. t.} \quad -X_{m \times n} \vec{\lambda}_{n \times 1} + \vec{x}_0 \theta \geqslant \vec{0}_{m \times 1} \\ Y_{s \times n} \vec{\lambda}_{n \times 1} + 0_{s \times 1} \theta \geqslant \vec{y}_0 \\ \sum_{j=1}^{n} \lambda_j \leqslant 1 \\ \theta > 0, \ \lambda_j \geqslant 0, \ j = 1, \ 2, \ \cdots, \ n \end{cases} \qquad (8-30)$$

计算上述两个线性规划得出的效率评价值，如果两者相等，则说明企业处于规模报酬递减阶段；如果前者大于后者，则说明企业处于规模报酬递增阶段。

$$\begin{cases} \max \quad \vec{\mu}^T \vec{y}_0 = V_P \\ \text{s. t.} \quad \vec{\mu}^T \vec{y}_j - \vec{\omega}^T \vec{x}_j \leq 0, \ j=1, \ 2, \ \cdots, \ n \\ \qquad\qquad \vec{\omega}^T \vec{x}_0 = 1, \\ \qquad\qquad \vec{\omega} \geq 0, \ \vec{\mu} \geq 0 \end{cases} \Rightarrow$$

$$\begin{cases} \max \quad \vec{\mu}^T \vec{y}_0 - \sum \vec{\mu_0}^T \\ \text{s. t.} \quad \vec{\mu}^T \vec{y}_j - \vec{\omega}^T \vec{x}_j - \vec{\mu_0} \leq 0, \ j=1, \ 2, \ \cdots, \ n \\ \qquad\qquad \vec{\omega}^T \vec{x}_0 = 1, \\ \qquad\qquad \vec{\omega} \geq 0, \ \vec{\mu} \geq 0 \end{cases}$$

后一个规划与 D 正好构成一对对偶规划。

事实上，以单投入–单产出情况演示说明就是，看看投入产出的斜率，如果斜率大于1，就是规模报酬递增。

（三）一个单投入–单产出示例

有5个单投入–单产出的厂商（DMU），其投入–产出情况的数据如表8-8、表8-9、图8-13所示。

表8-8　单投入–单产出示例原始数据表

DMU	Y	X	DMU	Y	X
1	1	2	4	5	5
2	2	4	5	5	6
3	3	3			

表8-9　单投入–单产出示例技术及规模效率计算结果表

DMU	CRS TE	VRS TE	SCALE	ROS	DMU	CRS TE	VRS TE	SCALE	ROS
1	0.500	1.000	0.500	irs	4	0.800	0.900	0.889	drs
2	0.500	0.625	0.800	irs	5	0.833	1.000	0.833	drs
3	1.000	1.000	1.000	—	均值	0.727	0.905	0.804	

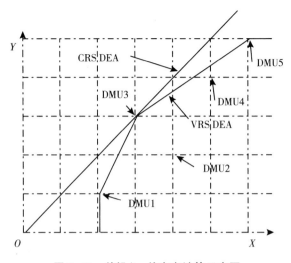

图 8-13 单投入-单产出计算示意图

（四）投入导向（Input Orientation）与产出导向（Output Orientation）

在前面第二部分我们提到了效率测度的两种方法，即投入导向的效率测度和产出导向的效率测度。前者是在产出确定情况下，计算被测度厂商（决策单元）的投入与生产前沿面上有效投入之间的相对关系；而后者是在投入确定的情况下，计算被测度厂商（决策单元）的产出与生产前沿面上有效产出之间的相对关系。在规模报酬不变（CRS）的情况下，两种方法求出的相对效率值是相等的；而在规模报酬变化（VRS）的情况下，两种方法求出的相对效率值则是不等的。具体可以用图 8-14 的单投入-单产出情况来进行简单示意和说明。

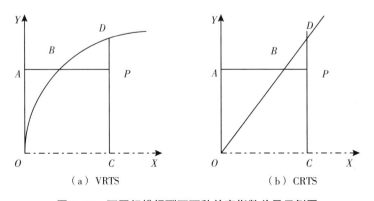

图 8-14 不同规模报酬下两种效率指数差异示例图

　　选择投入导向模型还是产出导向模型进行相对效率测度主要取决于厂商（决策单元）固定的是投入还是产出。事实上，很多实例表明，模型导向的选择对于效率分值影响并不大。在 VRS 下，产出导向的线性规划模型形式如下：

$$(O)\begin{cases} \max V_O = \phi \\ \text{s. t.} \quad -X_{m\times n}\vec{\lambda}_{n\times 1} + \vec{x_0} \geq \vec{0}_{m\times 1} \\ \quad Y_{s\times n}\vec{\lambda}_{n\times 1} + 0_{s\times 1}\phi \geq \phi\vec{y_0} \\ \quad \sum_{j=1}^{n}\lambda_j = 1 \\ \quad \phi > 0,\ \lambda_j \geq 0,\ j = 1,\ 2,\ \cdots,\ n \end{cases} \quad (8\text{-}31)$$

　　在产出导向下[①]，$1/\phi$ 为技术效率（Technical Efficiency，TE）分值，其大小介于 0 和 1 之间。

　　需要强调的是，无论是产出导向模型还是投入导向模型，其估计出的生产前沿面是完全一致的，因此，有效决策单元效率值的排序也是一致的。唯一的区别在于，求出的相对效率分值可能会有所差别。

（五）分配效率（价格效率）

　　无论是规模报酬不变条件下的 C^2R 模型，还是规模报酬变化情况下的 C^2GS^2 模型，测度的都是纯粹技术方面的效率，而不包含价格和分配方面的效率。当知道投入或产出的价格信息时，我们其实可以重新构造一个线性规划模型，借以计算分配效率（Allocative Efficiency）。不妨以投入导向的情况为例，假定知道被测算决策单元 DMU_0 的投入价格向量 $\vec{w_0}$，则生产的最终目的变为，给定产出 y_0，寻找成本最小化的投入组合 $\vec{x_0}^*$，于是得到如式（8-32）所刻画的线性规划（C）。

---

① 对照式（8-27）可以看出，其约束条件中变动的是投入，所以是投入导向；式（8-28）中的约束条件变动的是产出，所以是产出导向。

$$
(C)\begin{cases}
\min V_C = \overrightarrow{w_0}^T \overrightarrow{x_0}^* \\
\text{s. t.} \quad -X_{m \times n} \overrightarrow{\lambda}_{n \times 1} + \overrightarrow{x_0}^* \geqslant \overrightarrow{0}_{m \times 1} \\
\quad\quad Y_{s \times n} \overrightarrow{\lambda}_{n \times 1} + 0_{s \times 1} \theta \geqslant \overrightarrow{y_0} \\
\quad\quad \sum_{j=1}^{n} \lambda_j = 1 \\
\quad\quad \overrightarrow{w_0} \geqslant 0, \ \lambda_j \geqslant 0, \ j = 1, \ 2, \ \cdots, \ n
\end{cases} \quad\quad (8\text{-}32)
$$

根据式（8-32）线性规划（C）的求解结果，可以计算出 DMU_0 的经济效率（Economic Efficiency）/总成本效率（Total Cost Efficiency），即最小成本与观察成本之间的比例具体如下：

$$
CE = \overrightarrow{w_0}^T \overrightarrow{x_0}^* / \overrightarrow{w_0}^T \overrightarrow{x_0}
$$

根据前面第二部分介绍的经济效率、分配效率和技术效率之间的关系有：$AE = CE/TE$。仍以前面第四部分的两投入–单产出为例进行说明。假定所有厂商（DMU）都面临相同的投入价格向量，投入 x_1、x_2 的价格分别为 1 和 3，在图 8-15 中就表现为一个斜率为 $-1/3$ 的等成本线。等成本线与生产前沿面正好在 DMU5 处相切，而 DMU5 恰好也是唯一具有成本效率的厂商。有关计算结果如表 8-10 所示。

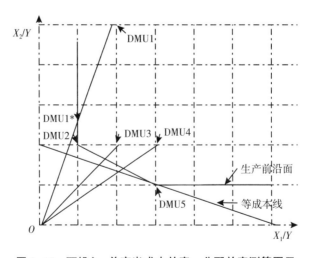

图 8-15　两投入–单产出成本效率、分配效率测算图示

表 8-10 两投入-单产出成本效率、分配效率测算结果

厂商	技术效率	分配效率	成本效率（经济效率）
1	0.500	0.706	0.353
2	1.000	0.857	0.857
3	0.833	0.900	0.750
4	0.714	0.933	0.667
5	1.000	1.000	1.000
平均	0.810	0.879	0.725

五、基于数据包络分析的 Malmquist 生产率指数测算

（一）简要回顾

在 DEA 方法成为效率评价主要方法的同时，Malmquist 指数开始引入到生产率的测度当中。Caves 等（1982）希望构建一个普适性和操作性都较强的框架，以便仅仅利用可观测的投入、产出及价格信息即可对生产率进行测度。为此，他们引入 Malmquist 指数概念，定义了基于超越对数形式（Translog Structure）生产函数的 Malmquist 生产率指数，并证明仅靠价格和数量信息即可计算出 Malmquist 生产率指数，而不需要知道超越对数函数的具体参数值。Fare、Grosskopf、Norris 和 Zhang（1994）将 Caves 等（1982）定义的 Malmquist 生产率指数由超越对数函数拓展到非参数形式（即由观测点构成的生产可能集和生产前沿面），并将 Malmquist 生产率指数代表的全要素生产率（Total Factors Productivity）进一步分解为代表运营效率提高的"效率变化指数"（Efficiency Changes）和代表生产前沿面移动的"技术变化指数"（Technical Change）；而"效率变化指数"又可进一步分解为"纯效率变化指数"（Pure Efficiency Changes）和"规模效率变化指数"（Scale Changes）。Fare、Grosskopf、Norris 和 Zhang（1994，1997）还通过线性规划方法将 Malmquist 指数中涉及的距离函数计算出来，使得 Malmquist 生产率指数不再停留在理论概念阶段。Fare 等（1994，1997）使用的线性规划方法其实正是 DEA。而且 Fare 等（1994，1997）对"效率变化指数"的分解恰恰就是 Banker、Charnes 和 Cooper（1984）中的效率分解。至此，基于 DEA 方法的 Malmquist 指数及其分解正式成为生产率分析的有效工具。

（二）Malmquist 生产率变化指数

Malmquist 生产率变化指数（Malmquist Productivity Change Index）是两个 Malmquist 生产率指数的几何平均值。

假定在每个时期 $t=1$，$\cdots$，T 都有相应的生产技术 TC^t，使得投入向量 $\vec{x^t}$ $\in\mathbb{R}_+^m$ 能够生产出相应的产出 $\vec{y^t}\in\mathbb{R}_+^s$。

对于 t 期生产技术下的可行投入产出向量 $(\vec{x^t}, \vec{y^t})$ 来说，以产出为导向的距离函数定义如下：

$$D_o^t(\vec{x^t},\vec{y^t}) = \inf\{\phi: (\vec{x^t},\vec{y^t}/\phi)\in TC^t\} = (\sup\{\phi: (\vec{x^t}, \phi\vec{y^t})\in TC^t\})^{-1}$$
$$(8-33)[1]$$

根据式（8-33），距离函数的经济含义是，给定投入向量 $\vec{x^t}$，现有产出向量 $\vec{y^t}$ 能够扩展的最大倍数的倒数。很显然，只要 $(\vec{x^t}, \vec{y^t})$ 是技术条件 TC^t 下的可行解，则必然有 $D_o^t(\vec{x^t}, \vec{y^t})\leqslant1$。此外，当 $(\vec{x^t}, \vec{y^t})$ 处于生产边界或前沿面（Boundary or Frontier of Technology）时，$D_o^t(\vec{x^t}, \vec{y^t})=1$。其实，距离函数从经济含义来讲是 Farrell（1957）中提到的以产出为导向的技术效率，度量的是观测点离技术前沿有多远。

为了定义 Malmquist 生产率变化指数，除定义 t 期的距离函数外，还需要定义其他时点，如 $t+1$ 期的距离函数。例如，$t+1$ 期可行投入产出向量 $(\vec{x^{t+1}}, \vec{y^{t+1}})$ 相对于 t 期技术 TC^t 的距离函数为：

$$D_o^t(\vec{x^{t+1}},\vec{y^{t+1}}) = \inf\{\phi: (\vec{x^{t+1}},\vec{y^{t+1}}/\phi)\in TC^t\}$$
$$= (\sup\{\phi: (\vec{x^{t+1}}, \phi\vec{y^{t+1}})\in TC^t\})^{-1} \quad (8-34)$$

而 t 期可行投入产出向量 $(\vec{x^t}, \vec{y^t})$ 相对于 $t+1$ 期技术 TC^{t+1} 的距离函数则为：

$$D_o^{t+1}(\vec{x^t},\vec{y^t})=\inf\{\phi: (\vec{x^t},\vec{y^t}/\phi)\in TC^{t+1}\} = (\sup\{\phi: (\vec{x^t}, \phi\vec{y^t})\in TC^{t+1}\})^{-1}$$
$$(8-35)$$

---

[1] inf 表示下确界（inferior limit），sup 表示上确界（superior limit）。

有关不同时期、不同技术下的距离函数求解，可以用图 8-16 的单投入-单产出情况进行示意。

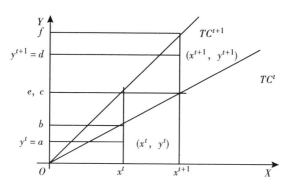

图 8-16　单投入-单产出情况下的距离函数求解示意图

事实上，从前面的分析可以看出，距离函数与以产出为导向的 DEA 相对效率评价之间是完全一致的。对于给定技术条件 TC^t 下的某个点 $(\overrightarrow{x_0^t},\ \overrightarrow{y_0^t})$，有：

$$(D_o^t)\begin{cases}[\,D_o^t(\overrightarrow{x_0^t},\overrightarrow{y_0^t})\,]^{-1}=\max_{\phi,\lambda}\phi\\[2mm]\text{s. t.}\quad -X_{m\times n}^t\overrightarrow{\lambda}_{n\times 1}+\overrightarrow{x_0^t}\geqslant 0_{m\times 1}\\[2mm]\qquad Y_{s\times n}^t\overrightarrow{\lambda}_{n\times 1}+0_{s\times 1}\phi\geqslant\phi\overrightarrow{y_0^t}\\[2mm]\phi>0,\ \lambda_j\geqslant 0,\ j=1,\ 2,\ \cdots,\ n\end{cases}\tag{8-36}$$

式（8-36）是针对规模报酬不变 CRS 情况的，当技术处于规模报酬变动 VRS 状态时，则需增加约束条件 $\sum\limits_{j=1}^{n}\lambda_j=1$。[①]

根据 Caves、Christensen 和 Diewert（1982），以不同时期技术 TC^t、TC^{t+1} 为参照，以 t 期投入产出组合 $(\overrightarrow{x^t},\ \overrightarrow{y^t})$ 为基准的 Malmquist 生产率指数分别表示为：

$$M_{CCD}^t=\frac{D_o^t\ (\overrightarrow{x^{t+1}},\ \overrightarrow{y^{t+1}})}{D_o^t\ (\overrightarrow{x^t},\ \overrightarrow{y^t})},\qquad M_{CCD}^{t+1}=\frac{D_o^{t+1}\ (\overrightarrow{x^{t+1}},\ \overrightarrow{y^{t+1}})}{D_o^{t+1}\ (\overrightarrow{x^t},\ \overrightarrow{y^t})}\tag{8-37}$$

为了避免基准选取的随意性，Fare 等（1994）将产出导向的 Malmquist 生产率变化指数定义为上述两个 Malmquist 指数的几何平均值，即：

---

① 　需要指出的是，动态中，由于技术进步（变化）的原因，以 t 技术为基准的距离函数并不必然小于1。

$$M_o\ (\overrightarrow{x}^{t+1},\overrightarrow{y}^{t+1};\overrightarrow{x}^t,\overrightarrow{y}^t)=\left[\left(\frac{D_o^t\ (\overrightarrow{x}^{t+1},\overrightarrow{y}^{t+1})}{D_o^t\ (\overrightarrow{x}^t,\overrightarrow{y}^t)}\right)\left(\frac{D_o^{t+1}\ (\overrightarrow{x}^{t+1},\overrightarrow{y}^{t+1})}{D_o^{t+1}\ (\overrightarrow{x}^t,\overrightarrow{y}^t)}\right)\right]^{1/2} \quad (8-38)$$

对式（8-38）中的指数进行代数变换可得：

$$M_o\ (\overrightarrow{x}^{t+1},\ \overrightarrow{y}^{t+1};\ \overrightarrow{x}^t,\ \overrightarrow{y}^t)$$

$$=\left[\left(\frac{D_o^t\ (\overrightarrow{x}^{t+1},\ \overrightarrow{y}^{t+1})}{D_o^t\ (\overrightarrow{x}^t,\ \overrightarrow{y}^t)}\right)\left(\frac{D_o^{t+1}\ (\overrightarrow{x}^{t+1},\ \overrightarrow{y}^{t+1})}{D_o^{t+1}\ (\overrightarrow{x}^t,\ \overrightarrow{y}^t)}\right)\right]^{1/2} \quad (8-39)$$

$$=\underbrace{\frac{D_o^t\ (\overrightarrow{x}^{t+1},\ \overrightarrow{y}^{t+1})}{D_o^t\ (\overrightarrow{x}^t,\ \overrightarrow{y}^t)}}_{(1)}\times\underbrace{\left[\left(\frac{D_o^t\ (\overrightarrow{x}^{t+1},\ \overrightarrow{y}^{t+1})}{D_o^{t+1}\ (\overrightarrow{x}^{t+1},\ \overrightarrow{y}^{t+1})}\right)\left(\frac{D_o^t\ (\overrightarrow{x}^t,\ \overrightarrow{y}^t)}{D_o^{t+1}\ (\overrightarrow{x}^t,\ \overrightarrow{y}^t)}\right)\right]^{1/2}}_{(2)}$$

其中，第（1）项代表（技术）效率变化指数，第（2）项则表示技术变化指数。由于（技术）效率变化指数是在规模报酬不变假设下计算而得的，它又可以分解为规模报酬变化假设下的纯（技术）效率变化指数和规模效率变化指数。

为了计算出上述 Malmquist 生产率变化指数，需要求解 $D_o^t\ (\overrightarrow{x}^t,\ \overrightarrow{y}^t)$、$D_o^{t+1}\ (\overrightarrow{x}^t,\ \overrightarrow{y}^t)$、$D_o^t\ (\overrightarrow{x}^{t+1},\ \overrightarrow{y}^{t+1})$ 和 $D_o^{t+1}\ (\overrightarrow{x}^{t+1},\ \overrightarrow{y}^{t+1})$ 四个线性规划问题。而为了实现上述分解，则需进一步求出规模报酬变化下的 $D_o^t\ (\overrightarrow{x}^t,\ \overrightarrow{y}^t)$ 和 $D_o^{t+1}(\overrightarrow{x}^{t+1},\ \overrightarrow{y}^{t+1})$，即额外增加两个线性规划问题。

$$(D_o^t)\begin{cases}[D_o^t\ (\overrightarrow{x_0}^t,\overrightarrow{y_0}^t)]-1=\max_{\phi,\lambda}\phi\\[2mm]\text{s. t.}\quad -X_{m\times n}^t\overrightarrow{\lambda}_{n\times 1}+\overrightarrow{x_0}^t\geq 0_{m\times 1}\\[2mm]\qquad Y_{s\times n}^t\overrightarrow{\lambda}_{n\times 1}+0_{s\times 1}\phi\geq\phi\overrightarrow{y_0}^t\\[2mm]\qquad \sum_{j=1}^n\lambda_j=1\\[2mm]\qquad \phi>0,\ \lambda_j\geq 0,\ j=1,\ 2,\ \cdots,\ n\end{cases} \quad (8-40)$$

通过上述距离函数的计算，最终可以完成对 Malmquist 生产率指数的分解，于是有：

$$M_o\left(\vec{x}^{t+1},\ \vec{y}^{t+1};\ \vec{x}^{t},\ \vec{y}^{t}\right) = TECHCH \times EFFCH = TECHCH \times PEFFCH \times SCH$$

$TECHCH$、$EFFCH$、$PEFFCH$、SCH 分别代表技术变化指数、（技术）效率变化指数、纯（技术）效率变化指数和规模效率变化指数。

第九章　计量分析类典型方法工具

内容提要

计量分析工具是技术经济学研究中应用最为广泛的一类定量方法。除了工程项目评价外，几乎所有的其他研究范畴都需要使用计量分析工具。除最为经典的普通最小二乘（Method of Ordinary Least Squre，OLS）回归外，生产率测算中常用的随机前沿分析（Stochastic Frontier Analysis，SFA）本质上也是以计量分析为基础的一种定量工具；而以 DEA 相对效率值测度为基础的两阶段半参数 DEA 分析则是运筹工具与计量工具的结合，通常被用于对影响相对效率值的各种因素进行深入分析。另外，很多相对前沿的计量分析工具，如分位数回归、空间计量等也被应用于技术经济领域中。本章将在简要回顾 OLS 方法基础上，对随机前沿分析、两阶段半参数 DEA、分位数回归、空间计量四类工具及其在技术经济相关研究中的应用情况进行介绍。

第一节　普通最小二乘法（OLS）

普通最小二乘法（OLS）是经济计量分析中最为经典的工具和方法，很多回归类计量工具都是在放松了 OLS 方法适用的某些基本假设条件后形成的。从某种意义上说，OLS 可以看作是其他各种回归类计量方法的基础。

一、回归分析与线性回归模型

回归一词最早由 F. 加尔顿（Francis Galton）在 1886 年研究家庭身材相似性的一篇文章中提出。加尔顿发现，虽然存在"父母高、子女高；父母矮，子女矮"的基本规律，但在给定父辈的身高条件下，子女辈的平均身高却会趋向于或者说"回归到"全体人口的平均身高，即"回归到中等"。不过现代统计学意义上的回归分析与上述概念则存在较大差别。

回归分析（Regression Analysis）是指研究两种或两种以上变数间相互依赖定量关系的一种统计分析方法。回归分析中通常包括一个被解释变量（或称因变量）和若干解释变量（或称自变量），通过经验分析，确定因变量和自变量之间的函数关系，并通过自变量的已知或设定值区估计预测因变量的平均值。回归分析按照涉及的自变量的多少，可分为一元回归分析和多元回归分析；按照自变量和因变量之间的关系类型，可分为线性回归分析和非线性回归分析。如果在回归分析中，只包括一个自变量和一个因变量，且二者的关系可用一条直线近似表示，这种回归分析称为一元线性回归分析。如果回归分析中包括两个或两个以上的自变量，且因变量和自变量之间是线性关系，则称为多元线性回归分析。一元线性回归和多元线性回归可分别以式（9－1）、式（9-2）表示。

$$y_i = \beta_0 + \beta_1 x_i + u_i \tag{9-1}$$

$$y_i = \beta_0 + \beta_1 x_{1i} + \beta_2 x_{2i} + \cdots + \beta_k x_{ki} + u_i \tag{9-2}$$

其中，y_i 为解释变量，x_i、x_{1i}，x_{2i}，$\cdots$，x_{ki} 为被解释变量，u_i 为随机误差项，β_0，β_1，$\cdots$，β_k 为回归系数（待定系数或待定参数）。

通常假定随机误差项 u_i 服从以下条件：

第一，零均值，即

$$E(u_i) = 0, \ i = 1, 2, \cdots, n$$

第二，同方差，即

$$\mathrm{Var}(u_i) = \sigma_u^2, \ i = 1, 2, \cdots, n$$

第三，无序列相关，即随机误差项在不同样本点之间是相互独立的。$\mathrm{Cov}(u_i, u_j) = 0$，$i \neq j$；$i, j = 1, 2, \cdots, n$

第四，随机误差项与解释变量之间不相关，即

$$\mathrm{Cov}(u_i, x_j) = 0, \ i = 1, 2, \cdots, n; \ j = 1, 2, \cdots, k$$

此外，通常还假定 u 服从正态分布，于是有：

$$u \sim N(0, \sigma_u^2)$$

事实上，根据中心极限定理，当样本容量趋于无穷大时，u 的分布趋近于正态分布，所以此项假设是有非常合理的统计学基础的。

二、普通最小二乘法与回归参数估计

最小二乘法最早在 19 世纪初期由数学家高斯等提出。它通过最小化误差的平方和寻找数据的最佳函数匹配，利用最小二乘法可以简便地求得未知的数据，并使得这些求得的数据与实际数据之间误差的平方和为最小。在线性回归模型的参数估计中，普通最小二乘法是最为基础和常用的方法。接下来以式（9-1）中的一元线性回归模型为例，对该方法进行简单介绍。

在已经获得样本观测值（y_i，x_i）的情况下（见图 9-1 中的散点），可以建立以下样本回归模型：

$$y_i' = \beta_0' + \beta_1' x_i + e_i \quad i = 1, 2, \cdots, n \tag{9-3}$$

其中，β_0' 和 β_1' 是模型（9-1）参数 β_0 和 β_1 的估计量（估计值），e_i 为残差项，也称拟合误差，是样本观测值 y_i 与估计值 y_i' 的残差，也是 u_i 的估计值。去掉残差项后，式（9-3）变为：

$$y_i' = \beta_0' + \beta_1' x_i \tag{9-4}$$

式（9-4）称为样本回归方程，即图 9-1 中的斜线，y_i' 则称为观测值 y_i 的估计值或拟合值。

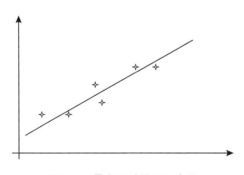

图 9-1 最小二乘原理示意图

我们希望估计的参数使直线方程能够最好地拟合样本数据，被解释变量的估计值与观测值应该在总体上最为接近。一个判断标准是估计值与观测值之差的平方和最小。之所以使用平方和作为判断标准，是因为二者之差可正可负，简单求和可能将很大的误差抵消掉，只有平方和才能反映二者在总体上的接近程度。这就是最小二乘原则。

$$\min Q(\beta'_0, \beta'_1) = \sum_{i=1}^{n} (y_i - \beta'_0 - \beta'_1 x_i)^2 = \sum e_i^2 \tag{9-5}$$

根据微积分中多元函数极值原理（罗彼塔法则），当 Q 对 β'_0、β'_1 的一阶偏导数都为 0 时，Q 达到最小。即

$$\begin{cases} \dfrac{\partial Q(\beta'_0, \beta'_1)}{\partial \beta'_0} = 0 \\[3mm] \dfrac{\partial Q(\beta'_0, \beta'_1)}{\partial \beta'_1} = 0 \end{cases} \tag{9-6}$$

据此可以推得：

$$\begin{cases} \displaystyle\sum_{i=1}^{n} (y_i - \beta'_0 - \beta'_1 x_i) = \sum (y_i - y'_i) = \sum e_i = 0 \\[3mm] \displaystyle\sum_{i=1}^{n} x_i(y_i - \beta'_0 - \beta'_1 x_i) = \sum x_i e_i = 0 \end{cases} \tag{9-7}$$

进而可得：

$$\begin{cases} \sum y_i = n\beta'_0 + \beta'_1 \sum x_i \\[2mm] \sum x_i y_i = \beta'_0 \sum x_i + \beta'_1 \sum x_i^2 \end{cases} \tag{9-8}$$

根据式（9-8）可进一步求解出 β'_0、β'_1 的表达式，得到了符合最小二乘原则的参数估计量：

$$\begin{cases} \beta'_1 = \dfrac{n \sum x_i y_i - \sum x_i \sum y_i}{n \sum x_i^2 - \left(\sum x_i\right)^2} \\[4mm] \beta'_0 = \dfrac{1}{n}\left(\sum y_i - \beta'_1 \sum x_i\right) \end{cases} \tag{9-9}$$

假设 $\bar{x} = \dfrac{1}{n} \sum x_i$，$\bar{y} = \dfrac{1}{n} \sum y_i$，$\dot{x} = x_i - \bar{x}$，$\dot{y} = y_i - \bar{y}$，则 β'_0、β'_1 的表达式可以进一步简化为：

$$\begin{cases} \beta'_1 = \dfrac{\sum (x_i - \bar{x})(y_i - \bar{y})}{\sum (x_i - \bar{x})^2} = \dfrac{\sum \dot{x}_i \dot{y}_i}{\sum \dot{x}_i^2} \\[4mm] \beta'_0 = \bar{y} - \beta_1 \bar{x} \end{cases} \tag{9-10}$$

在参数估计的基础上，还可以进一步估计出随机误差项方差 σ_u^2 的估计值。

$$\hat{\sigma}_u^2 = \sum e_i^2 / (n - 2) \tag{9-11}$$

可以证明 $\hat{\sigma}_u^2$ 为无偏的，至此基于最小二乘法的线性回归方程的参数估计就全部完成了。

第二节　随机前沿分析（SFA）

随机前沿分析（Stochastic Frontier Analysis，SFA）同前面的 DEA 方法一样，也是测度生产效率和全要素生产率的重要工具。不过 SFA 和 DEA 在测度思路上遵循了两种截然不同的路径。DEA 方法无须确定具体的函数形式，基于线性规划进行求解；而 SFA 在确定具体函数形式前提下，基于经济计量方法进行求解。由于本书后续生产率理论方法部分对 SFA 方法会有更为详细的阐释，本节主要从 SFA 与经典线性回归模型、DEA 等进行对比的角度对 SFA 的主要特点进行说明。

一、SFA 模型与线性回归模型

在本章第一节中我们已经提到，线性回归模型和 OLS 是参数估计最为基础和经典的方法。经典的线性回归模型和 OLS 有着很多较为严格的假设前提，而现实中的数据在统计特征上往往难以满足。如何在前提条件放松情况下做出令人满意的参数估计成为很多复杂计量分析工具所要解决的问题。SFA 从某种意义上讲也是为实现这类目的而产生的。

随机前沿模型在某种程度上可以看作是一种特殊的线性回归模型。由 Aigner 等（1977）和 Meeusen 等（1977）最早分别独立提出的 SFA 基本模型可以表示如下：

$$y = f(x, \beta) \exp(v-u) \tag{9-12}$$

式（9-12）中，y 为产出，x 为要素投入，β 为待估计参数，v 和 u 则是两个相互独立的随机误差项。当式（9-12）中生产函数的具体形式为 C-D 函数或者超越对数函数时，可以变换为线性回归形式，即

$$\ln y_i = \beta_0 + \sum_n \beta_n \ln x_{ni} + v_i - u_i \tag{9-13}$$

对比式（9-13）和前面第一节中的式（9-1）和式（9-2）的线性回归模型可以发现两者之间形式上非常相似，但又存在着明显的区别。

一是式（9-13）表征的是一种生产函数关系，而线性回归模型的适用性更广，因此式（9-13）所表示的 SFA 模型可以看作是线性回归模型在生产函数领域的具体应用。二是随机误差项存在很大差别。经典的线性回归模型中假定随机误差项是"零均值、同方差"，是均值为 0 的对称分布。而式（9-13）中的随机误差项则被分为 v_i 和 u_i 两部分。其中，v_i 代表外部环境等随机因素，u_i 则代表生产者由于非环境因素而未能实现技术有效而出现的偏差，不妨称为技术非有效偏差。由于环境因素对生产活动既可能带来有利影响也可能带来不利影响，因此，v_i 对于生产活动的影响完全是随机的，可以继续沿用经典线性回归模型中的相关假设。代表技术非有效性偏差的 u_i 显然不可能是对称分布的，而应该是单边分布，该偏差恰好可以用来测度生产主体的技术效率。

由于技术非有效偏差 u_i 的存在，由 v_i 和 u_i 组成的复合误差项整体不再满足"零均值、同方差、对称分布"的要求，因此，针对普通线性回归模型参数估计的经典 OLS 不再适用于随机前沿模型。事实上，针对随机前沿模型参数估计和技术效率测度的各种方法，或者说 SFA 方法的不断深化和发展，都是围绕如何适应复合残差非对称性质展开的。

式（9-13）待估计的参数包括系数 β 和两类误差项的方差 σ_v^2 和 σ_u^2。为获得相关参数的一致无偏估计，需要对两类误差项 v_i 和 u_i 的分布状况进行特别的设定。通常会假设对称误差项 v_i 服从正态分布，即 $v_i \sim N(0, \sigma_v^2)$；技术非有效偏差 u_i 则被假定服从指数分布、半正态分布（$u_i \sim N^+(0, \sigma_u^2)$）或者截断正态分布（$u_i \sim N^+(\mu, \sigma_u^2)$）。在估计方法上，主要采用极大似然估计或矩估计。

二、时变随机前沿模型与面板数据

式（9-13）针对的是某个时点各生产厂商截面数据设定的随机前沿模型。在很多情况下，随着时间的推移，厂商的技术效率会发生变化，这就需要针对不同时期不同厂商的面板数据构造随机前沿生产函数，具体如下：

$$y_{it} = x_{it}\vec{\beta} + v_{it} - u_{it}, \ i = 1, 2, \cdots, n; \ t = 1, 2, \cdots, t \qquad (9-14)$$

其中，y_{it} 为 i 时点上 t 厂商的产出（对数值）；x_{it} 为相应的投入向量（对数值）；$\vec{\beta}$ 为投入系数矩阵；v_{it} 代表 i 时点上 t 厂商的外部环境影响随机因素，服从正态分布（$v_{it} \sim N(0, \sigma_v^2)$）且与 u_{it} 相互独立；u_{it} 代表 i 时点上 t 厂商的技术非效率随机因素，但对于 u_{it} 所服从的分布则需要根据不同的情况做进一步细分，进而又会影响到最终的技术效率测度。

Battese 和 Coelli（1992）将厂商的技术非效率偏差 u_{it} 刻画为时间的指数函数，具体为：

$$u_{it} = \eta_{it} u_i = \{ \exp[-\eta(t-T)] \} u_i, \ t \in \Im(i); \ i=1, 2, \cdots, n \quad (9-15)$$

式（9-15）中，u_i 服从截断正态分布，即 $u_i \sim N(\mu, \sigma_i^2)$，代表的是厂商 i 的技术非效率偏差；$\Im(i)$ 是由每个厂商被观测期限 T_i 组成的集合，并且有 $T_i \subset T$；η 是一个未知的标量参数，$\eta > 0$、$\eta = 0$ 和 $\eta < 0$ 分别表示厂商 i 的技术非效率偏差随着时间 t 的推移不断增加、保持不变和不断降低。为了能够更为灵活地反映出技术效率的本质，还有必要对 η_{it} 做进一步的表述，其中一种形式如下：

$$\eta_{it} = 1 + \eta_1(t-T) + \eta_2(t-T)^2 \quad (9-16)$$

式（9-16）中，η_1 和 η_2 为未知参数，当 $\eta_1 = \eta_2 = 0$ 时，随机前沿模型（9-14）就蜕变为非时变模型。

Battese 和 Coelli（1995）则将厂商各时点的技术非效率偏差都设定为独立截断正态分布，即

$$u_{it} \sim N(m_{it}, \sigma_u^2), \ m_{it} = z_{it}\delta \quad (9-17)$$

式（9-17）中，z_{it} 是由可能影响厂商技术效率的各因素变量组成的向量；δ 为各变量对应的待估计参数向量。

针对不同的技术非效率偏差分布设定有着相应的估计方法，但总体来说以极大似然估计为主，具体操作步骤在本节不再做详细说明。

三、SFA 方法与 DEA 方法的对比

SFA 和 DEA 测度技术效率的思想源头都来自 Farrell（1957）的研究，都是基于生产前沿面，对技术效率进行测度，都可以用于测度 TFP 并进行效率分解，但在生产前沿面设定和效率值估算方面呈现两条完全不同的思路。

DEA 是基于观测点（决策单元 DMUs），构成一个观测到的生产前沿面，通过测算可行解相对被观测到生产前沿面的距离，Shephard（1953，1970）用距离函数，或者说 Charnes 等（1978，1984）用线性规划，求出可行解相对于

观测生产前沿面的距离，得出其相对效率值（相对效率估计值）。

SFA 在构造随机前沿生产函数的基础上，引入随机误差项，并将随机误差项分解为表征随机环境因素的对称误差项和表征技术非效率因素的单边误差项。在误差项估计，特别是技术非效率误差项估计的基础上，利用技术非效率误差测算厂商（或生产单元）的技术效率。在参数估计的过程中需要依托概率统计和计量分析工具。

SFA 相对于 DEA 方法的优点体现为：①有明确的生产函数形式，相关参数、假设可以在确定生产函数形式下得到较好的估计及统计检验；②一些不易度量但又会对生产产生重大影响的外部环境因素，如天气对农业生产的影响，可以用第一项误差表示和测度，在特定情形下提高了效率测度值的准确性。事实上，在诸如农业生产领域，如果采用 DEA 方法，天气等环境因素的影响会全部进入到测算结果中，成为技术无效的一部分，这样显然有些夸大技术无效的程度。而这种情况下采用 SFA，可以利用第一项误差将这类影响分离出来。当然，SFA 的缺点也很明显：①SFA 下，u_i 服从何种分布无法先验地确定。通常会假设其服从截断正态分布（Truncated Normal），或者服从独立同分布的 Gamma 分布。②效率测度结果对分布假设非常敏感。另外，v_i 一般假定与 u_i 独立，与自变量无关，服从标准正态分布。

至于 DEA 方法，其主要优点是：①可用于测度多产出情形，且不受量纲限制；②无须对生产函数形式进行预先设定，避免了主观成分的影响；③适用于非常广义的生产活动。此外，DEA 特别适用于不同投入产出指标之间相对重要程度因为缺少市场价格而无法确定的情形。因为 DEA 方法使每个决策单元（DMU）选择投入产出的权重向量，使得约束条件下加权产出相对加权投入的比值达到最大。DEA 方法的缺点在于，测度结果对数据准确性的依赖程度很高；DEA 方法中，效率值可能仅仅是因为 DMU 的投入产出与其他 DMU 有较大区别，就会处于较高水平。此外，由于缺少具体的生产函数形式，加上多投入-多产出效率直观性较弱，DEA 还常常被诟病为黑箱。

当然，没有哪种测度方法是完美的，应根据需要进行选择。在条件允许的情况下，可以考虑用两种方法分别进行测度，对比结果，也许能得到意想不到的结果。

第三节 两阶段半参数 DEA 方法

一、两阶段 DEA 方法的基本思路

两阶段半参数 DEA 方法（Two-stage Semi-parametric DEA Approach）是 21 世纪初发展起来的一种基于 DEA 效率指数测算的计量工具。该方法的主要先驱是比利时天主教鲁汶大学的 Leopold Simar 教授和美国南卡罗来纳州克莱姆森大学的 Paul W. Wilson 教授。第八章中专门介绍了 DEA 方法与相对效率测度。在更多的时候人们不仅需要比较决策单元之间的相对效率，还需要进一步探究效率排名背后的影响因素。经济计量方法是分析解释变量和被解释变量之间因果关系、影响程度的有力工具，因此，将经济计量方法与 DEA 效率测度相结合就自然成为分析效率排名影响因素的一种途径。

事实上，两阶段半参数 DEA 方法遵循的正是这种思路，即先测度 DEA 效率值，然后以此作为被解释变量（有的文献也用 TFP 值，但我们介绍的是以效率值为解释变量的情形），根据相关的理论、经济直觉等，选取对效率值可能产生影响的因素，进行效率影响因素的计量分析。整个分析分为两个阶段进行：一是利用 DEA 方法测度决策单元的相对效率值；二是利用相关计量工具，对可能影响效率的相关因素进行实证检验。由于第一阶段的 DEA 测度是一种非参数方法，而第二阶段的计量检验又是一种参数方法，因此，该方法被称为两阶段半参数 DEA 方法。

计量检验的有效性在于是否可以获得渐进、一致、无偏的估计值。然而，两阶段 DEA 方法与经典的线性回归模型及 OLS 相比存在明显的特殊之处，具体表现为：①被解释变量，即效率值，其取值范围为（0，1），不能用普通的 OLS；②效率值的计算是基于观测值，或者说被观测到的生产前沿面而得到的，这必然会产生一个正向的偏差，因为实际的生产前沿面应该比观测到的生产前沿面具有更先进的技术；③效率值既有规模保持不变情况下的效率值，又有规模报酬变动下的效率值，在进行第二阶段计量分析前必然面临选哪一个效率值的问题。

要想在第二阶段计量分析中得到渐进、一致、无偏的参数估计结果，必须

针对上述三方面特殊之处进行一系列的技术处理。Simar 和 Wilson（1998，2002，2007，2011）的四篇文献讨论了两阶段 DEA 方法估计中的一些技术细节问题。本节后续部分也将结合这三方面问题进行简要的介绍。

二、自助法与误差修正的 DEA 效率指数测算

针对上述提到的效率值正向偏差问题，需要引入统计学中常用的自助法（Bootstrap），结合被观测生产前沿面（诸多决策单元）的数据生成过程（Data Generation Process，DGP）进行相应的处理。

自助法 Bootstrap 本身意思是 "to pull oneself up by one's bootstraps"；源自西方神话故事 "The Adventures of Barron Munchausen"，讲的是侯爵掉到湖底，没有工具，想到拎着自己的鞋带将自己提起来的故事。由此引申出来的大致意思就是：不靠外界力量，而靠自己提高自身的性能，所以叫作 "自助"。

统计学上的自助法最早由 Bradley Efron 于 1979 年提出，用于计算任意估计的标准差。其基本思想是：通过对已有样本的再抽样，对总体分布的统计特性进行估计。大致的步骤如下：

第一，将观测到的原始样本看作是一个有限总体：

$$X=(X_1, \cdots, X_n)$$

第二，对观测样本进行 n 次有放回的采样，得到一个与原样本数目相同的新样本或 bootstrap 样本：

$$X_b^* =(X_1^*, \cdots, X_n^*)$$

第三，假定 θ 是我们想要考察的参数，$\hat{\theta}$ 为 θ 的估计值，每一次 Bootstrap 可以计算出对应的 $\hat{\theta}^{(b)}$，那么：$F_{\hat{\theta}}(\cdot)$ 为 Bootstrap 估计 $\hat{\theta}^{(1)}, \cdots, \hat{\theta}^{(B)}$ 的经验分布函数。

Simar 和 Wilson（1998，2007）通过严格的数学推导证明，使用 Bootstrap 方法得到的误差修正的 DEA 效率指数（Bias-corrected DEA Efficiency Scores）作为被解释变量，在第二阶段回归中能够得到一致无偏的回归结果。如何使用 Bootstrap 方法进行 DEA 效率指数计算呢？

$$X(y) = \{x\in \Re_+^p \mid (x, y)\in \Psi\} Y(x) = \{y\in \Re_+^q \mid (x, y)\in \Psi\}$$

$$\partial X(y) = \{x \mid x\in X(y), \theta x\notin X(y) \quad \forall 0<\theta<1\}$$

$$\partial Y(x) = \{y \mid y\in Y(x), \phi y\notin Y(x) \quad \forall \phi>1\}$$

$\partial X(y)$、$\partial Y(x)$ 代表真正的生产前沿面。

首先，需要明白一点，真正的生产可行集 $X(y)$、生产前沿面 $\partial X(y)$ 是无法获取的，因此，我们无法计算出某个可行解（或 DMU）真正的效率指数 θ（或 ϕ）。

但是，我们可以通过某种方法，或者说某种数据生成过程（Data Generating Process, DGP）P，比如说观测到的生产可行解，产生一组随机样本 $\mathcal{X} = \{(x_i, y_i) \mid i = 1, \cdots, n\}$，得到生产可能集、生产前沿面的一个估计值 $\hat{X}(y)$ 和 $\partial \hat{X}(y)$，这样对于某个给定的生产可行解 (x_k, y_k) 来说，便可以估计出其效率值。

$$\hat{\theta}_k = \min\{\theta \mid \theta x_k \in \hat{X}(y_k)\}$$

如果基于原有数据生成过程 P，通过某种新的数据生成过程 $\hat{P}$（其实就是 Bootstrap），产生 B 组随机样本 $\mathcal{X}_b^*$，$b = 1, \cdots, B$，并据此产生相应的估计的生成可能集和估计的生成前沿面 $\hat{X}_b^*(y)$ 和 $\partial \hat{X}_b^*(y)$。那么对于给定的某个可行解 (x_k, y_k) 来说，可以得到对应于该估计前沿面（或称为观测前沿面、伪前沿面）的效率值 $\hat{\theta}_{kb}^*$。

对于给定的可行解（或决策单元）(x_k, y_k) 来说，存在以下性质：

$$(\hat{\theta}_k^* - \hat{\theta}_k) \mid \hat{P} \sim (\hat{\theta}_k - \theta_k) \mid P$$

如果 $\hat{P}$ 是 P 的一个合理估计（给定数据生成过程 P（样本），通过 Bootstrap 方法得到新的数据生成过程 $\hat{P}$（伪样本），这种做法是合理的），那么上述两个偏差服从相同的分布，可以用前一项偏差估计后一项偏差。

$$bias_{P,k} = E_P(\hat{\theta}_k) - \theta_k$$

相应的自助估计值为：

$$bias_{\hat{P},k} = E_{\hat{P}}(\hat{\theta}_k^*) - \hat{\theta}_k$$

由于有 B 次的 Bootstrap，基于各次 Bootstrap 得到的偏差的估计值为：

$$\overline{bias_k} = \frac{1}{B}\sum_{b=1}^{B}\hat{\theta}_{k,b}^* - \hat{\theta}_k = \overline{\hat{\theta}}_k^* - \hat{\theta}_k$$

根据上式便可以估计出误差修正的效率值 θ_k 的估计值：

$$\widetilde{\theta}_k = \hat{\theta}_k - \overline{bias}_k = 2\hat{\theta}_k - \overline{\theta}_k^*$$

同时可以估计 $\hat{\theta}_k$ 的标准差：

$$\hat{s} = \left\{ \frac{1}{B-1} \sum (\hat{\theta}_{k,\ b}^* - \overline{\theta}_k^*)^2 \right\}^{1/2}$$

三、CRS 模型或 VRS 模型的选择

在正式开始计量分析前，两阶段 DEA 方法面临的另一个问题就是，应该选择规模报酬不变（CRS）和规模报酬变化（VRS）中的哪一个作为最终效率指数计算的模型。两类模型进行效率指数测算的具体公式如下：

$$(D_o^t - CRS) \begin{cases} [D_o^t(\overrightarrow{x_0}^t, \overrightarrow{y_0}^t)]^{-1} = \max_{\phi,\lambda} \phi \\ \text{s. t.} \quad -X_{m\times n}^t \overrightarrow{\lambda}_{n\times1} + \overrightarrow{x_0}^t \geq 0_{m\times1} \\ \quad Y_{s\times n}^t \overrightarrow{\lambda}_{n\times1} + 0_{s\times1}\phi \geq \phi\overrightarrow{y_0}^t \\ \quad \phi > 0, \ \lambda_j \geq 0, \ j = 1, \ 2, \ \cdots, \ n \end{cases} \tag{9-18}$$

$$(D_o^t - VRS) \begin{cases} [D_o^t(\overrightarrow{x_0}^t, \ \overrightarrow{y_0}^t)]^{-1} = \max_{\phi,\ \lambda} \phi \\ \text{s. t.} \quad -X_{m\times n}^t \overrightarrow{\lambda}_{n\times1} + \overrightarrow{x_0}^t \geq 0_{m\times1} \\ \quad Y_{s\times n}^t \overrightarrow{\lambda}_{n\times1} + 0_{s\times1}\phi \geq \phi\overrightarrow{y_0}^t \\ \quad \sum_{j=1}^n \lambda_j = 1 \\ \quad \phi > 0, \ \lambda_j \geq 0, \ j = 1, \ 2, \ \cdots, \ n \end{cases} \tag{9-19}$$

根据式（9-18）和式（9-19）可以计算出两类效率指数值。Simar 和 Wilson（2002）在此基础上构造了 6 个统计值，用于检验应该选择"规模报酬不变"（CRS）还是"规模报酬变化"（VRS）。以下是其中的两个：

$$\begin{cases} \hat{S}_{1n}^{CRS} = n^{-1} \sum_{i=1}^n \hat{D}_n^{CRS}(x_i, \ y_i) / \hat{D}_n^{VRS}(x_i, \ y_i) \\ \hat{S}_{2n}^{CRS} = \sum_{i=1}^n \hat{D}_n^{CRS}(x_i, \ y_i) \bigg/ \sum_{i=1}^n \hat{D}_n^{VRS}(x_i, \ y_i) \end{cases} \tag{9-20}$$

$\hat{S}_{1n}^{CRS}$ 和 $\hat{S}_{2n}^{CRS}$ 可以通过 CRS 模型、VRS 模型和式（9-20）计算出来。

对观测到的 DMUs 进行 B 次 Bootstrap 再抽样，可以通过式（9-21）计算出对应的统计量 $\hat{S}_{1nb}^{CRS*}$ 和 $\hat{S}_{2nb}^{CRS*}$。

$$\begin{cases} \hat{S}_{1nb}^{CRS*} = n^{-1} \sum_{i=1}^{n} \hat{D}_{nb}^{CRS*}(x_i, y_i) / \hat{D}_{nb}^{VRS*}(x_i, y_i) \\ \hat{S}_{2nb}^{CRS*} = \sum_{i=1}^{n} \hat{D}_{nb}^{CRS*}(x_i, y_i) \Big/ \sum_{i=1}^{n} \hat{D}_{nb}^{VRS*}(x_i, y_i) \end{cases} \quad (9-21)$$

我们用 $\hat{\omega}_{obs}$ 表示基于观测到的 DMUs 组成样本计算出的各个统计量，包括 $\hat{S}_{1n}^{CRS}$ 和 $\hat{S}_{2n}^{CRS}$；这样，$\hat{\omega}^*$ 可以看作是 B 次 Bootstrap 对应的统计量的临界值，显著性 α 可以设定为 1%、5% 或 10%。

零假设：生产前沿面为规模报酬不变。

备择假设：生产前沿面为规模报酬变化。

$$\hat{p} = \Pr(\hat{\omega}^* \leqslant \hat{\omega}_{obs} \mid H_0, \zeta_n) \quad (9-22)$$

如果 $\hat{p} < \alpha$，就可以拒绝零假设，换句话说，如果 B 次自助样本计算出的统计量，其对应于显著性 α 的临界值大于用原样本（观测到的 DMUs）计算出的统计值，那么可以拒绝原假设，认为规模保持不变是不成立的；否则就不能拒绝原假设，可以选用 CRS 模型。

四、计量模型选择与处理

结束了前面的效率指数测算模型选择、效率指数的误差修正等准备环节后，开始正式进入计量分析环节。由于被解释变量的取值为（0，1），所以不能使用经典的 OLS 回归，需要选择 Censored Regression。回归时可以是对截面效率值进行回归，这个比较简单，E-views 里面就有现成的功能；但是，对面板效率值进行回归分析，情况就要复杂不少。需要在 R 环境下，利用 censReg 软件包进行相应的编程计算：

$$y_{it}^* = x_{it}'\beta + \varepsilon_{it} = x_{it}'\beta + \mu_i + \nu_{it} \quad (9-23)$$

$$y_{it} = \begin{cases} a & y_{it}^* \leqslant a \\ y_{it}^* & a < y_{it}^* < b \\ b & y_{it}^* \geqslant b \end{cases} \quad (9-24)$$

至此，第一部分提到的三类特殊情况都得到较为妥善的处理，可以得到一致无偏的参数估计结果。

第四节　分位数回归及其在技术经济领域的应用

传统的线性回归模型描述了因变量的条件分布受到自变量 X 的影响过程。普通最小二乘法是估计回归系数的最基本方法，它描述了自变量 X 对于因变量 Y 的均值影响。如果模型中的随机扰动项来自均值为零而且同方差的分布，那么回归系数的最小二乘估计为最佳线性无偏估计（BLUE）；如果进一步随机扰动项服从正态分布，那么回归系数的最小二乘法或极大似然估计为最小方差无偏估计（MVUE）。但在实际的经济生活中，这种假设常常得不到满足，例如数据出现尖峰或厚尾的分布、存在显著的异方差等情况，这时的最小二乘法估计将不再具有上述优良特性且稳健性较差。最小二乘回归假定自变量 X 只能影响因变量的条件分布位置，但不能影响其分布的刻度或形状的任何其他方面。

为了弥补普通最小二乘法（OLS）在回归分析中的缺陷，Koenker 和 Bassett 于 1978 年提出了分位数回归（Quantile Regression）的思想。它依据因变量的条件分位数对自变量 X 进行回归，这样得到了所有分位数下的回归模型。因此分位数回归相比普通最小二乘回归只能描述自变量 X 对于因变量 Y 局部变化的影响而言，更能精确地描述自变量 X 对于因变量 Y 的变化范围以及条件分布形状的影响。分位数回归能够捕捉分布的尾部特征，当自变量对不同部分的因变量的分布产生不同的影响时，例如出现左偏或右偏的情况时，它能更加全面地刻画分布的特征，从而得到全面的分析，而且其分位数回归系数估计比 OLS 回归系数估计更稳健。近年来，分位数回归在国外得到了迅猛的发展，并在经济学、医学、环境科学、生存分析等领域得到了广泛的应用。

一、分位数回归的原理、估计及检验

（一）基本原理

分位数回归延伸了以经典条件均值模型为基础的最小二乘法。普通最小二乘估计（Ordinary Least Square，OLS）用于描述给定一组自变量时，因变量的平均状态（条件期望）。在高斯–马尔可夫假定成立的情况下，回归系数的最小二乘估计量是以自变量样本值为条件的最优线性无偏估计量（Best Linear Unbiased Estimator，BLUE）。但实际研究中，高斯-马尔可夫假定条件往往不能得到满足，当存在以下问题时，最小二乘估计不再是最优线性无偏估计，而且稳健性非常差：①误差项违反同方差假定；②研究目的不仅是描述因变量的平均状态，而且是了解其条件分布尾部的信息；③存在极端异常点（Extreme Outliers）。分位数回归则能够弥补普通最小二乘法的上述缺陷。

分位数回归实际上是将条件分布函数（Conditional Distribution Function）切分为"片段"而转化为条件分位数函数（Conditional Quantile Function），分位数回归能够分析自变量 x_i 与不同分位点下的因变量 Y 之间的关系。这些"片段"采用分位数来描述条件分布函数的累积分布。对于因变量 Y，给定自变量 $X = x$，其条件分布函数定义为 $F_Y(y \mid x)$。对于 $0 < \tau < 1$，给定 x 条件下，Y 的 τ 分位数函数为：

$$Q_\tau(Y_i \mid X_i) = F_Y^{-1}(\tau \mid X_i) = \inf\{y \in \mathbb{R} \mid F_Y(y \mid X_i) \geqslant \tau\} \quad (9-25)$$

在随机变量 Y 中，$100\tau\%$ 的部分小于条件分位数函数 Q_τ，$100(1-\tau)\%$ 的部分大于条件分位数函数 Q_τ。随着 τ 取值由 0 到 1，条件分位数函数能够完全描述随机变量 Y 的分布。因此，相比条件均值回归，分位数回归能够更完整地描述随机变量 Y 关于 X 的条件分布。

我们可以通过类比最小二乘估计来说明分位数回归的估计方法。在最小二乘估计中，随机样本 $(y_1, \cdots, y_n)$ 的条件分布函数通过参数函数 $\mu(x_i, \beta)$ 表示，其中，x_i 表示自变量，β 为待估参数，μ 为条件均值，最小二乘估计通过满足绝对偏差平方和最小得到 β 的估计值：

$$\hat{\beta} = \arg\min_{\beta \in \Re} \sum_{i=1}^n (y_i - \mu(x_i, \beta))^2 \quad (9-26)$$

类似地，条件分位数函数通过参数函数 $\xi(x_i, \beta)$ 表示，最小绝对离差法通过满足绝对偏差值最小得到 $\beta(\tau)$ 的估计值：

$$\hat{\beta}(\tau) = \arg\min_{\beta \in \Re} \sum_{i=1}^n \rho_\tau(y_i - \xi(x_i, \beta)) \quad (9-27)$$

其中，ρ_τ 为校验函数（Check Function），定义如下：

$$\rho_\tau(x) = \mu(\tau - I(x<0)) = \begin{cases} \tau x & x \geqslant 0 \\ (\tau-1)\,x & x < 0 \end{cases} \quad (9-28)$$

其中，$I(\cdot)$ 是指示函数（Indicator Function）。分位数回归使误差的绝对值加权之和最小，对模型中的随机扰动项无须做任何分布的假定，回归模型具有很强的稳健性。校验函数赋予每一误差项以不同的权数，当 τ 大于0.5 时，正的误差项被赋予较大的权数，负的误差项则被赋予较小的权数；当 τ 小于 0.5 时，正的误差项被赋予较小的权数，负的误差项则被赋予较大的权数。

（二）估计与检验

分位数回归模型的估计和检验均有多种方法，鉴于本节的主题在于讨论其应用，仅对其估计和检验方法进行非技术性的总结。

参数分位数回归模型运用线性规划方法估计对应于不同分位数的未知参数，主要的算法有：①单纯算法（Simplex Method），从一个随机选取的顶点出发搜寻外切多边形的边界，直到找到最优点（Koenker and d'Orey，1987，1994），该方法适用于样本量适中的情况。②内点法（Interior Point Method），从外切多边形的一个内点出发，但不出边界，直到找到最优点（Portnoy and Koenker，1997），该方法在样本量较大的情况下计算效率较高。③预处理内点法（Interior Point Method with Preprocessing），通过平滑目标函数来搜寻最优解（Portnoy and Koenker，1997）。④平滑法（Smoothing Method），兼顾了运算效率和速度（Chen，2004）。对于非参数分位数回归模型，Yu 和 Jones（1998）提出了条件分布估计的双核方法（Double-kernel Zpproach）。关于半参数分位数回归模型估计的讨论见 Cole 和 Green（1992）、Koenker 等（1992）和 Yu（1999）的研究。

置信区间估计的方法主要有：①直接估计法（Direct Estimation），根据回归分位系数的渐进正态性来计算置信区间（Koenker and Bassett，1978）。②秩得分方法（Rank Score Method），Gutenbrunner 等（1993）提出了独立同分布误差模型的秩得分方法，Koenker 和 Machado（1999）将其扩展到位置-规模回归模型。③重复抽样方法（Resampling Method），主要包括 Parzen、Wei 和 Ying（1994）提出的 Bootstrap 算法，He 和 Hu（2002）提出的 MCMB（Markov Chain Marginal Bootstrap）算法以及 Bose 和 Chatterjee（2003）提出的广义 Bootstrap 算法。上述方法各有优缺点，表 9-1 对这些方法进行了简单比较。

表 9-1　分位数回归中置信区间估计方法的比较

	直接估计法	秩得分方法	重复抽样方法
渐进有效性	满足	某些模型满足	满足
稳健性	在有限样本情况下对平滑的选择比较敏感	参数估计值稳定，在违反模型假定的情况下能得到稳健的参数估计量	小样本情况下的参数估计值不够稳定
计算效率	有效率	处理大型数据比较慢	MCMB 算法处理高维数据效率较高

资料来源：笔者根据相关资料整理。

分位数回归常用的参数显著性检验方法主要有 Wald 检验（Bassett and Koenker，1982）和秩检验（Gutenbrunner et al.，1993）；关于分位数回归模型的拟合优度检验见 Koenker 和 Machado（1999）、He 和 Zhu（2003）以及 Wilcox（2008）等的文献。

二、分位数回归在技术经济领域中的应用

尽管分位数回归有着显著的优点，但其计算方法较为复杂，因此分位数回归起初并没有像条件均值回归一样迅速发展和普及。就分位数回归方法在技术经济学研究中的应用来看，近年来在技术创新研究、技术外溢研究以及技术效率研究方面已经有过不少实证研究。

（一）技术创新方面的应用

正如 Ebersberger 等（2010）所言，技术创新方面的研究往往更关注极少数的创新明星（Rare and Star Innovators），分位数回归正是非常合适的研究工具。

Coad 和 Rao 在两篇文章中分别研究了创新对企业市场价值的影响、创新对企业成长（Firm Growth）的影响。Coad 和 Rao（2006）指出，考虑到企业是异质的，采用传统的回归方法分析创新对于一般企业（The Average Firm）的"平均效应"是不合理的，通过分位数回归法进行的研究显示，创新活动对处于条件分布不同位置的市场价值产生不同影响：对于托宾 Q 值小的企业，

股票市场几乎不能识别其创新努力；而对于托宾 Q 值大的企业，市场价值对于其创新高度敏感。Coad 和 Rao（2008）在另一研究中分析了创新对企业成长的影响。他们认为，企业的成长率呈现重尾分布，而且高成长率的企业不是异常样本（Outliers）而是研究更应该关注的，传统的回归方法往往认为创新对于企业成长的"平均效应"很小而且不显著，因此传统的回归方法在这里并不适用；他们采用分位数回归方法进行研究，发现与一般企业相比创新对于成长最快的企业更为重要。Ebersberger 等（2010）研究了研发支出对于企业创新收益的影响，采用 OLS 估计的结果显示研发支出促进了企业创新收益，而采用分位数回归得出了更丰富的信息：研究显示研发支出对于 45%～70% 分位数附近的企业（即创新收益为中等水平的企业）的正效应尤其明显，在条件分布的下尾，研发支出的影响并不显著；而在条件分布的上尾，研发支出的回报开始下降。类似的研究还有 Ejermo 和 Gråsjö（2008），Zimmermann（2009），Hölzl（2009），Falk（2010），Spithoven、Frantzen 和 Clarysse（2010）等。一言蔽之，这些研究都显示了分位数回归与最小二乘法相比有着诸多优点。

国内采用分位数回归方法的主要有朱平芳和朱先智（2007）、张信东和薛艳梅（2010）等的相关研究。朱平芳和朱先智运用分位数回归方法估计带惩罚（Penalized Quantile Regression Method）的非参数回归模型，以上海大中型工业企业为样本，检验了熊彼特"企业规模越大越有利于创新"假设的适用性。张信东和薛艳梅分析了研发支出对公司成长性的影响，研究表明，研发支出对高速成长公司的影响要大于成长速度较慢的公司。

（二）技术外溢方面的应用

Dimelis 和 Louri（2002）分析了跨国公司所有权结构对技术外溢的影响，由于发现因变量生产率呈现右偏分布，因此研究采用了分位数回归方法：首先可以避免长尾分布下采用传统估计方法可能导致的偏误，其次使得研究能够关注处于条件分布不同位置的生产率所受因变量影响的差异。Girma 和 Görg（2005）指出，对于技术外溢的研究往往采用条件均值模型（OLS 估计或 GMM 估计），所暗含的假定是：其他条件相同的情况下，所有企业从技术外溢获益的程度相同；而他们采用分位数回归法研究发现，在全要素生产率条件分布的不同位置上 FDI 的溢出水平存在差异。Audretsch、Lehmann 和 Warning（2005）研究了大学的知识外溢对高新企业选址的影响，由于自变量的分布呈现高度偏态，他们选用了分位数回归方法；OLS 估计的结果显示大学的知识外溢对高新企业选址的影响并不显著，而分位数回归则表明知识外溢机制（研究或人力资本）、外溢的知识类型（自然科学或社会科学）都影响到高新企业的选址。Bulut 和 Moschini（2009）分析了美国大学实行专利和许可的经济效益，由于学校的净收入呈现高度的偏态分布，研究没有采用传统的条件均值回归，而是采用了条件分位数回归方法。研究发现，没有医学院的公立大学在所有分位数点下经济效益表现都较差，而其他类大学（私立大学和有医学院的公立大学）仅在 0.9 分位数点以上有着很一般的经济效益表现。类似的研究还有 Ito（2004），Girma 和 Görg（2007），Cassiman 和 Golovko（2007），Békés、Kleinert 和 Toubal（2009），Yaşar 和 Paul（2009）等。

国内类似的研究主要有孙文杰和沈坤荣（2007）、涂涛涛和张建华（2007）等，孙文杰和沈坤荣采用分位数回归分析了技术引进对国内企业自主研发和技术创新的影响，研究发现，技术引进对中等技术创新强度的内资企业技术创新的促进作用较明显。

（三）技术效率方面的应用

Hendricks 和 Koenker（1992）最早提出了将分位数回归方法应用于前沿生产模型估计的可能性，原因在于前沿生产模型关注的是随机生产面的极端分位点（Extreme Quantiles）。目前所广泛采用的随机前沿分析方法中，非效率项（Inefficiency Term）和噪声项（Noise Term）的分布必须满足较强的假定，在经验研究中往往会出现误差项的异方差问题；相比之下，分位数回归是估计 Farell 技术效率更为简便、稳健的方法（Behr，2010）。

Bernini 等（2004）指出，传统的随机前沿方法是条件均值估计而不是前沿分析所需要的极大值估计（Maximal Value Estimation）；给定投入品向量 X 的条件下描述最大产出 y，这一问题等同于估计条件分布 $y \mid X$ 最高分位数点上的技术方程，分位数回归能够分析不同效率水平下的技术关系，因此分位数回归是合适的方法。Bernini 等（2004）研究了意大利旅馆业的生产技术特点，处于条件分布低分位点（技术效率较低）的酒店，劳动回报高于资本回报；而处于条件分布高分位点（技术效率较高）的酒店，资本回报高于劳动回报；研究还表明随着旅馆的效率增加，规模报酬下降，而传统的方法由于对于非技术效率项的设定偏误而高估了规模报酬。Liu、Laporte 和 Ferguson（2008）采用 Monte Carlo 模拟比较了 SFA（The Stochastic Frontier Analysis）方法、DEA（Data Envelopment Analysis）方法以及 0.8 条件分位数回归在估计效率时的表现（不同于 Bernini 等（2004），他们的生产函数并不随着产出的分位数点变化而变化），研究发现，SFA 对于技术非效率项的分布假定非常敏感，DEA 方法则对等产量线上的极端值比较敏感，而 0.8 条件分位数回归是表现最好的方法；但是，0.8 分位数点只是他们的随意选择（尽管不影响他们的这一研究），最优分位数点的选择是有待进一步研究的问题。

在确定型前沿模型（Deterministic Frontier Model）方面，DEA、FDH（Free Disposal Hull）等传统的非参数前沿模型估计方法对极端值或异常值非常敏感，而分位数回归方法以稳健性著称，这使得分位数回归方法在确定型前沿模型估计方法的创新上也有用武之地。Aragon、Daouia 和 Thomas - Agnan（2005）提出了确定型生产前沿的非参数条件分位数估计方法，数值模拟以及实证研究结果显示，与标准的 DEA、FDH 等方法以及 Cazals 等（2002）的非参数均值估计方法相比，在极端值情况下该方法更稳健。Martins-Filho 和 Yao（2008）则进一步提出了平滑非参数条件分位数估计方法（Smooth Nonparametric Conditional Quantile Estimation），并通过 Monte Carlo 模拟和实证研究说明了该方法的估计量优于 Aragon 等（2005）的方法的估计量。

采用分位数回归方法研究技术效率的影响因素则相对少见，Chidmi、Solis 和 Funtanilla（2010）的研究填补了这一空白。Chidmi 等采用分位数回归方法分析了威斯康星州牛奶场的技术非效率水平（The Level of Technical Inefficiency）决定因素，他们指出了现有研究往往假定技术非效率水平的决定因素对于所有农场的影响是相同的，而他们的研究试图检验如下假说：由于每个牛奶场与生产前沿的距离不同，这些决定因素对不同的牛奶场产生不同的影响。为了在研究中考虑农场的异质性（Heterogeneity），他们提出了两步法：首先估计 C-D 生产函数和技术效率水平，其次采用分位数回归方法分析牛奶场规模、农场主收入、政府转移支付和非家庭劳动力（Non-family Labor）等因素对技术效率水平的影响。他们的研究结果证实，在分析技术效率的决定因素时必须考虑农场的异质性。

除了分位数回归方法在上述三个研究领域的应用之外，其他方面的研究主要有技术采用问题、生产率问题等。Adhikari、Mishra 和 Chintawar（2009）采用分位数回归法分析了年轻的农场主和农场主"新手"（Young and Beginning Farmers, YBFR）选用转基因作物对他们的农场利润分布的影响，研究显示转基因玉米的选用降低了高分位点（处于利润的条件分布高端）的农场利润，转基因棉花的选用则增加了农场利润。何刚和陈文静（2008）采用分位数回归法分析了1994~2005年中国各区域和各省区市的公共资本和私人资本在各分位点的产出弹性差异。魏下海（2009）则分析了在条件分布不同位置的全要素生产率如何受到贸易开放和人力资本的影响。

第五节　空间计量模型及其在技术经济领域的应用

一、模型的基本原理与估计方法

（一）基本原理

空间经济计量学的基本思想是将经济单位间（如地区或企业）的相互关系引入模型，对基本线性回归模型通过一个空间权重矩阵 W 进行修正。根据模型设定时对"空间"的体现方法不同，空间经济计量模型主要分成两种类型：一种是空间滞后模型（Spatial Lag Model, SLM），主要用于研究相邻机构或地区的行为对整个系统内其他机构或地区的行为产生影响的情形。另一种是空间误差模型（Spatial Error Model, SEM），模型中机构或地区间的相互关系通过其误差项体现，当机构或地区之间的相互作用因所处的相对位置不同而存在差异时，则采用这种模型。

空间滞后模型主要是探讨各变量在一地区是否有扩散现象（溢出效应）。由于 SLM 模型与时间序列中自回归模型类似，因此 SLM 也被称作空间自回归模型（Spatial Autoregressive Model, SAR）。其模型表达式为：

$$y = \rho W_y + X\beta + \varepsilon \tag{9-29}$$

式中，参数 β 反映了自变量对因变量的影响，空间滞后因变量 W_y 是 $n \times n$ 阶的空间权重矩阵，即 n 个机构或地区之间相互关系网络结构矩阵，反映空间距离对区域行为的作用。

空间误差模型存在扰动误差项之中的空间依赖作用，度量了邻近地区关于因变量的误差冲击对本地区观察值的影响程度。由于 SEM 模型与时间序列中的序列相关问题类似，也被称为空间自相关模型（Spatial Autocorrelation Model，SAC）。其表达式为：

$$y = X\beta + \varepsilon \qquad (9-30)$$

$$\varepsilon = \lambda W_\varepsilon + \mu \qquad (9-31)$$

其中，ε 为随机误差项向量，y 为 $n \times 1$ 阶的截面因变量向量的空间误差系数，μ 为正态分布的随机误差向量。参数 β 反映了自变量 X 对因变量 y 的影响。参数 λ 衡量了样本观察值中的空间依赖作用，即相邻地区的观察值 y 对本地区观察值 y 的影响方向和程度。

（二）估计方法

鉴于空间回归模型中自变量的内生性，对于上述两种模型的估计如果仍采用 OLS，系数估计值会有偏或者无效，需要通过 IV、ML 或 GLS、GMM 等其他方法来进行估计。Anselin（1988）建议采用极大似然法估计空间滞后模型和空间误差模型的参数。判断地区间创新产出行为的空间相关性是否存在，以及 SLM 和 SEM 中哪个模型更恰当，一般可通过包括 Moran's I 检验、两个拉格朗日乘数形式 LMERR、LMLAG 及其稳健的 R-LMERR、R-LMLAG 等形式实现。

由于事先无法根据先验经验推断在 SLM 和 SEM 模型中是否存在空间依赖性，有必要构建一种判别准则，以决定哪种空间模型更加符合客观实际。Anselin 和 Florax（1995）提出了如下判别准则：如果在空间依赖性的检验中发现 LMLAG 较之 LMERR 在统计上更加显著，且 R-LMLAG 显著而 R-LMERR 不显著，则可以断定合适的模型是空间滞后模型；相反，如果 LMERR 比 LMLAG 在统计上更加显著，且 R-LMERR 显著而 R-LMLAG 不显著，则可以断定空间误差模型是恰当的模型。

二、空间计量模型在技术经济领域中的应用

空间计量经济模型被广泛地应用于房地产价格、贸易与环境、经济增长趋同等问题的研究。在技术经济学研究中，空间计量经济模型主要用于研究空间知识溢出和生产率问题。

（一）知识溢出研究中的应用

知识积累和溢出是内生增长理论的重要论题，知识溢出的地理范围是相关的重要研究问题。地理距离在知识溢出的过程中的影响作用是研究的热点。

Jaffe（1989）最早研究了大学研究对于商业研发的空间溢出效应，他构建了地理一致性指数在模型中反映地理效应，并采用传统的计量经济学方法进行研究。随后的研究大多沿用了 Jaffe 的方法。

由于相邻空间单位上的截面数据可能存在空间自相关性和空间依赖性等空间效应，空间计量经济模型是研究该问题的有效方法（Anselin et al.，1997）。空间计量经济模型逐渐成为知识外溢研究中最常用的方法，这些研究主要包括以下三类：

第一类研究讨论空间距离对知识溢出的影响。Anselin 等（1997）将 Griliches-Jaffe 知识生产函数扩展为"地理"知识生产函数（"geographic"KPF），采用美国州级与市级统计数据和空间计量模型进行估计，分析了美国大学研究对于高新技术研发的空间溢出效应，研究证实了大学研究与高新技术之间存在空间外部性。Anselin 等（2000）随后又采用了产业级别的统计数据扩展了原来的研究，主要的研究结论是大学研究的空间溢出效应在不同的部门存在显著差异，空间外部性限于某些特定的产业。类似的研究如 Varga（1998，2007）、Fischer 和 Varga（2003）、Bode（2004）等。

第二类研究讨论知识外溢对全要素生产率的影响。例如，Abreu、de Groot 和 Florax（2004）采用 1960~2000 年 73 个国家的数据集，以考虑空间效应 Nelson - Phelps 模型为基础，实证研究了知识外溢对全要素生产率的影响，研究显示，人力资本的水平值和增长率对于 TFP 增长率都有非常显著的正向影响，国家之间的知识溢出有着空间特性。Fischer、Scherngell 和 Reismann（2009）分析了跨地区知识外溢对欧洲全要素生产率的影响，因变量为区域水平的 TFP，自变量为区域内和区域外的知识存量，为了控制空间自相关和异质性，研究采用了空间面板数据模型。研究证实，知识资本可以导致地区之间生产率差异，知识外溢对 TFP 的影响随着空间距离的接近而增加。

第三类研究则讨论不同类型的知识溢出：Jacobs 溢出（产业间溢出）和 Marshall 溢出（产业内溢出）。例如，Paci 和 Usai（1999）采用空间回归模型分析了 Jacobs 外部性和 Marshall 外部性对意大利企业创新活动空间分布的影响。Autant-Bernard 和 LeSage（2010）采用 1992~2000 年法国专利和研究支出的面板数据，采用贝叶斯空间 Tobit 回归模型估计知识生产函数，分析了地理距离对知识 Jacobs 外部性和 Marshall 外部性的影响。研究显示，随着空间距离增加，Jacobs 外部性比 Marshall 外部性下降得更快。

（二）生产率研究中的应用

空间随机前沿模型方面，Barrios 和 Lavado（2010）根据模型的可加性提出了空间随机前沿模型的估计方法，研究显示该方法优于极大似然估计法，因此，空间项或时间－空间项的引入能够改进生产前沿的估计。Schmidt 等（2009），胡晶、魏传华、吴喜之（2007），林佳显、龙志和和林光平（2010）等都讨论了空间随机前沿模型及其估计方法。

生产率收敛研究方面，Le Gallo 和 Dall'erba（2008）分析了 1975～2000 年欧洲 145 个区域劳动生产率差异，研究考虑了空间效应并采用产业级别的统计数据，结果显示，服务业劳动生产率呈现 σ 收敛，中心区域和外围区域的收敛速度和空间效应各不相同。Le Gallo 和 Kamarianakis（2011）分析了 1975～2002 年欧盟的区域生产率差异，研究采用偏离－份额分析法和空间计量经济学相结合的方法，即对偏离－份额分解结果进行时间－空间计量经济学分析，研究发现，生产率的空间模式发生了较大的变化，生产率的空间集聚度下降。类似的研究还有 Dall'erba（2005）、Fotopoulos（2008）等。Fingleton（2007）运用城市经济学和新地理经济学理论解释了欧盟各区域之间制造业生产率增长差异的原因，并采用多方程空间计量经济模型进行了实证分析。

第十章　系统模拟类典型方法和工具

内容提要

　　除了计量分析工具外，均衡模拟类方法在技术经济相关领域中的应用也比较充分。这些均衡模拟类方法，既包括传统的投入产出分析，也包括主流经济学中常用的可计算一般均衡方法以及基于主体的微观模拟仿真。此外，围绕资源能源节约和物质循环利用而发展出的能源物质流核算也算是一种均衡分析方法。本章将对可计算一般均衡、基于主体的微观模拟仿真和能源与物质流核算这三种较为前沿的方法工具及其在技术经济领域中的应用进行简要介绍。

第一节　可计算一般均衡及其在技术经济领域的应用

一、可计算一般均衡模型概述

　　CGE 模型是建立在一般均衡理论基础上，主要对政策变动及外部冲击效应进行模拟的一种有效工具。与其他分析工具相比，其最大的特点是将国民经济各组成部分和经济循环的各个环节都纳入到一个统一的框架下，并据此分析外部冲击产生后，经济体各部分经过不断反馈和相互作用后达到的最终状态。为理解 CGE 模型的一般原理，首先要了解一般均衡分析方法。

　　（一）一般均衡与局部均衡

　　微观经济中市场行为的分析通常都是局部均衡分析（Partial Equilibrium），它在讨论某个市场的供求关系发生变化（均衡状态也同时变化）时，假定这种变化不会对其他市场产生影响，当然也不考虑其他市场的变化对原有市场均衡产生的影响。简单地说，就是"假定其他条件不变"（Ceteris Paribus）。

　　一般均衡分析与局部均衡分析最大的区别在于，前者强调经济体中各市场和主体（指厂商、消费者等）之间的相互作用，而现实经济中各种市场、各个主体之间恰恰是密切相关和相互影响的。从这一点看，一般均衡分析似乎更能反映整个经济活动的全貌。例如，假定一国政府为保护本国电视机而提高进口电视机的关税。按照局部均衡分析，关税提高的结果是进口电视机的均衡价格将上升，同时对它的需求量将减少。如果从一般均衡的角度分析，对进口电视机需求的减少将进一步导致作为替代物的国产电视机需求的增加以及国产电视机价格的上升；而国产电视机价格的上升又会导致对进口电视机需求的回升。如此反复，直至两个市场同时达到新的均衡。当然，现实经济中与进口电视机市场有关联的还不止国产电视机市场。要确定提高关税对进口电视机市场的影响，从理论上说应通过对一个联系市场中所有市场的联立方程组进行求解才能真正实现。

　　作为现代经济理论的核心，一般均衡理论的思想来源于亚当·斯密"看不见的手"的著名论断：在一个分散决策的经济中，追求个人最优的行为会在价格调节下实现社会最优的资源配置，或者说行为人追求个人最优的决策通过价格机制达到相互间的均衡。亚当·斯密在《国富论》中写道："确实，他通常既不打算促进公共的利益，也不知道他自己是在什么程度上促进那种利益……他只是盘算自己的安全…在这种场合，像在其他许多场合一样，他受着一只看不见的手的指导，去尽力达到一个非他本意想要达到的目的……他追求自己的利益，往往使他能比在真正出于本意的情况下更有效地促进社会利益。"

　　瓦尔拉斯（Walras）在1874年发表的《纯粹经济学要义》中正式提出了一般均衡的概念。瓦尔拉斯认为，消费者和生产者的极大化行为在一定条件下能够并将导致该经济体系每个产品市场和生产要素市场的需求量与供给量之间的均衡。瓦尔拉斯还将上述一般均衡思想用一组方程式表达出来。

　　采用一般均衡分析方法的一个最重要前提是必须能够证明所考察的经济体中存在一般均衡状态。因此，自瓦尔拉斯以来直至20世纪50年代，一般均衡的研究主要是证明均衡状态的存在性。

　　瓦尔拉斯本人的证明较为粗糙。在他构造的方程组中所包含（独立的）方程的个数与未知数的个数相等，据此他推断方程组存在唯一的一组解，也就是说，可以找到一组价格使得整个经济中各市场同时处于均衡状态。这种证明存在两个缺陷：一是变量个数与（独立的）方程个数相等只有在方程为线性方程的情况下才能得出唯一的一组解，否则并不一定能保证联立方程组存在解；二是即使找到满足联立方程组的一组解也不能证明一般均衡状态就一定成立，因为一组解中有些可能是负数，而负价格在经济中是没有意义的。

20 世纪 40 年代末期及 50 年代，数理经济学家们运用更加抽象的数学工具如集合论、拓扑学等精炼了瓦尔拉斯的思想，并用角古静夫不动点定理证明了在有限经济中存在符合帕累托最优的均衡价格。其中，阿罗（Arrow）和德布鲁（Debru）对一般均衡点的存在性、稳定性和唯一性给出了严格的证明，成为 20 世纪 50 年代理论经济学的里程碑式成果。

（二）可计算一般均衡（CGE）的基本原理

阿罗（Arrow）和德布鲁（Debru）的工作使一般均衡理论形成了比较完整的体系，但其证明是非构造性的，只能证明均衡价格的存在性，而不能告诉人们如何找到均衡价格，因此还无法直接应用于实际。可计算一般均衡模型正是针对一般均衡理论过于抽象、难以用于政策研究的特点而产生的。

可计算一般均衡模型将一般均衡理论进行简化，使各种主要商品的价格和数量都可以通过模型计算出来。概括地说，就是用一组方程描述供给、需求以及市场关系（供求关系），在这组方程中不仅商品和生产要素的数量是变量，所有的价格，包括商品价格、工资等也是变量。在一系列优化条件（生产者成本最小化、利润最大化，消费者效用最大化、进口收益利润最大化、出口成本最小化等）的约束下求解该方程组，得到各市场都达到均衡时的一组数量和价格。

可计算一般均衡模型通过对生产供给和最终需求进行详细的数量化描述，使其自身成为具有计量、模拟和演示控制功能的模型，并为完整、系统地刻画国民经济系统提供了一个框架。其基本构成可以归纳为三个部分，即供给部分、需求部分和供求关系部分。

在供给部分，模型主要对商品和要素的生产者行为及其优化条件进行描述，其中包括生产者（厂商）的生产函数、约束方程，生产要素的供给方程以及优化条件方程等。生产函数和约束条件的设定应基于对现实经济的抽象，并适当考虑方程求解的难易程度。通常，厂商的生产成本最小化可以作为供给函数设定和求解的基本原则。

在需求部分，一般把总需求分解为最终消费、中间产品和投资品三部分，把消费者分为居民、企业和政府三类。模型主要是对消费者行为及其优化条件进行描述，包括消费者的需求函数、约束条件，生产要素的需求函数，中间产品的需求函数及其优化条件。需求部分涉及的主体是消费者，因此总需求需要在消费者的效用函数和效用最大化的原则下确定。

市场是联结供求双方的主要渠道。在模型供求关系部分，主要对市场均衡以及与之关联的预算均衡进行描述。包括产品市场均衡、要素市场均衡、居民收支均衡、政府预算均衡和国际市场均衡等①。

上述供给、需求函数通过供需平衡方程联结在一起，构成了反映整个经济各部分同时处于均衡状态的方程组，通过设定相关参数，代入实际数据，并用特定的算法求解方程组，可以得到该均衡状态下各市场总需求、总供给以及价格的具体解。得到的方程组的解可看作是一组基准解，在此基础上根据具体需要，对某些政策变动后形成新的均衡做出模拟，将模拟结果与基准均衡相对比，便能分析政策变动给经济中各部分带来的影响，为是否实施新政策提供决策参考。

(三) CGE 模型发展概况

CGE 模型的最早原型是 20 世纪 30 年代列昂惕夫的投入产出模型。该模型成功地反映了部门间的关联以及产品价格与要素价格间的联系，对后来 CGE 模型的发展产生了极大影响。自列昂惕夫之后，以投入产出模型为基础的多部门经济模型被广泛应用于发展计划和政策分析。当然，投入产出模型中假定成本是线性的，技术系数是固定的，而且将最终需求看作是外生给定的，因此不能算作是真正意义上的一般均衡模型。但就投入产出模型反映经济体中各部门之间的相互关联而言，该模型已具备了一般均衡的基本思想。

1960 年，约翰森（Johanson）构造了一个描述挪威经济的模型。该模型的结构比较简单，包括 20 个成本最小化的产业部门和一个效用最大化的家庭部门。对于这些行为优化主体来讲，价格对他们的消费和生产决策起着重要作用。模型在确定价格时使用了市场均衡假定，并最终得到对家庭收入弹性的估

---

① 实际上，由于库存、失业、赤字等的存在，CGE 模型并非如一般均衡理论所要求的那样同时达到这些均衡，而只能是有条件的均衡。

计和关于挪威多部门增长的数量结果。在模型的求解上，约翰森采用了把非线性方程简化分割成线性方程的计算思路，在计算方法上利用了简单的矩阵求逆算法。该模型被认为是第一个真正意义上的 CGE 模型。

20 世纪 60 年代末期，斯卡夫（Scarf）开创性地设计了关于均衡价格的计算方法，该算法具有确定的收敛性，可以在有限的步骤内得到确定解。70 年代初，其学生肖温（John Shoven）和惠利（John Whalley）也都成为 CGE 领域的主要研究者。

总体上说，在 20 世纪 60 年代 CGE 模型的研究并不活跃，因为当时以整个经济为对象的大规模经济计量模型正处于鼎盛时期，经济计量方法所倡导的"让数据说话"对经济学家似乎更有吸引力。

20 世纪 70 年代以后，CGE 模型开始引起广泛的关注并得到迅速发展，主要有两方面的原因。首先，1973 年爆发石油危机对大型经济计量模型提出了严峻挑战。在以 1973 年之前的数据为基础的计量回归方程中，石油价格的系数是不显著的或者为零，也就是说，在宏观计量模型中，石油价格不是决定经济活动的重要因素。在经济整体处于较平稳状态时，以此进行预测固然能取得较好效果，但一旦面对石油危机，其预测精度大大降低。相比宏观经济计量模型，在一个较为细致的 CGE 模型中，石油投入是生产函数中的变量。通过成本最小化运算，石油价格的上涨和其他投入品的价格上涨都会作用于 CGE 模拟的经济活动。可以说，石油危机的爆发提高了人们对 CGE 模型的兴趣。

其次，从 20 世纪 70 年代到现在，正是电子信息技术飞速发展的黄金时期。而 CGE 模型技术的发展，也是在这几十年间电子计算机迅速发展和应用的基础之上完成的。在这 40 多年间，CGE 模型在算法、应用以及专门的应用软件等方面都取得了巨大的发展。模型中涉及的部门、主体、地区的划分也越来越细。例如，澳大利亚的 CGE 模型能将经济体细化为 120 个产业部门、56 个地区、280 种职业和几百种家庭。这种详细程度是其他模型方法难以做到的。伴随着 CGE 模型的发展，产生了大量有关的理论、应用及综述的文章和著作，其中具有代表性的学者有：Johansen（1960），Scarf（1967a，1967b），Ballard、Fullerton、Shoven 和 Whalley（1985），Dixon 等（1992，1996），Mansur 和 Whalley（1984），Shoven 和 Whalley（1972，1973，1974，1984，1992），Dixon 等（1992，1996，2002），等等。而我国国内的 CGE 模型研究和应用基本上是从

20世纪90年代中期开始的，其中代表人物包括：国务院发展研究中心的李善同、翟凡等；中国社会科学院数量经济与技术经济研究所的郑玉歆、樊明太、李雪松、贺菊煌等；华中科技大学的王韬、冯珊、周建军等。此外，有关部委也开发或正在开发各自的CGE模型，用来进行政策模拟分析。

二、可计算一般均衡模型在技术经济领域的应用

（一）技术效率研究中的应用

传统CGE模型描述的是一个静态经济体系，在该模型中，不考虑技术进步因素，也不考虑规模收益的变动，这一假设比较适用于一般均衡理论产生初期。但却明显与现实经济相悖。当代经济存在资本集中和技术进步加快的趋势，新技术的广泛采用，使得规模收益不断提高。如何在CGE模型中体现技术进步，将是知识经济时期，CGE模型应用需要解决的重要问题之一。要在CGE模型中讨论技术进步问题，至少需要解决两个问题：①技术进步的定量评价。对技术进步的定量分析归纳起来有三种方法：生产函数法、技术评价法和指标体系法。对于由方程组构成的CGE模型而言，生产函数法是最理想的选择。许多经济学家在利用生产函数对技术进步进行分析方面做了大量工作，其中以生产函数为框架配合时间序列数据测算技术进步对经济的影响以及索洛于1957年提出的技术进步的"余值法"，都为在CGE模型中体现技术进步提供了理论与实践上的依据。②模型的动态反应。由于在CGE模型中引入技术进步因素，要讨论至少两个时期的经济境况，以便于进行技术进步的对比研究，这就必然要求建立动态的跨期CGE模型。

CGE模型中，通常在技术效率研究中考虑技术进步的方法是引入自发技术效率改进（Autonomous Efficiency Improvement，AEI）因子，只反映外生的技术进步对生产效率的影响。而在实际的经济系统中，生产效率受到价格等诸多因素的影响，经济系统和部门层面的实际技术效率变化事实上已经综合了外生的AEI和内生的各种效应的变化结果。如果CGE的研究只考虑技术效率外生变化的影响，那么可以在CGE模型中所有部门的生产结构中对某一投入要素或者全要素生产率引入AEI因子，处理方法与式（10-1）相同。一般为简单起见，模型假设外生技术进步是"一次完成"的，不涉及时间和资本存量的调整以及相关成本。例如在一般均衡的框架中考察能源效率变化的影响，假

设能源效率变化率为 g，能源投入量为 E 和实际利用能值为 ε，如式（10-1）所示，对于最终实际利用的能值而言，能源效率提高 1% 的效果等同于能源投入量增加 1%。

$$\varepsilon = g + E \qquad (10-1)$$

CGE 模型中的生产技术可以使用中间投入、资本、劳动、土地和能源的多层嵌套的常替代弹性（Constant Elasity of Substitution，CES）生产函数来描述，特殊的部门（没有中间投入或没有增加值投入的情况）在总产出层次上使用 Leontief 生产函数进行描述。典型的生产结构如图 10-1 虚线框中所示。

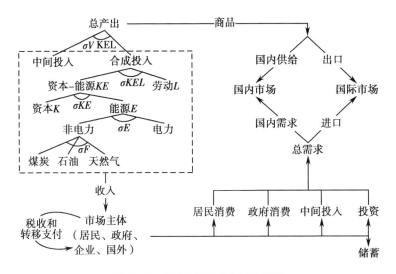

图 10-1 CGE 模型基本结构框架

资料来源：课题组整理并编制。

（二）技术溢出效应研究中的应用

技术溢出效应研究主要考察发展中国家进口贸易能否产生技术外溢，从而促进进口国的技术进步或生产率的提高。尽管进口贸易作为技术溢出的一个渠道得到了一定的认同，进口贸易的技术外溢效应也为大量实证研究所证实，但学者们逐渐发现，即使同样的技术传递到发达国家和发展中国家，其产生的技术外溢效应明显不同，即进口贸易技术溢出效应的产生要受到一些因素的影响。进口商品技术溢出大致受以下五个因素的影响：进口渗透率、人力资本、贸易开放度、政府管制和国家的经济发展水平。Gouranga（2000）构造了一个包括 3 个地区、6 种贸易商品的 GTAP 模型，考察了影响进口贸易这种物化型技术溢出效应产生的因素，研究结论表明，技术移入国的技术吸纳能力、进口贸易量和其产业结构是否与技术溢出国相似等因素共同决定了此国能否成功地获得国外先进技术。

CGE 模型中研究技术溢出效应的基本假设是技术知识是通过贸易传递的，即双边贸易产生知识溢出，也即将出口区创造的发明传输到进口区，进口区的知识资本由此得到提高。能否充分利用国外技术存在两种主要约束：其一，进口区必须有能力吸收由出口区开发的知识，对知识的吸收能力取决于进口区的人力资源、研究水平、知识基础和自身的创新能力等，如果一个国家的吸收能力低，将只能部分地理解和利用外来技术。其二，知识的特点具有国家偏向性。

国际贸易品是地区间技术溢出的载体，技术溢出能否有效提高生产力取决于吸收技术溢出方的吸收能力（AC）和贸易双方的结构相似性（SS）。AC 由双边的人力资本指标表示国家 A 对国家 B 的知识的吸收能力。另一个双边指标 SS 是基于贸易双方的要素分配比例的相似性建立的指标，但与 AC 不同的是，SS 是对称的。上述两个指标共同决定了一个国家对有效吸收技术溢出的"生产效率"参数。实际上，AC 指标不仅取决于人力资本，还取决于其他众多要素，例如基础设施、学习效应、本国的 R&D 水平等。

在 CGE 模型中，技术溢出效应可以采用技术传输方程表示，该方程含有与进口区相关的 AC 参数和与贸易双方都相关的 SS 参数。X_{rs} 是从 r 出口到 s 的原材料，Y_s 是 s 地区内原材料生产的产品。吸收能力参数 AC_s（$0 \leqslant AC_s \leqslant 1$）和结构相似指标（$0 \leqslant SS_{rs} \leqslant 1$）共同决定了 s 地区获得的由 r 到 s 的技术溢出效率：

CGE 模型中的生产技术方程为：

$$QVA_{s,\,a} = ava_{s,\,a} \times \Big(\sum_f dva_{s,\,f,\,a} \times QF_{s,\,f,\,a}^{-rva_a} \Big)^{-1/rva_{s,\,a}} \tag{10-2}$$

技术溢出水平方程为：

$$ava_s = (X_{rs}/Y_s)^{1-AC_s \cdot SS_{rs}} \cdot ava_r \tag{10-3}$$

（三）新技术和新产业发展研究中的应用

随着新技术和新产业的发展，其对经济的影响越来越引起人们的关注。

对于新技术或技术的重大变化对宏观经济的影响问题的研究，是 CGE 模型在技术经济学应用的新领域。在一个 CGE 模型中，生产函数描述的技术包含现有知识条件下的要素组合，组合根据要素相对价格的变化而变化。以交通工具为例子的话，自行车、汽车、火车、飞机甚至是马和马车，所有这些交通工具替代品都是在现有技术条件下消费者根据相对价格进行选择的。那么新技术，主要包括不是现在的任何价格相对合理设置就能够实现的生产可能性。因此，化石、水电、核电和常规风力发电都可包含在目前的技术组合中，如果融合新一代的风力发电或生物能发电技术，则意味着在基本的 CGE 模型中，原有的电力部门的总生产函数会发生改变。如果总生产函数是狭义地代表目前唯一的可能性，那么，技术变化涉及的成本函数的形式，要么允许降低固定生产要素价格，要么进一步扩大替代的可能从而扩大利用各类要素的可能性以实现投入价格的变化。在实际的应用建模中，CGE 模型可能包括对当前和新的技术可能性的组合。

CGE 模型中的弹性参数以及从 SAM 表中计算得到的份额参数是描述各部门的技术特征的主要技术参数。弹性参数在实证估计的基础上对过去的经济表现和发展规律做出描述，但受限于经验数据和专家判断。因为 CGE 模型用来分析不同均衡水平或时间跨度的问题，需要在对新技术的分析上既反映对当前技术的替代可能性，又需要考虑可能改变科技进步的技术研发。

除弹性参数能在一定程度上反映新技术可能性以外，CGE 模型还包括两个导致技术变革的外生因素。首先，经济增长不能只由劳动力和资本积累的增长解释，一个始终存在的剩余生产率因素可以归因于技术进步，尽管这一余值也可能反映了其他变化。对这一余值无论是作为一个全要素生产率的变化，还是劳动生产率的提高，都可能作为经济变化的主要决定因素影响着未来的预测和各个方面的政策，技术的变化在决定这一余值的过程中起到了相当重要的作用。其次，技术的变化未必都是由要素相对价格的变化所诱致的，例如 20 世纪许多国家经历了长期的 GDP 能源强度的下降，而且同时伴随着能源价格的下降，因而价格不是引导节能技术进步的唯一因素，还可归因于管理和制度的改进、政府主导的技术创新等因素。由于这类技术变化的起源复杂，通常情况下，这种现象反映在模型中是一个单位要素投入所反映的生产力贡献增大，即要素的自主效率参数是指 CGE 模型。

第二节　基于主体的微观模拟仿真及其在技术经济领域中的应用

一、基于主体的微观模拟建模基本原理

可计算一般均衡模拟模型建立在主体理性假设基础之上。而现实的经济系统是一个复杂自适应系统（Complex Adaptive Systems，CAS）[①]，其复杂性决定了经济主体的有限理性。这意味着主体行为的决定因素要比完全理性假设下更为复杂，包括主体自身的预期、不同主体偏好差异、主体之间行为互动、对外界环境变化的反应等。将企业（或主体）的生产行为表示为下式：

$$\begin{cases} Y_h = Y_h(A_h,\ A_o,\ K_h,\ L_h,\ F_h,\ I_h,\ I_o,\ TI,\ NTI,\ \cdots,\ \varepsilon_h\mid \overline{E}_h) \\ Y_o = Y_o(A_h,\ A_o,\ K_o,\ L_o,\ F_o,\ I_o,\ I_h,\ TI,\ NTI,\ \cdots,\ \varepsilon_o\mid \overline{E}_o) \end{cases}$$

$$(10\text{-}4)$$

在式（10-4）中，ε 表示其他影响因素，而 $\overline{E}$ 则表示企业主体的有限理性预期。

引入了系统复杂性和主体的自适应性以后，利用以新古典理性人假设为基础的最优化模型很难对主体行为和整个系统进行有效刻画。为解决上述问题，需要引入"基于主体计算经济学"（Agent-based Computational Economics，ACE）作为技术支撑，构建基于主体行为的、具有智能化特征的微观模拟模型。其基本逻辑是，把经济体看作是由自主相互作用主体组成的进化系统；通过强有力的计算方法（人工智能）和计算工具（面向对象编程），编程实现具有适应能力、交流能力、学习能力和自治能力的经济智能主体（Agent）；通过模拟现实经济网络而有机地构建主体间的联系。

在建模过程中，综合运用微观计量方法、问卷调查、演化博弈、行为经济分析等方法和工具，考察分析政府部门、企业及居民在创新过程中可能存在的行为动机、反应方式，研究政府和企业在创新过程中的互动关系。通过对上述

---

① 复杂适应系统（Complex Adaptive System，CAS）理论是由美国的 John Holland 教授于 1994 年在 Santa fe 研究所成立 10 周年时正式提出的。

主体行为进行分析，可以形成一个主体活动情景集。在此基础上，利用"基于主体计算经济学"，构建一个基于主体行为的微观模拟模型。模型中包括政府、企业及居民三类主体，每类主体（尤其是企业）可以细分为多种，每种主体数量可以设定为多个，每个主体都是具有适应性的智能主体。应用著名的分类器系统（Holland，1975）可以对不同政策情景下企业的行为决策进行微观模拟。整个微观模拟的原理如图 10-2 所示，其基本流程是：某项政策的实施相当于给定了某个外部情景；分类器系统自动寻找完全匹配的映射，并根据概率条件确定每个主体的各种对应行为；不同主体之间的行为也会根据设定的行为规则产生交互影响，最终收敛后形成的均衡解便是模拟出的政策效果。

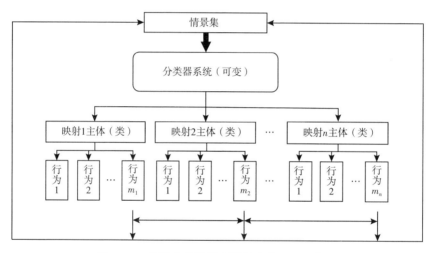

图 10-2　基于主体的微观模拟建模原理示意图

二、基于主体的微观建模在技术经济领域（农业环境评价）中的应用

近年来，基于主体的微观建模在农业环境分析方面得到了较好的应用，并形成了一些农业环境分析方面的集成工具。例如，EMA、Farmsmart 以及 DIALECTE 等（Van der Werf H MG et al.，2007）。最新的学术成果已有基于农户视角而构建的符合我国小农经济特色的农村经济环境变动分析方法。该方法是基于近年来兴起的复杂自适应系统理论的多主体建模技术，不仅使得模型直观、易理解，而且更好地模拟了农民的现实经济行为。此外，模型主体设计包含异质性，因此无须将不同个体的行为整合成平均变量，同时，多主体模型中微观主体可以通过主动适应学习过程而不断调整自身的决策，以有限理性取代

传统的完全理性假设。

（一）系统描述

系统设计了一个 60×60 网格大小的人工村落（表示有 3600 亩可用地），并向其中"投放"了 200 户农户。每户农户具有独特的成员数、贫富程度、年龄、受教育程度、风险偏好等特征，这些都会影响到农户的决策。此外，系统还包括了政府、非农就业市场、农资企业等多类主体。系统模拟以 1990 年为基期，各类参数也依照当时情况或目前数据而反推获得。

这些用计算机程序实现的虚拟农户在人工村落中生存，在已设计的"社会环境"和"自然环境"中从事农业生产、消费或外出就业。农户不断地从环境中进行学习、积累经验并自适应调整自己的行为，以期达到更好的生活状态。系统围绕着表现农户行为决策和农村环境演变的原则进行设计，大致划分为农户生产子系统、农户消费子系统、社会环境子系统和农村环境评估子系统 4 个子系统。整个系统被命名为 SFRE（Swarm-based Framework of Rural Environment）系统，即基于 Swarm 的农村环境分析框架结构，如图 10-3 所示。

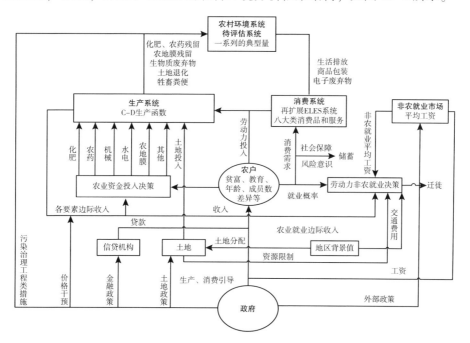

图 10-3 SFRE 仿真系统框架

资料来源：经课题组整理所得。

（二）模型假设

模型边界假设：为了确定模型的研究范围，假设模型的最小边界为农户，采用单一模型；模型的最大边界是指模型的讨论范围只涉及农村内源性环境问题，这些均与农户的生产、消费等行为直接相关。

农户异质性假设：主体异质性假定是多主体模型的突出特点，系统中的每户农户都具有年龄、受教育程度等独特属性并影响其生产、消费和劳动力供给决策及后果，但模型中并不体现性别差异。

不完全理性假设：这一假设中的理性仅指"经济理性"，但此项研究假定农户行为选择包括非经济动因，在追求经济利益的大前提下，行为选择还受文化传统、主观规范的影响。

可分性假设：鉴于对农户生产和消费决策关系描述的困难，这里采用可分性模型。在每个仿真周期，农户首先进行生产决策并进行相关生产，然后根据生产收益再确定这一周期的消费决策。

环境均一化假设：在模型中构成农户所生存的自然环境和社会环境的"人工世界"中，各要素通过全国平均值抽象而得，因此具有均一性。例如，模型中只有一种虚拟作物和虚拟畜禽，其相当于全国主要的农作物和畜禽按比例抽象的平均生物，具有平均生产率和成本。这种简化也是确保模型能够运行，其计算强度和参数测量能够在可接受的范围内的必要假设。

（三）系统时空设置与农户行为规则设计

作为 SFRE 系统主体且生活在一个 60×60 网格大小的人工村落（3600 亩可用地）中的虚拟农户，可以改变自己的性状，离开或回到这个村落。初始时村庄中有 200 户农户居住在村落的中心地带并按成员数每人分配 2 亩地。虚拟农户在不同情况下用不同的颜色标记。除农户外，村落中还存在耕地、荒地和其他土地，以满足政府、农资生产企业等其他主体执行各自功能的需求。

在此系统中，农户的生产、消费和劳动力供给决策都是以年为周期做出的。系统仿真时间的起点，农户的生产要素的投入量、基本消费需求和价格情况对应中国 1990 年的水平，仿真起始时，所有农户均无外地就业而只从事农业生产，因此没有非农经济收入。系统中不存在通货膨胀。

农户是系统中最重要的主体，也是系统模拟的基本单元。农户的基本属性按照文献资料的调查结果给出。在农户模型中，农户行为规则设计不是简单的主体—主体间、主体—环境间的互动，而体现为农户的决策行为流程。在每一个仿真周期，农户决策行为按下述 4 条基本规则执行。

资源配置与约束规则：资源的约束体现在供给不足，如水土资源对农业生产和农户外出就业的影响，资源还包括各种其他生产投入品和消费品。农户决策是基于资源约束下通过对各种资源的合理配置以实现家庭效用最大化。

劳动力供给决策规则：农户估计上一周期农业生产上劳动力投入的边际收益，以此与外地非农就业市场的平均工资进行比较。在综合考虑交通成本、生活成本、就业概率等因素下做出本周期在农业和非农就业市场上劳动力的投入决策。

生产决策规则：农户根据上一周期农业生产和收益情况，确定本周期农业生产投资总额上限并决定农业生产，通过生产函数和利润函数取得当期收益。

消费决策规则：农户依据其人均纯收入水平，通过再扩展的线性支出系统（ELES），确定其在 8 类消费品及服务上的支出和储蓄的比例。

（四）模型设计

SFRE 仿真系统中农户的生产分为种植业生产和养殖业生产。生产系统旨在确定农户生产中的要素投入与产出的关系，从而估计农户生产决策行为的后果，并影响到其下一期决策。种植业生产使用 Cobb – Douglas 生产函数估计，养殖业生产则通过养殖品种、饲养周期、饲养成本等综合考察。

系统中虚拟农户所种植的虚拟作物的产量按统计中粮食、油料、棉花、甘蔗、甜菜、水果 6 类加总估计，该虚拟作物的生产函数设计如式（10-5）所示：

$$Y = e^{\alpha_0 + \alpha_1 d_{age} + \alpha_2 d_{edu}} x_1^{\beta_1} x_2^{\beta_2} x_3^{\beta_3} x_4^{\beta_4} x_5^{\beta_5} x_6^{\beta_6} l^{\beta_7} \tag{10-5}$$

其中，Y 为产量；d_{age} 和 d_{edu} 分别表示农户的年龄和受教育程度（二者均分段取值）；x_1 到 x_6 及 l 分别为化肥投入量、农药投入量、农地膜投入量、农用机械存量、灌溉比例、耕地面积和劳动力投入量；α_0 为常数项；α_1 和 α_2 为效率变量；β_1 到 β_7 为投入要素对应的产出弹性。

由此可得系统中农户种植业生产利润函数：

$$\prod = pf(x_1, \cdots, x_6, l) - \sum_{i=1}^{5} p_i x_i + t \tag{10-6}$$

其中，$\prod$ 为利润，p 为虚拟作物的售价，f 为生产函数，p_i 为第 i 类投入要素的售价，t 为其他固定投入、税费成本或补贴收入。

农户消费系统的设计目标是确定农户在不同收入水平下的消费决策、储蓄和扩大再生产投入的倾向，农户对各类消费品消费量的变化将影响到生活源污染物产生量及构成变化。系统采用 ELES 模型建立农户需求函数：

$$P_i X_i = P_i X_i^0 + \beta_i \left(Y - \sum_{i=1}^{n} P_i X_i^0 \right) + \sum_j \gamma_{ij} D_j Y \qquad (10-7)$$

其中，P_i 为第 i 类消费品的价格，$P_i X_i$ 和 $P_i X_i^0$ 分别表示第 i 类消费品的消费量和基本需求量，Y 为消费者的收入，β_i 为边际消费倾向，D_j 为代表收入等级的虚变量，γ_{ij} 为待估参数，表示不同收入等级的消费者在附加支出上对 i 消费品的边际消费倾向的修正值。对式（10-3）进行变换可得：

$$P_i X_i = \alpha_i + \beta_i Y + \sum_j \gamma_{ij} D_j Y \qquad (10-8)$$

其中，$\alpha_i = P_i X_i^0 - \beta_i \sum_{i=1}^{n} P_i X_i^0$。

对式（10-8）通过多元线性回归得到再扩展 ELES 联立方程组的参数估计值。如采用 1990~2005 年中国农村居民消费的统计数据，通过价格指数换算至 1990 年水平，并增加了 2004~2006 年低收入户数据外的分组数据来弥补缺乏高收入组数据的问题。回归结果显示，农户总基本消费需求约 537 元，总边际消费倾向由低收入户至高收入户先增后减，表明农户由低收入上升到中收入时，其消费进一步趋向满足个人需求，而收入提高到高收入后，用于附加支出的收入中有更大的比例可以用于储蓄和扩大再生产，即农户生活从"满足温饱"的生存型向发展型过渡。8 类消费品的消费函数为系统预测生活源污染物排放量和消费废物构成提供了依据。

社会环境系统的设计目标：一是确定农户所处的社会环境状态，通过设计农户劳动力转移的函数模拟劳动力转向非农部门就业的决策过程；二是模拟政策变动行为所带来的社会环境的改变，并预测其对农户决策的影响和后果。中国农村劳动力生产率偏低且存在着大量农业剩余劳动力，因此在政策允许的情况下，当劳动者外出就业的收益高于本地农业就业时，农户家庭成员可能选择外出就业。这里用平衡方程式（10-9）表示劳动力供给决策过程。当方程左右两边相等时，表示农户成员农业就业和非农就业的收益相等；反之，表示农户成员农业就业和非农就业收益不同，农户会考虑改变劳动力在农业和非农部门间的配置情况：

$$R_{外地}\,R_{就业}-C_{交通}-C_{其他}=R_{农业} \qquad (10-9)$$

其中，$R_{外地}$ 为农户家庭成员外地就业的平均工资，$R_{农业}$ 为农业的劳动力边际收益，$R_{就业}$ 为农户成员外地择业的就业概率，其受农户年龄和受教育程度的影响，$C_{交通}$ 为交通成本，$C_{其他}$ 为其他成本。平衡方程表示影响农业劳动力转移的主要因素是收入改变的期望、个人因素、外出成本和其他客观因素。

此外还有农村环境评估系统，用于估计农户生产、消费和劳动力供给决策各种变化下的农户生产源和消费源的污染物排放量及农村环境状态变化，给出已有政策或假设情景下虚拟村落的环境变化特征，并以此映射现实情况。

从环境质量和污染物排放量两方面来考察农村环境变化，环境质量描述上采用实际施用量/适宜施用量的方法构建污染指数，以表征生产要素的过量投入而导致的耕地污染程度。污染物排放趋势分析对生产源和消费源采用定性定量相结合的方式，对一些关键污染物如 NH_3-N 和 COD 进行定量分析。

生产源大气污染物的估计则借鉴了以往的研究成果，对种植业 NH_3-N 采用基于 NARSES 按国内情况校正的氨排放模型，而养殖业 NH_3-N 采用了基于物质流方法按圈养、放牧、粪便储存、还田施用四阶段重新核算的氨排放清单。水体污染物农田排放按农田标准源强系数修正后估算，养殖业按《畜禽养殖业污染物排放标准》估算，固体废弃物主要是秸秆和废膜，仅做间接分析。生活源污染物的产生主要取决于人工村落中常住的农户人口、农户人均消费量及消费结构的变动，而这分别和农户劳动力转移模型和再扩展 ELES 模型相关。

第三节　能源与物质流核算及其在技术经济领域的应用

能源与物质流核算是物理学中的热力学原理与经济核算相结合的产物，包括能源核算和物质流核算两部分。无论是能源核算还是物质流核算，都遵循热力学第一定律——能量守恒定律，即能量和物质既不能被创造也不能被消灭。这个定律为进入和流出生态系统、地区或经济的能量和物质流的投入产出数量的复式核算提供了理论和实施依据。由于物质和能量并不能相互转换，因此，核算实践中能源核算与物质流核算是分开进行的，核算人员需根据具体情况选择能源账户或物质流账户（Bartelmus，2008）。当然，无论是能源核算还是物质流核算，其基本思想、核算原理都是一致的，核算的最终目的是更好地促进资源节约和经济社会的可持续发展。因此，为简化起见，下面的介绍都以"物质流核算"为例。

一、物质流核算的基本原理

物质流核算方法是对经济系统的实物流动进行系统描述的方法，通过分析开采、生产、制造、使用、循环利用和最终丢弃过程中的物质流动情况，为衡量工业经济的物质基础、环境影响和构建可持续发展指标提供综合观点。物质流核算方法起源于将自然资源使用同环境的资源供应力、污染容量联系起来的思考，其基本思想有三层含义：①工业经济可以看作一个能够进行新陈代谢的活的有机体，"消化"原材料将其转换为产品和服务，"排泄"废弃物和污染。②人类活动对环境的影响，主要取决于经济系统从环境中获得的自然资源数量和向环境排放的废弃物数量。资源获取产生资源消耗和环境扰动，废弃物排放则造成环境污染问题，两种效应叠加深刻地改变了自然环境的本来面貌。③根据质量守恒定律，对于特定的经济系统，一定时期内输入经济系统的物质总量，等于输出系统的物质总量与留在系统内部的物质总量之和。由此，经济系统对环境影响的实质就是经济系统物质流动对环境的影响，有必要对经济系统的物质流动加以跟踪和调控。如图 10-4 所示。

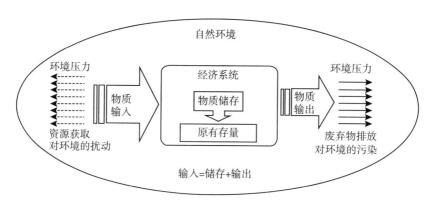

图 10-4　物质流核算的基本思想

物质流核算的基本框架是经济系统的物质输入总量等于物质输出总量与内部储存物质总量之和。以此为基础，对输入、输出系统的物质进行细分，并考虑物质循环利用以及进出口隐流等，可以衍生出多种具体的分析框架。比如，根据经济系统的开放性，可以将物质输入分为本地开采和进口物质，将物质输出分为本地排放和出口物质；根据物质种类，可以将物质分为自然资源、空气、水、产品、废弃物等；根据直接进入经济系统与否，将物质分为直接物质和隐流物质。图 10-5、图 10-6 是当前国际上应用最广、最权威的物质流核算框架，分别由美国的世界资源研究所与欧盟统计局创立。

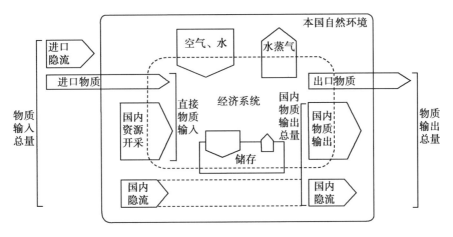

图 10-5　世界资源研究所核算框架

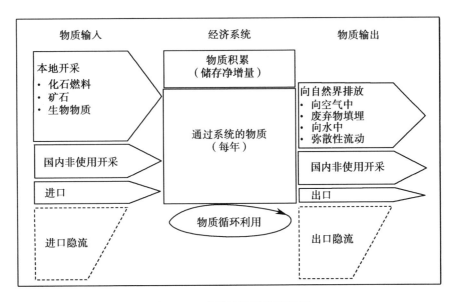

图 10-6　欧盟统计局核算框架

二、物质流核算的应用实例——德国实物投入产出表

早在 20 世纪 90 年代初，欧洲国家便开始将物质流核算用于研究经济系统中自然资源和物质的流动状况。2001 年，欧盟委员会统计机构提出的方法指南，则是物质流核算理念与方法相结合的系统性尝试（Eurostat，2001）。而实物投入产出表（Physical Input-output Table，PIOT）的编制，则可以对物质流在经济系统内部各行业间的分配情况做出比较准确的描述，并可与现有国民经济核算中的价值型投入产出核算进行对比分析，有针对性地进行部门物质流效率指标比较，在物质流与经济核算分析间建立了更加直接的联系。

表 10-1 是德国的集成实物投入产出表 PIOT，该表的经济部门分类与货币投入产出表和国家核算方法一致。

表 10-1　实物投入产出表（德国 1990 年）　　　　　单位：百万吨

投入＼产出	转换 P（HH）	C	ΔCap（资产变化）人造资产	非人造自然资产	X	物质利用总量
P	7.577 ←—→3.075		713	48.295	208	59.868
HH	2.645		11	700		3.356
ΔCap	49.252 ←— 281[b]		20	56	0	49.609
物质供应总量[a]	59.474 ←—3.356		744	49.051	208	112.833

注：a 表示物质供应总量=直接物质投入量（DMI）；b 表示非人造自然资源的家庭消耗。

资料来源：Bartelmus（2008）。

表 10-1 中，投入表明原料和产品的进口（作为不同部门的物质投入）。出口（X）是一个单独的最终利用类别，位于最终消费（C）和资产变化（ΔCap）旁边。生产部门 P 包含 58 个部门，他们相互为最终利用提供实物产品。家庭（HH）和工厂都制造废物残余产出。这些残余物或被循环利用，或经过环保处理，或进行回收再利用，或被倾倒到自然环境中去。倾倒入环境中的排放物使得资本形成（ΔCAP）中的自然（非生产）"资产"部分不断增加。

德国的实物投入产出表分析结果表明，德国的实物 GDP 为 3603 百万吨（C + ΔCAP，人造资产+ X-M）[①]，如果不计算企业生产的最终产出（主要为新生废物和残余物，48295 百万吨）和家庭生产的残余物和自然资源（700 百

———————

① M = -393 百万吨（在表 10-1 中没有表明）。

万吨），德国的实物 GDP 将大幅度降低到 528 百万吨（ΔCAP，人造资产+X-M）。残余物所带来的强大负荷致使经济远离了理想的最终产出状态。经过上述减法后，余下的实物 GDP 只占全部物质产出的6%，是残余物总量的7%。

　　这些以百万吨为单位的数字，其具体意义是比较模糊的。很明显，它们不体现经济生产、消费以及（人造或自然非人造）资本形成的价值或意义。这可能说明了为什么一些生态经济学家在规避市场定价的"人类偏见"时，要重新重视斯拉法体系（Sraffian System），即把投入产出的内在定价作为线性规划的对偶解（Strassert，2001；Friend，2004）。这种定价方法通过反映现有技术条件、预设线性规划模型的生态和经济约束，避免了市场定价；不能也不愿意考虑人类对物品与服务的偏好。

第三篇
生产率测度的理论方法

第十一章　生产率的基本概念与前沿面理论

内容提要

　　发展是全球共同关注的主题，而经济增长是发展的前提。生产率分析不仅是探求增长源泉的主要工具，而且是确定增长质量的主要方法。由索洛增长核算方程推动的生产率分析使经济增长理论发展到新阶段。对经济增长进行生产率分析，探求增长源泉，不仅对经济的发展有重大指导作用，而且为政府制定宏观经济的长期稳定增长政策提供了强有力的理论支持。生产率水平的高低，决定着国家的强弱、财富的消长和社会发展的速度，是一个极为重要的经济概念和经济指标。本章在给出生产率基本概念的基础上，介绍了生产经济学的基本函数、生产技术的集合论与生产前沿面理论，最后简要说明了距离函数在生产率测度方面的应用。

第一节　生产率的基本概念及发展

　　马克思在《资本论》第 1 卷里指出，生产率是"生产活动在一定时间内的效率"。生产率在当代经济学中是一个很重要的概念，它一般是指资源（包括人力、物力、财力资源等）开发利用的效率。从一个国家或地区的宏观经济增长角度看，生产率和资本、劳动力等生产要素投入都贡献于经济的增长；从效率角度看，等同于一定时间内国民经济总产出与各种资源要素总投入的比值，它反映资源配置状况、生产手段的技术水平、劳动力的素质等各种因素对生产活动的影响程度；从本质上说，生产率是技术进步对经济发展作用的综合反映。

　　第二次世界大战以前的生产率概念指劳动生产率，用单位劳动的产出量进行计算，其本质上是单要素生产率或局部生产率，是由产出量与单一投入量之比计算的单要素生产率，不能全面反映生产效率。1942 年，首届诺贝尔经济学奖获得者丁伯根提出全要素生产率概念，他提出的全要素生产率中，只包括劳动与资本的投入，而没有考虑诸如研究与发展、教育与培训等无形要素的投入。此后，美国经济学家肯德里克在 1951 年美国的收入与财富研究会议上指出，只有把产出量与全部要素投入的数量及其构成联系起来考察，才能真正把握生产效率的全部变化，这二者的比率才是全要素生产率。由此可见，全要素生产率可以用实际产出量与实际有形要素的投入成本之间的关系来解释。几乎在同时，希朗·戴维斯一直致力于全要素生产率的探讨，他在 1954 年出版了《生产率核算》一书。他认为，全要素生产率要包括所有的投入要素，即包括劳动力、资本、原材料和能源等。该书首次明确了全要素生产率的内涵，被经济学界推崇为"全要素生产率"的鼻祖。随后，法布里坎进一步发展了生产率理论。他认为生产率乃是以经验为依据的投入与产出的比率。

该书首先从给出企业的生产率（Productivity）的定义开始，生产率是指企业生产的产出和所需投入的比值，即

$$生产率 = 产出 / 投入$$

当生产过程是单投入和单产出时，生产率的计算很简单。然而，当投入多于一个时（这是最常见的情况），为了测度生产率，必须把多种投入聚合成投入的单一指数。

该书中的生产率指的是全要素生产率（Total Factor Productivity），有时候又被翻译为"总要素生产率"或"总和要素生产率"，它是一种包括所有生产要素的生产率测量。其他的传统生产率测度方法，如工厂中劳动生产率的测度、发电站的燃料生产率以及农田的土地生产率，一般被称为部分生产率测度。在单独考虑这些部分生产率时，这些部分生产率的测量往往会对全要素生产率的计算产生影响。

一般来说，全要素生产率指除劳动力和资本这两大物质要素外，其他所有生产要素所带来的产出增长率。全要素生产率抛弃了生产率分析中的劳动力和资金两大要素。萨缪尔森、诺德豪斯等认为，全要素生产率考虑的要素资源包括教育、创新、规模效益、科学进步等。

前文所述的一些全要素生产率分析基本上都是从定性的角度来研究的，从定量的角度看，全要素生产率的测度方法主要有两种：参数方法和非参数方

法。参数方法一般以生产函数为研究基础，配合相应的多元统计方法，综合得出全要素生产率。非参数方法则规避了参数方法中的一些复杂操作，比如建立生产函数的具体形式和变量，以及对随机变量分布进行假设等问题。

在参数方法方面，全要素生产率定量研究的先驱当数荣获 1987 年诺贝尔经济学奖的美国著名经济学家罗伯特·索洛（R. Solow），他于 1957 年发表了《技术进步与总量生产函数》一文。该文统一了生产的经济理论，拟合了生产函数的计量经济方法，并首次将技术进步因素纳入经济增长模型，进而建立了全要素生产率增长率的可操作模型，从数量上确定了产出增长率、全要素生产率增长率和各投入要素增长率的产出效益之间的联系，建立了著名的索洛模型。索洛认为，全要素生产率等于生产率减去劳动力生产率和资本生产率，即全要素生产率是生产率增长值中无法被劳动和资本生产率所解释的部分。此后，美国经济学家丹尼森（E. Denison）发展了"索洛余值"的测算方法，使得对资本和劳动投入的测算更为精准。其主要思路是把投入要素进行详细的分类，并赋予不同类型的投入要素不同的权重，然后利用这些权重，将不同的投入要素进行加权，从而得到总的投入。而乔根森（Dale W. Jorgenson）则提出了超越对数生产函数的形式，并利用该模型在部门和总量两个层次上进行全要素生产率的度量。

全要素生产率研究的另一主要方法是非参数方法。目前，生产率研究问题中所采用的非参数方法主要是数据包络法（Data Envelopment Analysis，DEA），是由著名的运筹学家查恩斯（A. Charnes）、库伯（W. W. Cooper）和罗兹（E. Rhodes）等在相对效率概念的基础上发展起来的一种新的效率评价方法。自 1978 年第一个 DEA 模型—CCR 模型发表以来，有关的理论研究不断深入，应用领域日益广泛。事实证明，DEA 方法现已成为管理科学、系统工程、决策分析和评价技术等领域一种重要的分析工具和手段。20 世纪 80 年代中期以后美国学者 Rolf Fare 等逐步发展了查恩斯的 DEA 方法，以生产理论的集合论描述为依据，形成了以数据包络分析方法为基础的描述生产过程中多种经济意义下的基于非参数模型的理论体系。依据 Rolf Fare 的理论思想，生产效率的改进有两种途径：一种是在既定投入水平下的产出可扩张性，即基于产出的生产效率；另一种是在既定产出下的投入可节约性，即基于投入的生产效率。根据生产资源配置效率损失的各种经济意义，基于投入和基于产出的生产资源配置效率可以分别分解为相应的规模效率、资源可处置度、组合效率和纯技术效率。在多时期的动态条件下，不仅生产资源配置效率水平要发生变化，技术水平也要发生变化，即有技术进步发生。生产资源配置效率与技术水平的综合变化就是我们所熟知的全要素生产率（TFP）的变化。一般用曼奎斯特生产率指数（Malmquist Productivity Index）表示全要素生产率的变化，它是一个与价格无关的指数。Malmquist 指数的求解需要借助另一种效率描述工具——距离函数。通过距离函数，可以实现曼奎斯特生产率指数的非参数描述，同时将其分解为生产资源配置效率变化率和技术进步率变化率。与静态意义下的分解相对应，动态条件下生产资源配置效率变化率可以进一步分解为规模效率变化率、资源可处置性变化率和纯技术效率变化率。

第二节　生产经济学基本函数

在经济学中，生产理论是最重要的内容之一，而在生产理论中，生产函数模型的研究与发展始终是一个最重要的、最活跃的领域。本节主要介绍生产经济学中的基本概念和函数模型。

一、生产函数

（一）模型的一般形式

生产函数是描述生产过程中投入生产要素的某种组合同它可能的最大产出量之间的依存关系的数学表达式。即

$$Y=f\ (A,\ K,\ L)$$

其中，Y 为产出量，A、K、L 分别为技术、资本、劳动等投入要素。这里"投入的生产要素"是生产过程中发挥作用、对产出量产生贡献的生产要素；"可能的最大产出量"指这种要素组合应该形成的产出量，而不一定是实际产出量。生产要素对产出量的作用与影响，主要由一定的技术条件决定，所以，从本质上讲，生产函数反映了生产过程中投入要素与产出量之间的技术关系。

（二）生产函数模型的发展

20 世纪 20 年代末，美国数学家柯布（C. W. Cobb）和经济学家保罗·道格拉斯（Paul H. Douglas）提出了"生产函数"这一名词，并用 1899~1922 年

的数据资料，推导出了著名的 Cobb-Douglas 生产函数。后来，不断有新的研究成果出现，使生产函数的研究与应用呈现长盛不衰的局面。这期间出现的主要成果如表 11-1 所示。

表 11-1　生产函数模型研究成果

年份	主要学者	生产函数的改进
1928	Cobb 和 Douglas	C-D 生产函数
1937	Douglas 和 Durand	C-D 生产函数的改进型
1957	Solow	C-D 生产函数的改进型
1960	Solow	含体现型技术进步生产函数
1961	Arrow 等	两要素 CES 生产函数
1967	Sato	二级 CES 生产函数
1968	Sato 和 Hoffman	VES 生产函数
1968	Aigner 和 Chu	边界生产函数
1971	Revanker	VES 生产函数
1973	Christensen 和 Jorgenson	超越对数生产函数
1980	—	三级 CES 生产函数

二、要素替代弹性

在生产函数模型的研究与发展中，要素替代弹性是一个十分重要的概念。所谓要素替代弹性，是描述投入要素之间替代性质的一个量，主要用于描述要素之间替代能力的大小。要素替代弹性是与研究对象、样本区间甚至样本点联系在一起的。所以，建立生产函数模型前，需要对要素替代弹性做出假设，不同的假设，会导致差异甚大的生产函数模型。

在引入要素替代弹性的定义前，需首先引入如下概念：

（一）要素的边际产量

边际产量是指其他条件不变时，某一种投入要素增加一个单位时导致的产出的增加量。用于描述投入要素对产出量的影响程度。边际产量可以表示为：

$$MP_K = \frac{\partial f}{\partial K}$$

$$MP_L = \frac{\partial f}{\partial L}$$

在一般情况下，边际产量满足：$MP_K \geqslant 0$，$MP_L \geqslant 0$，即边际产量不为负。在大多数情况下，边际产量还满足：

$$\frac{\partial(MP_K)}{\partial K} = \frac{\partial^2 f}{\partial K^2} \leqslant 0$$

$$\frac{\partial(MP_L)}{\partial L} = \frac{\partial^2 f}{\partial L^2} \leqslant 0$$

即生产理论中著名的边际产量递减规律。

（二）要素的边际替代率

当两种要素可以互相替代时，可以采用不同的要素组合生产相同数量的产出量。要素的边际替代率指在产量一定的情况下，某一种要素的增加与另一种要素的减少之间的比例。

用 $MRS_{K \to L}$ 表示 K 对 L 的边际替代率，即在保持产量不变的情况下，替代 1 单位 L 所需要增加的 K 的数量。于是有

$$MRS_{K \to L} = \Delta K / \Delta L \qquad （Y \text{ 保持不变}）$$

因为边际产量也可以表示为：

$$MP_K = \Delta Y / \Delta K$$

$$MP_L = \Delta Y / \Delta L$$

两式相除得到：

$$\frac{MP_L}{MP_K} = \frac{\Delta Y}{\Delta L} \bigg/ \frac{\Delta Y}{\Delta K} = \frac{\Delta K}{\Delta L}$$

于是要素的边际替代率可以表示为要素的边际产量之比，即

$$MRS_{K \to L} = MP_L / MP_K$$

$$MRS_{L \to K} = MP_K / MP_L$$

（三）要素替代弹性

将要素替代弹性定义为两种要素的比例的变化率与边际替代率的变化率之比，一般用 σ 表示。则有：

$$\sigma = \frac{d(K/L)}{(K/L)} \bigg/ \frac{d(MP_L/MP_K)}{(MP_L/MP_K)} \qquad （11-1）$$

一般情况下，要素替代弹性 σ 为正数。如果用 K 替代 L，则式（11-1）

的分子大于 0；由于 L 减少，其边际产量 MP_L 增大，而由于 K 增加，其边际产量 MP_K 减小，于是式（11-1）的分母也大于 0。所以替代弹性 σ 大于 0，表明要素之间具有有限可替代性。在特殊情况下，要素之间不可以替代，此时 K/L 不变，则式（11-1）的分子等于 0，所以替代弹性 σ 等于 0。一种极端情况是，无论要素的数量增加还是减少，其边际产量均不变，此时式（11-1）的分母等于 0，替代弹性 σ 为 ∞，表明要素之间具有无限可替代性。

三、要素的产出弹性

某投入要素的产出弹性被定义为，当其他投入要素不变时，该要素增加 1% 的投入所引起的产出量的变化率。要素的产出弹性是从动态变化的角度衡量生产要素对产出量的影响的指标。如果用 E_K 表示资本的产出弹性，用 E_L 表示劳动的产出弹性，则有：

$$E_K = \frac{\Delta Y}{Y} \bigg/ \frac{\Delta K}{K} = \frac{\partial f}{\partial K} \bigg/ \frac{K}{Y}$$

$$E_L = \frac{\Delta Y}{Y} \bigg/ \frac{\Delta L}{L} = \frac{\partial f}{\partial L} \bigg/ \frac{L}{Y}$$

（11-2）

一般情况下，要素的产出弹性大于 0 小于 1。

四、技术进步

从本质上讲，生产函数所描述的是投入要素与产出量之间的技术关系。即同样的投入要素组合，在不同的技术条件下，产出量是不同的。所以，在生产函数模型中必须引入技术进步因素。技术进步是一个广泛的研究领域，这里仅就生产函数模型中涉及的有关技术进步的一些概念略作说明。

（一）广义与狭义的技术进步

所谓狭义的技术进步，仅指要素质量的提高。例如，由于性能的改进，同样数量的资本在生产过程中的贡献是不一样的；由于文化水平的提高，同样数量的劳动在生产过程中的贡献是不一样的。狭义的技术进步体现在要素上，它可以通过要素的"等价数量"表示。例如，如果一个具有大学文化水平的劳动者对产出量的贡献是一个具有中学文化水平劳动者的 3 倍，那么就可以将一个具有大学文化水平的劳动者等价于三个具有中学文化水平的劳动者，求得

"等价劳动数量"，作为生产函数模型的样本观测值，以这样的方法引入技术进步因素。

所谓广义技术进步，除了要素质量的提高外，还包括管理水平的提高等对产出量具有重要影响的因素，这些因素独立于要素之外。在生产函数模型中需要特别处理。

（二）中性技术进步

假设在生产活动中除技术以外，只有资本与劳动两种要素，定义两种要素的产出弹性之比为相对资本密集度，用 ω 表示，即

$$\omega = E_L / E_K$$

如果技术进步使得 ω 越来越大，即劳动的产出弹性比资本的产出弹性增长得快，则称为节约劳动型技术进步；如果技术进步使得 ω 越来越小，即劳动的产出弹性比资本的产出弹性增长得慢，则称为节约资本型技术进步；如果技术进步前后 ω 不变，即劳动的产出弹性与资本的产出弹性同步增长，则称为中性技术进步。

在中性技术进步中，如果要素之比 K/L 不随时间变化，则称为希克斯中性技术进步；如果劳动产出率 Y/L 不随时间变化，则称为索洛中性技术进步；如果资本产出率 Y/K 不随时间变化，则称为哈罗德中性技术进步。

不同的技术进步类型是建立生产函数模型时必须要考虑的重要因素，对生产函数模型将产生重要影响。

第三节　生产技术的集合论与前沿面

本节的基本目的是引入生产技术的集合论表示方法（见图 11-1），为读者提供支撑距离函数概念的观念上的认识框架，最后介绍了生产前沿面基本理论。

一、生产过程集合论模型

首先考虑不加任何预先限制条件的多投入多产出基本生产过程。基本生产过程是将投入向量 $x = (x_1, \cdots, x_N) \in R_+^N$（$N$ 维非负生产要素投入）转化为产出向量 $u = (u_1, \cdots, u_M) \in R_+^M$（$M$ 维非负产品产出）的生产技术过程。由于生产要素和产出商品向量具有隐含的可分性，只要求投入产出向量由非负实数元

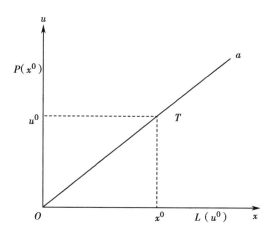

图 11-1 生产技术集

素构成，即允许部分 0 元素存在。基本生产过程可以用产出关联 P、投入关联 L 和技术关联 T 进行描述。

产出关联（The Output Correspondence）为：

$$P: R_+^N \rightarrow P(x) \subseteq R_+^M$$

其中，$P(x)$ 表示产出集合，即在单位时间内可以由投入向量 x 生产出的产出向量 u 的集合。

投入关联（The Input Correspondence）为：

$$L: R_+^M \rightarrow L(u) \subseteq R_+^N$$

其中，$L(u)$ 表示投入集合，即在单位时间内生产产出向量 u 的所有投入向量的集合。

投入关联和产出关联是两种相对应的关联关系。当且仅当 x 属于生产 u 的投入集合时，u 属于 x 的产出集合。二者之间的关系可以表示为：

$$u \in P(x) \Leftrightarrow x \in L(u)$$

这也是一个可行投入产出向量 $(x, u) \in R_+^{N+M}$ 存在的充分必要条件。

所有可行投入产出向量的集合都体现了特定生产过程的技术关系，即技术关联 T。

$$T = \{(x,u) \in R_+^{N+M} : u \in P(x), x \in R_+^N\}$$

$$= \{(x,u) \in R_+^{N+M} : x \in L(u), u \in R_+^M\}$$

投入关联 $L(u)$ 和产出关联 $P(x)$ 与技术关联 T 的关系可以表示为：

$$P(x) = \{u:(x,u) \in T\} \text{ 和 } L(u) = \{x:(x,u) \in T\}$$

二、集合论生产模型的基本性质

集合论生产模型作为生产过程中投入、产出和技术关系的基本描述模型，应该满足生产问题的基本属性（Fare R.，Grosskopf S. and Lovell C. A. K.，1994）。这些性质应该能够被普遍接受且不强加任何不必要的限制条件，同时能反映生产过程的基本特征。并不是所有厂商都一定要满足这些性质，但多数情况下厂商应该具有这些一般性特征。

性质 1：①对于在域 R_+^N 中的某一投入向量，0 产出向量属于产出向量，即 $0 \in P(x)$，$\forall x \in R_+^N$；②要获得产出就必须有投入，即 $u \notin P(0)$，$u \geqslant 0$。

性质 1①表示停止生产和破产关闭作为生产过程的一种状态是可能发生的；性质 1②表明生产行为要求最低有一个产出向量元素是正的且所有产出向量元素都是非负的，即无投入就不可能有产出。

性质 2-1：

①投入的弱可处置性：如果所有的投入都以相同的比例增加，产出不会降低，即

$$\forall x \in R_+^N, \lambda \geqslant 1, \text{ 则 } P(x) \subseteq P(\lambda x)$$

②投入的强可处置性：如果投入增加（或非减），则新产出集包含原产出集，即

$$\forall x, y \in R_+^N, y \geqslant x, \text{ 则 } P(x) \subseteq P(y)$$

性质 2-1 描述的是投入的可处置性（Fare R.，L. Suensson，1980），或用数学语言可称为产出的单调性。性质 2-1①的弱可处置性意味着原始产出集 $P(x)$ 包含在新产出集 $P(\lambda x)$ 之中，然而即使在 $\lambda > 1$ 时 $P(x)$ 仍有可能与 $P(\lambda x)$ 相等；性质 2-1②的强可处置性意味着如果投入增加则产出必然增加。

性质 2-2：

①$\forall u \in R_+^M$，$x \in L(u)$ 且 $\lambda \geqslant 1 \Leftrightarrow \lambda x \in L(u)$；

②$\forall u \in R_+^M$，$x \in L(u)$ 且 $y \geqslant x \Leftrightarrow y \in L(u)$。

可以证明性质 2-1①与性质 2-2②、性质 2-1②与性质 2-2②的等价性。

这里用两种投入要素的等产量线来解释投入要素的可处置性。只有弱可处置性的投入集 $L(u)$ 是由图 11-2 中 cbde 形成的有界区域构成的，弱可处置性

容许像等产量线上 cb 段那样的"后弯"情形发生，即投入的增加可能导致产出的降低，出现要素"拥挤"现象。

与弱可处置性相对应，投入要素的强可处置性如图 11-2 中 abde 不允许"后弯"等产量线情况发生，即投入的增加必然会带来产出的非减。

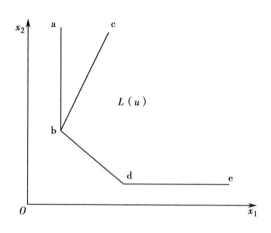

图 11-2　投入的可处置性

性质 3：

①产出的弱可处置性：允许所有可行的产出 $u \in P(x)$ 按比例 $0 \leqslant \theta \leqslant 1$ 减少后仍保持产出可行，即 $\forall x \in R_+^N$，$u \in P(x)$ 且 $0 \leqslant \theta \leqslant 1 \Leftrightarrow \theta u \in P(x)$。

②产出的强可处置性：允许所有可行产出按任意减少，减少后的产出仍旧可行，即

$$\forall x \in R_+^N, \quad u \in P(x) \text{ 且 } 0 \leqslant \nu \leqslant u \Leftrightarrow \nu \in P(x)$$

产出的可处置性如图 11-2 所示。产出的弱可处置性范围是由 obcdeo 围成的生产可能集；产出的强可处置性范围是扩大为由 oabcdeo 围成的生产可能集。

性质 4：对于 $\forall x \in R_+^N$，产出集 $P(x)$ 是有界的。

性质 4 说明有限的投入只能得到有限的产出，无限的产出只有无限的投入才有可能得到。

性质 5：如果 x^l 收敛于 x^0，u^l 收敛于 u^0，且对于所有的 l 有 $u^l \in P(x^l)$，则有 $u^0 \in P(x^0)$，即产出集是封闭的。

性质 5 描述的产出集的封闭性说明生产可能集的边缘——生产前沿面的存

在性。性质 5 和性质 4 合起来可以表述为：产出集是在域 R_+^M 中的封闭、有界的紧密集合。

性质 6：如果 $u \in P(x)$，则对于 $\forall \theta \geqslant 0$ 一定可以找到一个数 λ，使其满足 $\theta u \in P(\lambda x)$。

性质 6 表明，如果一个非负产出向量（$u \geqslant 0$，但 $u \neq 0$）是可以生产的，那么任意数量变化后的产出向量也可以通过投入向量的数量变化生产出来。性质 6 也称为可达性。

性质 7：对于 $\forall x \in R_+^N$，产出集 $P(x)$ 具有凸性，即

$$\forall u, v \in P(x), 0 \leqslant \theta \leqslant 1, 则有 (\theta u + (1-\theta)v) \in P(x)$$

三、生产前沿面理论

在经济学的生产理论中经常采用生产函数描述生产技术关系，即特定生产技术条件下各种生产要素投入的配合可能生产的最大产出。这就是说，对于给定的生产要素和产出品价格，要求选择要素投入的最优组合（也就是投入成本最小化组合）和产出品的最优组合（亦即产出收益最大化组合），以最大可能的劳动生产率组织生产。这种定义可以理解为一种理论上的假定，在此基础上可以采用生产函数进行经济理论的分析。这种理论假定有其合理性，以营利为目的的厂商追求的就是利润最大化，应该追求这种最优生产状态。这种理论生产函数所描述的生产可能性边界称为生产前沿面（Production Frontier）。

基于生产前沿面理论是运筹学、管理科学和数理经济学交叉研究的一个新兴领域，其原型始于经济学家 Farrell（1957）在对英国农业生产力进行分析中对生产效率测度思想进行的开创性研究工作。20 世纪 70 年代以后开始了描述有效生产前沿面的生产函数的研究。为了与平均生产函数相区别，把这种描述生产前沿面的生产函数称为前沿生产函数或边界生产函数（Frontier Production Function）。前沿生产函数可以理解为：对于给定的一组投入量，可求出一个生产单位的最大可能产出函数。

Farrell 的原始模型是生产前沿面研究的雏形，此后该理论不断发展，逐渐形成参数方法（Parametric Estimation Method）和非参数方法（Non-parametric Estimation Method）两大分支。生产前沿面研究的参数方法沿袭了传统的生产函数估计思想，首先根据需要确定或构造一种具体的生产函数形式，然后通过

适当的方法估计位于生产前沿面上的函数参数，从而完成描述生产前沿面的前沿生产函数的构造。对参数方法而言，求生产前沿面即是求前沿生产函数。20世纪70年代初，西方经济学界开始了参数前沿生产函数的研究工作。在Farrell的生产前沿面原始模型基础上，参数型前沿生产函数的发展形成了两个分支：一个是在不考虑随机因素影响的前提下采用线性规划方法求解生产前沿面的确定性参数生产函数方法；另一个是把生产前沿面看作是随机的生产边界而采用统计学方法求解参数的随机性参数前沿生产函数方法。

与参数方法相比，非参数方法的最大优点在于摒弃了参数方法研究中函数形式需要事先假定、参数估计的有效性和合理性需要检验等多方面问题，不去寻求生产前沿面的具体函数形式，而是直接应用观测数据构造出生产可能集上的生产前沿面，并利用生产前沿面进行经济分析。生产前沿面研究的非参数方法由于避免了参数方法在实际应用时对模型具体形式的依赖，且具有对于多种经济问题的普遍适应性和对于大样本研究的实用性，因而得到了广泛的应用和迅速的发展，近年来不断有新的研究成果出现，有逐步取代参数方法成为生产前沿面研究主流方法的趋势。现今最具代表性的方法是由查恩斯（A. Charnes）、库伯（W. W. Cooper）等于1978年开创的"数据包络分析"（Data Envelopment Analysis，DEA）方法。这种方法以相对有效率概念为基础，根据一组关于输入-输出的观察值来估计有效前沿面，并根据各决策单元（DMU）与有效生产前沿面的距离状况，确定各DMU是否DEA有效。这种方法在多投入多产出的度量上具有优势。

第四节　距离函数的阐述

经济学理论中严格意义上的技术是用技术集定义的，在技术集中包含了所有技术上可行的投入产出组合。生产技术的集合论定义可以使人们易于处理多产出、多投入的生产技术。尽管参数生产函数也可能构造多产出的描述形式，但同时失去了单产出生产函数比较完整的理论与方法基础。

距离函数在促使以技术测量效率和生产率方面非常有用。距离函数的概念和生产前沿密切相关。支持距离函数的基本思想相当简单，在定义这些函数时涉及径向的收缩与扩张。谢泼德（R. W. Shephard，1953）提出的投入与产出距离函数是以基于生产前沿面思想的生产技术集合论描述为基础的，它可以用来建立多投入多产出的技术描述形式（Fare R. and Daniel Primont，1990，1995），并可以转化成比较方便的参数模型和非参数模型，因此近年来得到了大量应用。距离函数允许在无须说明行为目的（比如，成本最小化或者利润最大化）的前提下，描述多投入多产出生产技术。人们既可设定投入距离函数，又可设定产出距离函数。在给定产出向量下，通过观察投入向量的微小比例的缩减所造成的变化，投入距离函数就可以刻画出生产技术的特征。在给定投入向量下，产出距离函数关注与产出向量的最大比例扩张。

第五节　利用距离函数的生产率测度

上文介绍了距离函数的基本思想与概念，下面分别用产出距离函数和投入距离函数来说明距离函数在生产率测度上的应用。

一、产出距离函数

产出距离函数定义于产出集 $P(x)$ 上，即

$$d_0(x, u) = \min\{\delta: (u/\delta) \in P(x)\}$$

$d_0(x, u)$ 的一些简单性质，可直接由关于技术集的公理给出：

（1）对于所有非负的 x，$d_0(x, 0) = 0$；

（2）$d_0(x, u)$ 关于 u 非递减（non-decreasing），关于 x 非递增；

（3）$d_0(x, u)$ 关于 u 是线性齐次的；

（4）$d_0(x, u)$ 关于 x 是拟凸的（quasi-convex），关于 u 是凸的；

（5）如果 u 属于 x 的生产可能性集（也就是 $u \in P(x)$），那么 $d_0(x, u) \leq 1$；

（6）如果 u 属于生产可能性集（x 的生产可能性曲线）的"前沿"，距离函数等于单位值（即 $d_0(x, u) = 1$）。

利用由投入向量 x 生产出两种产出 q_1 与 q_2 的例子可以很直观地来阐述产出距离函数。对于给定投入向量 x，用图 11-3 表示生产技术。这里，生产可能性集合 $P(x)$ 是由生产可能性前沿 $PPC\text{-}P(x)$ 以及 u_1、u_2 轴围起来的区域。对于厂商来说，使用投入水平 x 生产两种产出距离函数的值，记为 A 点，它等于比率 $\delta = OA/OB$。

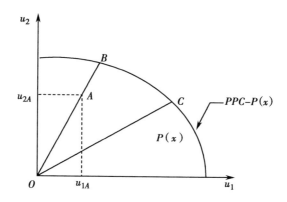

图 11-3　产出距离函数与生产可能性集

这种距离测量值是给定投入水平在保持可行生产可能性集所能增加的产出量因子的倒数。并且，由 $PPC\text{-}P(x)$ 表示的生产可能性前沿上的点 B 与点 C 的距离函数值等于 1。

二、投入距离函数

涉及投入向量规模的距离函数定义于投入集 $L(u)$ 上，也就是：

$$d_1(x, u) = \max\{\rho: (x/\rho) \in L(u)\}$$

其中，投入集 $L(u)$ 代表所有能生产产出向量 u 的投入向量 x 的集合。

可以证明投入距离函数具有以下性质：

（1）投入距离函数关于 x 是非递减的，且关于 u 是非递增的；

（2）投入距离函数关于 x 是线性齐次的；

（3）$d_0(x, u)$ 关于 x 是凹的，且关于 u 是拟凹的（quasi-concave）；

（4）如果 x 属于 u 的投入集（即 $x \in L(u)$），那么 $d_i(x, u) \geqslant 1$；

（5）如果 x 属于投入集（u 的等产量线）的"前沿"，那么距离等于 1（即 $d_i(x, u) = 1$）。

下面用两种投入 x_1 与 x_2 生产产出向量 u 的事例来阐明投入距离函数。对于给定产出向量，在图中用二维图像表示生产技术。图 11-4 中投入集 $L(u)$ 是等投入线 $L(u)$ 以下所围成的区域。A 点的距离函数值等于比率 $\rho = OA/OB$，其中 A 点定义一个生产点，在这个点上厂商 A 用投入 1 的量 x_{1A}、投入 2 的量 x_{1B} 生产产出向量 u。

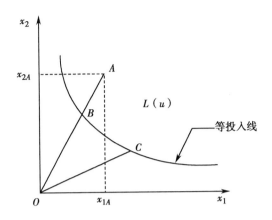

图 11-4   投入距离函数和投入需求集

阐述与投入距离函数和产出函数有关的两个结果是有益的。如果 $u \in P(x)$，那么 $x \in L(u)$。也就是说，如果 u 属于与投入向量 x 有关的生产可能性集，那么 x 属于与产出向量 u 有关的可行投入集。

如果投入和产出都是弱可处置的，那么就可以表示为：

$d_i(x, u) \geqslant 1$ 当且仅当 $d_0(x, u) \leqslant 1$

进一步地，如果技术表现为整体规模报酬不变，上式又可以写成：

$d_i(x, u) = 1/d_0(x, u)$，对于所有的 x 和 u

这就意味着，对于任意 (x, u)，在规模报酬不变的条件下，投入距离函数是产出距离函数的倒数。

产出距离函数与投入距离函数具有很大用途。它们可用于定义多种指数，也可以为各种不同的效率和生产率测量提供概念上的支持。这些距离函数能利用计量经济方法或数学规划方法来直接加以估计。例如，数据包络分析法（DEA）就是一种确定生产前沿与计算投入和产出距离函数的非随机、非参数方法。

本章小结

生产率分析不仅是探求增长源泉的主要工具，而且是确定增长质量的主要方法。本章首先回顾了生产率的基本概念及发展历程，其次介绍了生产经济学中基本函数模型及其发展、生产技术的集合论与生产前沿面理论，最后简要说明了距离函数在生产率测度方面的应用。

思考题

一、名词解释

生产率、生产函数、技术进步、生产前沿面、距离函数

二、简答题

1. 生产率测度主要有哪些方法？
2. 生产函数模型的发展经历了哪几个主要阶段？
3. 集合论生产模型有哪些基本性质？
4. 距离函数在生产率测度上有哪些应用？

三、论述题

1. 简要概括生产率概念及理论的发展历程。
2. 简述生产前沿面理论及其在生产率测度上的应用。

第十二章　生产率的经济计量方法

┌───┐

内容提要

　　从理论上划分，生产率度量有函数论方法和原子论方法。前者是将投入与产出限定在一定的函数关系下进行生产率的度量；后者是对产出和投入的各变量进行汇总形成指数，然后计算其比值。早期的生产率度量主要是用原子论方法进行单要素生产率的测算；现代生产率度量更倾向于使用函数论方法进行全要素生产率的度量。在生产率度量中，经济计量方法中的生产函数被广泛使用，本章将重点介绍生产经济学中几种常用的生产率测度函数。

└───┘

第一节　柯布-道格拉斯生产函数

一、模型形式与参数的含义

　　柯布-道格拉斯生产函数最初是在 1928 年由美国数学家柯布（C. W. Cobb）和经济学家保罗·道格拉斯（Paul H. Douglas）共同探讨投入和产出的关系时创造的生产函数，是在生产函数的一般形式上做出的改进，引入了技术资源这一因素。C-D 生产函数的一般数学形式为：

$$Y = AK^{\alpha}L^{\beta} \tag{12-1}$$

根据要素的产出弹性的定义，很容易推出：

$$E_K = \frac{\partial Y}{\partial K}\bigg/\frac{K}{Y} = A\alpha K^{\alpha-1}L^{\beta}\frac{Y}{K} = \alpha$$

$$E_L = \frac{\partial Y}{\partial L}\bigg/\frac{L}{Y} = AK^{\alpha}\beta L^{\beta-1}\frac{Y}{L} = \beta$$

即参数 α、β 分别是资本与劳动的产出弹性。那么由产出弹性的经济意义，应该有：

$$0 \leqslant \alpha \leqslant 1,\ 0 \leqslant \beta \leqslant 1$$

在最初提出的 C-D 生产函数中，假定参数满足 $\alpha+\beta=1$，即生产函数的一阶齐次性，也就是假定研究对象满足规模报酬不变。因为：

$$A(\lambda K)^\alpha (\lambda L)^\beta = \lambda^{\alpha+\beta} A K^\alpha L^\beta = \lambda A K^\alpha L^\beta$$

即当资本与劳动的数量同时增长 λ 倍时，产出量也增长 λ 倍。1937 年，Durand 提出了 C-D 生产函数的改进型，即取消了 $\alpha+\beta=1$ 的假定，允许要素的产出弹性之和大于 1 或小于 1，即承认研究对象可以是规模报酬递增的，也可以是规模报酬递减的，取决于参数的估计结果。

模型（12-1）中的待估参数 A 为效率系数，是广义技术进步水平的反映，本节将对它进行专门讨论。显然，应该有：

$$A>0$$

由上可见，C-D 生产函数模型的参数具有明确的经济意义，这是它的一个显著特点，是它被广泛应用的一个重要原因。

Cobb 和 Douglas 利用美国 1899~1922 年的数据资料为样本，估计模型的参数，得到：

$$Y = 1.01 K^{0.25} L^{0.75}$$

二、要素替代弹性

现在来看模型对要素替代弹性的假设。根据式（12-1），可以得到：

$$
\begin{aligned}
\sigma &= \frac{d(K/L)}{(K/L)} \Big/ \frac{d(MP_L/MP_K)}{(MP_L/MP)} \\
&= d\left(\ln\left(\frac{K}{L}\right)\right) \Big/ d\left(\ln\left(\frac{MP_L}{MP_K}\right)\right) \\
&= d\left(\ln\left(\frac{K}{L}\right)\right) \Big/ d\left(\ln\left(\frac{\beta K}{\alpha L}\right)\right) \\
&= d\left(\ln\left(\frac{K}{L}\right)\right) \Big/ d\left(\ln\left(\frac{\beta}{\alpha}\right) + \ln\left(\frac{K}{L}\right)\right) \\
&= 1
\end{aligned}
$$

这是一个重要的结论，它表明，C-D 生产函数模型假设要素替代弹性为 1。

显然，与上述要素之间可以无限替代的线性生产函数模型和要素之间完全不可以替代的投入产出生产函数模型相比较，C-D 生产函数模型假设要素替代弹性为 1，更加逼近于生产活动的实际，是一个很大的进步。不仅如此，由于 C-D 生产函数模型的参数具有明确的经济意义，使得它一经提出就得到广泛的应用。直到今天，它仍然是应用最广泛的一种生产函数模型。

但是，C-D 生产函数模型关于要素替代弹性为 1 的假设仍然具有缺陷。根据这一假设，不管研究对象是什么，不管样本区间是什么，不管样本观测值是什么，要素替代弹性都为 1，这是与实际不符的。例如，劳动密集型的农业与资本密集型的现代工业，资本与劳动之间的替代性质是明显不同的。再例如，对于同一个研究对象，如果样本区间不同，即考察的区间不同，要素之间的替代性质也应该是不同的；即使研究对象相同、样本区间相同，对于不同的样本点，由于要素的比例不同，相互之间的替代性质也应该是不同的。所有这些，都需要人们发展新的生产函数模型。

第二节　不变替代弹性（CES）生产函数模型

一、模型形式与参数的含义

1961 年，由 Arrow、Chenery、Mihas 和 Solow 数位学者提出了两要素不变替代弹性（Constant Elasticity of Substitution）生产函数模型，简称 CES 生产函数模型，其基本形式如下：

$$Y = A(\delta_1 K^{-\rho} + \delta_2 L^{-\rho})^{-\frac{1}{\rho}} \tag{12-2}$$

其中，待估参数 A 为效率系数，是广义技术进步水平的反映，显然，应该有 $A>0$；δ_1 和 δ_2 为分配系数，$0<\delta_1<1$，$0<\delta_2<1$，并且满足 $\delta_1+\delta_2=1$；ρ 为替代参数，下面将专门对此进行讨论。假定研究对象具有不变规模报酬，因为：

$$A(\delta_1(\lambda K)^{-\rho} + \delta_2(\lambda L)^{-\rho})^{-\frac{1}{\rho}} = \lambda(A(\delta_1 K^{-\rho} + \delta_2 L^{-\rho})^{-\frac{1}{\rho}})$$

即当资本与劳动的数量同时增长 λ 倍时，产出量也增长 λ 倍。后来，在应用中取消了这一假设条件，将式（12-2）改写为：

$$Y = A(\delta_1 K^{-\rho} + \delta_2 L^{-\rho})^{-\frac{m}{\rho}} \tag{12-3}$$

对式（12-3），有：

$$A(\delta_1(\lambda K)^{-\rho} + \delta_2(\lambda L)^{-\rho})^{-\frac{m}{\rho}} = \lambda^m(A(\delta_1 K^{-\rho} + \delta_2 L^{-\rho})^{-\frac{m}{\rho}})$$

即承认研究对象既可以是规模报酬递增的，也可以是规模报酬递减的，取决于参数 m 的估计结果。于是参数 m 为规模报酬参数，当 $m = 1(<1, >1)$ 时，表明研究对象是规模报酬不变（递减或递增）的。式（12-3）为实际应用的 CES 生产函数模型的理论形式。

二、要素替代弹性

现在来看看模型（12-1）对要素替代弹性的假设。根据式（12-1），要素替代弹性可表示为：

$$\sigma = \frac{d(K/L)}{(K/L)} \bigg/ \frac{d(MP_L/MP_K)}{(MP_L/MP_K)} = d\left(\ln\left(\frac{K}{L}\right)\right) \bigg/ d\left(\ln\left(\frac{MP_L}{MP_K}\right)\right)$$

因为

$$MP_K = \frac{\partial Y}{\partial K}$$

$$= A\left(-\frac{1}{\rho}\right)(\delta_1 K^{-\rho} + \delta_2 K^{-\rho})^{-\frac{1}{\rho}-1} \times \delta_1(-\rho)K^{-\rho-1}$$

$$= AK^{-1-\rho}(\delta_1 K^{-\rho} + \delta_2 K^{-\rho})^{-\frac{1}{\rho}-1}\delta_1$$

$$MP_L = AL^{-1-\rho}(\delta_1 K^{-\rho} + \delta_2 L^{-\rho})^{-\frac{1}{\rho}-1}\delta_2$$

$$\frac{MP_L}{MP_K} = \frac{\delta_2}{\delta_1}\left(\frac{K}{L}\right)^{1+\rho}$$

所以有

$$\sigma = d\left(\ln\left(\frac{K}{L}\right)\right) \bigg/ d\left(\ln\left(\frac{\delta_2}{\delta_1}\left(\frac{K}{L}\right)^{1+\rho}\right)\right)$$

$$= d\left(\ln\left(\frac{K}{L}\right)\right) \bigg/ d\left(\ln\left(\frac{\delta_2}{\delta_1}\right) + (1+\rho)\ln\left(\frac{K}{L}\right)\right) \tag{12-4}$$

$$= \frac{1}{1+\rho}$$

由于要素替代弹性 σ 为正数，所以参数 ρ 的数值范围为：

$$-1 < \rho < \infty$$

由式（12-4）可以看出，一旦研究对象确定、样本观测值给定，就可以得到参数 ρ 的估计值，并计算得到要素替代弹性的估计值。对于不同的研究对象，或者同一研究对象的不同的样本区间，由于样本观测值不同，要素替代弹性是不同的。这使得 CES 生产函数比 C-D 生产函数更接近现实。在不变替代弹性生产函数模型中，如果参数 ρ 的估计值等于 0，则要素替代弹性 σ 的估计值为 1，此时 CES 生产函数退化为 C-D 生产函数。

但是，在 CES 生产函数中，仍然假定要素替代弹性与样本点无关，这就是不变替代弹性生产函数模型的"不变"的含义。而这一点，仍然是与实际不符的。对于不同的样本点，由于要素的比例不同，相互之间的替代性质应该不同。所以，不变替代弹性生产函数模型还需要发展。

第三节　变替代弹性（VES）生产函数模型

变替代弹性（Variable Elasticity of Substitution，VES）生产函数模型，简称 VES 生产函数模型，有许多理论和方法方面的研究成果，是生产函数研究的一个前沿领域。较著名的是 Revankar 于 1971 年提出的模型以及 Sato 和 Hoffman 于 1968 年提出的模型。

前者假定要素替代弹性 σ 为要素比例的线性函数，即

$$\sigma = a + b \cdot \frac{K}{L}$$

容易理解，要素比例不同，要素之间的替代性能是不同的。当 K/L 较大时，资本替代劳动就比较困难；当 K/L 较小时，资本替代劳动就比较容易。生产函数的一般形式为：

$$Z = A \exp \int \frac{dk}{k + c\left(\dfrac{k}{a+bk}\right)^{1/a}} \tag{12-5}$$

其中，$Z = Y/L$，$k = K/L$。

后者假定要素替代弹性 σ 为时间的线性函数，即

$$\sigma = \sigma(t) = a + b \cdot t$$

随着时间的推移，技术的进步将使得要素之间的替代变得容易。生产函数的一般形式为：

$$Y = B\left(\lambda L^{\frac{\sigma(t)-1}{\sigma(t)}} + (1-\lambda)K^{\frac{\sigma(t)-1}{\sigma(t)}}\right)^{\frac{\sigma(t)}{\sigma(t)-1}} \tag{12-6}$$

在实际应用中，前者可以与样本观测值相联系，因而实用价值更大。下面将着重讨论式（12-5）所表示的 VES 生产函数模型。

当 $b=0$ 时，式（12-5）变为：

$$\frac{Y}{L} = A\exp\int \frac{dk}{k + c\left(\frac{k}{a}\right)^{1/a}}$$

$$= A\exp\left(\frac{a}{1-a}\ln\frac{k^{\frac{1-a}{a}}}{1 + \frac{c}{a^{1/a}}k^{\frac{1-a}{a}}} + \mu\right)$$

令 $\frac{1-a}{a} = \rho$，$Ae^{\mu} = A'$，则有

$$\frac{Y}{L} = A'\left(\frac{a^{1/a} + ck^{\rho}}{a^{1/a}k^{\rho}}\right)^{-\frac{1}{\rho}}$$

$$= A''(a^{1/a}k^{-\rho} + c)^{-\frac{1}{\rho}}$$

$$Y = A''\left(a^{1/a}\left(\frac{K}{L}\right)^{-\rho} + c\right)^{-\frac{1}{\rho}} \cdot L \tag{12-7}$$

$$= A''(a^{1/a}K^{-\rho} + cL^{-\rho})^{-\frac{1}{\rho}}$$

此时，VES 生产函数模型退化为式（12-7）所表示的 CES 生产函数模型。

当 $b=0$、$a=1$ 时，式（12-5）变为：

$$\frac{Y}{L} = A\exp\int \frac{dk}{k(1+c)}$$

$$= A'\exp\left(\frac{\ln k}{1+c}\right) = A'k^{\frac{1}{1+c}} \tag{12-8}$$

$$Y = A'K^{\frac{1}{1+c}} \cdot L^{-\frac{1}{1+c}} \cdot L = A'K^{\frac{1}{1+c}} \cdot L^{\frac{c}{1+c}}$$

此时，VES 生产函数模型退化为式（12-8）所表示的 C-D 生产函数模型。

当 $a=1$ 时，$\sigma = 1 + bk$，式（12-5）可写成：

$$Y = AK^{\frac{1}{1+c}}\left(L + \left(\frac{b}{1+c}\right)K\right)^{\frac{c}{1+c}} \tag{12-9}$$

即为一般常用的 VES 生产函数模型，其中 A、b、c 是待估参数。式（12-9）为规模报酬不变的情况，如果将规模报酬系数 m 作为一个待估参数，则 VES 生产函数模型的理论形式为：

$$Y = AK^{\left(\frac{1}{1+c}\right)^m}\left(L + \left(\frac{b}{1+c}\right)K\right)^{\left(\frac{c}{1+c}\right)^m} \tag{12-10}$$

第四节　超越对数生产函数及应用

一个更具有一般性的变替代弹性生产函数模型是由 L. Christensen、D. Jorgenson 和 Lau 于 1973 年提出的超越对数生产函数模型。其形式为：

$$\ln Y = \alpha + \alpha_K \ln K + \alpha_L \ln L + \frac{1}{2}\beta_{KK}(\ln K)^2 + \frac{1}{2}\beta_{LL}(\ln L)^2 + \beta_{KL}\ln K \cdot \ln L$$

引入规模报酬不变和生产者均衡的假设，可以证明：

$$V_K = \alpha_K + \beta_{KL}\ln L + \beta_{KK}\ln K$$

$$V_L = \alpha_L + \beta_{KL}\ln K + \beta_{LL}\ln L$$

其中，V_K 和 V_L 分别表示资本份额和劳动份额，且 $V_K + V_L = 1$。

将时间因素引入，假定时间因素与资本 K 和 L 是对称的。即

$$\ln Y = \alpha_0 + \alpha_K \ln K + \alpha_L \ln L + \alpha_T T \frac{1}{2}\beta_{KK}(\ln K)^2 +$$

$$\frac{1}{2}\beta_{LL}(\ln L)^2 + \beta_{KL}\ln K \cdot \ln L + \beta_{KT}\ln K \cdot T +$$

$$\frac{1}{2}\beta_{TT} \cdot T^2 + \beta_{LT}\ln L$$

则有：

$$V_K = \alpha_K + \beta_{KL}\ln L + \beta_{KT}T + \beta_{KK}\ln K$$

$$V_L = \alpha_L + \beta_{LK}\ln K + \beta_{LT}T + \beta_{LL}\ln L$$

对上式两边求导数，可得

$$\frac{\partial Y}{Y} = V_K \cdot \frac{\partial K}{K} + V_L \cdot \frac{\partial L}{L} + \alpha_T + \beta_{KT} \cdot \ln K + \beta_{LT} \cdot \ln L + \beta_{TT} \cdot T$$

可以很直观地看出，超越对数生产函数的全要素生产率的增长率为：

$$V_T = \alpha_T + \beta_{KT}\ln K + \beta_{LT}\ln L + \beta_{LL}T$$

它可以通过对产出增长率、资本与劳动投入的增长率和资本与劳动份额的观察值求得。

该生产函数模型的显著特点是易估计和包容性。所谓包容性，是它可以被认为是任何形式的生产函数的近似。它在结构上属于平方反映面（Quadratic Response Surface）模型，可以较好地研究生产函数中投入的相互影响，各种投入技术进步的差异及技术进步随时间的变化等。由于它是一个简单的线性模型，可以直接采用单方程线性模型的估计方法进行估计。例如，如果 $\beta_{KK} = \beta_{LL} = \beta_{KL} = 0$，则表现为 C-D 生产函数；如果 $\beta_{KK} = \beta_{LL} = -\dfrac{1}{2}\beta_{KL}$，则表现为 CES 生产函数。所以，可以根据该生产函数的估计结果判断要素的替代性质。

第五节　经济增长模型在生产计量中的应用

经济增长模型指经济增长的理论结构，它所要说明的是经济增长与有关经济变量之间的因果关系和数量关系。对经济增长的不同理论分析构成了不同的经济增长模型。本节先向读者介绍两个经典的经济增长模型，即哈罗德–多马经济增长模型和新古典经济增长模型，然后对新增长理论做了简要的说明。

一、哈罗德–多马经济增长模型

英国经济学家哈罗德与美国学者多马几乎同时提出自己的经济增长模型。由于两者在形式上极为相似，所以称为哈罗德–多马模型。两者的区别在于哈罗德是以凯恩斯的储蓄–投资分析方法为基础，提出资本主义经济实现长期稳定增长模型；而多马模型则以凯恩斯的有效需求原理为基础，得出与哈罗德相同的结论。哈罗德–多马模型考察的是一国在长期内实现经济稳定的均衡增长所需具备的条件。

（一）模型基本形式
表示法一：

$$g = s/v$$

其中，g 是经济增长率，s 是资本积累率（储蓄率或投资率），v 是资本/产出比。

表示法二：

$$\Delta Y/Y = s \times \Delta Y/\Delta K$$

其中，Y 表示产出，ΔY 表示产出的变化量，$\Delta Y/Y$ 代表经济增长率；s 为储蓄率；ΔK 是资本存量 K 的变化量。$\Delta Y/\Delta K$ 的含义是每增加一个单位的资本可以增加的产出，即资本（投资）的使用效率。

表示法三：

$$\Delta Y/Y = I/Y \times 1/k = s/k$$

该模型的前提假设如下：

（1）储蓄能够有效地转化为投资。

（2）该国对外国的资本转移（发展援助）具有足够的吸收能力。其中：s 为储蓄率，k 代表资本边际系数。

（3）资本–产出比率不变。

（4）社会只生产一种产品，这种产品既可以是消费品，也可以是投资品。

（5）社会生产过程中只使用劳动力和资本两种生产要素。且两种要素之间不能相互替代。

（6）技术状态既定，不存在技术进步。

（二）模型的推导

哈罗德在上述假设条件下将经济增长抽象为三个宏观经济变量之间的函数关系。第一个变量是经济增长率，用 g 表示；第二个变量是储蓄率，用 s 表示；第三个变量是资本–产出比率，用 v 表示。数学表达式为：$g = s/v$。从该式可以看出：一国的经济增长率与该国的储蓄率成正比，与该国的资本–产出比率成反比。

另外，哈罗德将经济增长率分为实际增长率、均衡增长率和自然增长率。实际增长率就是社会实际达到的经济增长率。值得注意的是，在一般情况下，实际增长率不能用哈罗德模型的基本公式计算。这是因为实际经济状况并不满足哈罗德的前提假设，比如储蓄不等于投资。均衡增长率就是哈罗德提出的有保证的增长率，它所对应的是合意的储蓄率和合意的资本–产出比率。因此，在实现均衡增长率的情况下，由于实现了充分就业的有效需求水平，且形成的生产能力得到充分利用。所以，就各年情况而言，产量或收入达到最大值时，社会上既无失业又无通货膨胀。自然增长率是在人口和技术都不发生变动的情况下，社会所允许达到的最大增长率。哈罗德认为，当实际增长率和均衡增长率发生偏差时，会导致经济短期波动；而当均衡增长率和自然增长率发生偏差时，会导致经济长期波动。而且一旦偏差发生，就有自我加强的趋势。因此，要实现实际增长率等于均衡增长率并等于自然增长率的长期均衡几乎是不可能的，常被形象地称为"刃锋式"的经济增长。

（三）模型结论与意义

增长率随储蓄率增加而提高，随资本–产出比扩大而降低，经济的增长路径是不稳定的。在完全就业条件下的增长稳定性取决于"人口增长率"g_N、"实际经济增长率"g_A 和"有保证的经济增长率"g_W 之间的关系。完全稳定增长的条件：$g_A = g_W = g_N$。但此条件不能自发实现。若 $g_A > g_W$，则实际资本–产出比低于投资者意愿的资本–产出比，投资会进一步增加，实际经济增长率进一步提高，直至达到劳动供应的极限；若 $g_A < g_W$，则实际资本–产出比高于投资者意愿的资本–产出比，投资会降低，实际经济增长率降低，经济中出现失业。

该模型突出了发展援助在经济增长中的作用：通过提高投资（储蓄率）来促进经济增长——通过资本转移（发展援助）能够促进发展中国家的经济增长；发展援助通过技术转移降低资本系数（k），即提高资本生产率（$1/k$）来促进经济增长。

哈罗德–多马模型作为一种早期的增长理论，虽然具有简单、明确的特点，但该模型关于劳动和资本不可相互替代以及不存在技术进步的假定在一定程度上限制了其对现实的解释。在西方经济增长理论的文献中，经济学家几乎公认，美国经济学家罗伯特·索洛在 20 世纪 50 年代后半期所提出的新古典增长理论是 20 世纪五六十年代最著名的关于增长问题的研究成果。下面讨论新古典增长理论。

二、新古典增长模型

（一）模型的基本形式

新古典经济增长理论在放弃了哈罗德–多马模型中关于资本和劳动不可替代以及不存在技术进步的假定后，所做的基本假定包括：①社会储蓄函数为

$S = sY$。其中，s 是作为参数的储蓄率；②劳动力按一个不变的比率 n 增长；③生产的规模收益不变。

在上述假定③，且暂时不考虑技术进步的情况下，经济中的生产函数可以表示为人均形式：

$$y = f(k) \qquad (12-11)$$

其中，y 为人均产量，k 为人均资本。

在一个只包括居民户和厂商的两部门的经济中，经济的均衡条件可以表示为：

$$Y = C + I$$

将上式表示为人均形式，则有：

$$Y/N = C/N + I/N \qquad (12-12)$$

将式（12-12）动态化，并利用式（12-11），有：

$$f\left[k(t)\right] = \frac{C(t)}{N(t)} + \frac{I(t)}{N(t)} \qquad (12-13)$$

由于 $k(t) = \dfrac{K(t)}{N(t)}$，对这一关系求关于时间的微分，可得：

$$\frac{dk(t)}{dt} = \frac{1}{N^2}\left(N \cdot \frac{dK}{dt} - K \cdot \frac{dN}{dt}\right) \qquad (12-14)$$

利用 $\dfrac{dN/dt}{N} = n$ 和 $\dfrac{dK}{dt} = I$，上式可表示为：

$$\frac{1}{N} = \frac{dK}{dt} + nk \qquad (12-15)$$

由式（12-12）得：

$$\frac{Y - C}{N} = \frac{I}{N}$$

注意到 $Y - C = S$，而 $S = sY$，上式可写为：

$$sY/N = I/N \qquad (12-16)$$

将式（12-11）代入式（12-16）可表示为：

$$sf(k) = \frac{dk}{dt} + nk \qquad (12-17)$$

式（12-17）便是新古典增长模型的基本方程。这一关系式说明，一个社会的人均储蓄可以分为两个部分：①人均资本的增加，即为每一个人配备更多的资本设备，这被称为资本的深化。②每增加的人口配备后，每人平均应得的资本设备 nk，这被称为资本的广化。总而言之，这里的意思是：在一个社会全部产品中减去被消费掉的部分后，剩下的便是储蓄；在投资等于储蓄的均衡条件下，整个社会的储蓄可以被用于两个方面：一方面给每个人增添更多的资本设备，即资本深化，另一方面为新出生的每一个人提供平均数量的资本设备，即资本广化。

（二）稳态分析

在新古典增长理论中，所谓稳态指如下状态，这时的人均产量和人均资本不再发生变化。按照这种稳态的含义，如果人均资本不变，在给定的技术条件下，则人均产量也不变。尽管人口在增长，但为使人均资本保持不变，资本必须和人口以相同的速度增长。在假定技术不变时，按新古典增长理论的假定，便有：

$$\frac{dY/dt}{Y} = \frac{dN/dt}{N} = \frac{dK/dt}{K} = n$$

当经济中的总产量、资本存量和劳动力都以速度 n 增长，且人均产量固定时，就达到了稳态。

按照上面关于稳态的说明，当 $\frac{dk}{dt} = 0$ 时，经济便处于稳态，在新古典增长理论中，稳态的条件可表示为：

$$sf(k) = nk \qquad (12-18)$$

由稳态条件确定的人均资本为 $\bar{k}$。为了进一步理解稳态的含义，考虑 k 不等于 $\bar{k}$ 的情况，不失一般性，假定实际的 k 值小于 $\bar{k}$，这时有：

$$sf(k) > nk$$

即

$$\frac{sf(k)}{k} > n \qquad (12-19)$$

又因为 $f(k) = y = \dfrac{Y}{N}$，$k = \dfrac{K}{N}$，式（12-19）可写为：

$$s\frac{Y}{N} \cdot \frac{N}{K} = s\frac{Y}{K} > n \qquad (12-20)$$

在不存在折旧的情况下，根据 $sY = S = I = \dfrac{dK}{dt}$，上式写为：

$$\frac{dK/dt}{K} > n$$

上式表明，如果实际的 k 小于 $\bar{k}$，资本的增长率将大于劳动增长率。换句话说，这时资本比劳动增加得快，即人均资本在增加。这一点从方程式（12-17）看得更清楚，当 $sf(k) > nk$ 时，有 $\dfrac{dk}{dt} > 0$，即随着时间的推移，人均资本将会增加。以上的分析表明，当人均资本低于稳态所要求的水平时，经济中会有一种机制使人均资本不断增加，直到达到稳态所要求的水平为止。类似地，当人均资本大于稳态所要求的水平时，人均资本将不断减少，直到达到 $\bar{k}$ 所表示的水平为止。

因此，人均资本 k 总是趋向于其稳态值。与此相对应，人均产量趋向于均衡值 $\bar{y}$。

需要特别指出的是，上述关于稳态的分析表明，在稳态时，总收入以与人口相同的速度增长，即增长率为 n。这意味着，稳态中的产量增长率并不受储蓄率的影响。这是新古典增长理论的重要结论之一。

（三）考虑技术进步时的稳态

到目前为止，对新古典增长理论的论述都没有涉及技术进步。事实上，如本节开始所说，考虑技术进步正是新古典增长理论不同于哈罗德-多马模型的重要之处。下面论述考虑到技术进步时的稳态分析。

在宏观经济中，考虑到技术进步时的总产量生产函数一般写为：

$$Y = f(K, N, A) \tag{12-21}$$

式（12-21）中，A 为技术状况。一般地，Y 与 A 具有正向关系，即给定资本和劳动，A 的增加（技术状况的改进）将带来产量的增加。

在增长理论中，为了便于分析技术进步，常将生产函数写为如下形式：

$$Y = f(K, NA) \tag{12-22}$$

其中，NA 为劳动与技术状况的乘积。这种考虑技术状况的方法据说更容易考察技术进步对产出、资本和劳动之间关系的影响。

如果将 NA 称为有效劳动力，则技术进步意味着增加了经济的有效劳动力。在这种考虑之下，式（12-22）所示的生产函数表示产出是由资本 K 和有效劳动力 NA 两个要素生产的。

对于生产函数式（12-22），当 Y 为 K 和 NA 的一次齐次函数时，可将其表示为：

$$y = f(k) \qquad\qquad (12\text{-}23)$$

其中，$y = \dfrac{Y}{NA}$ 被称为有效人均产出；$k = \dfrac{K}{NA}$ 被称为有效人均资本。

前面的第一部分和第二部分的分析在相当的程度上适用于这里的静态分析。为了避免重复，下面着重说明几点应注意的问题：

（1）考虑到技术进步时的稳态是指使有效人均资本和有效人均产量均为常数的状态。在稳态时，总产出将按有效劳动力 NA 的增长率增长。

（2）由于有效劳动力被定义为 NA，即劳动力 N 与技术状况 A 的乘积，因此，有效劳动力 NA 的增长率为劳动增长率与技术进步增长率之和。

（3）将上述（1）和（2）综合在一起会看到，在稳态时，总产出的增长率由劳动力增长率和技术进步率之和决定，这一增长率与储蓄率无关。利用这一重要结论，并注意到人均产量被定义为总产量与劳动力之比，就可推出，在稳态时，人均产量增长率决定于技术进步率。

由于在稳态时，产出、资本和有效劳动力都按相同的比率增长，故这种稳态也被称为平衡增长状态。根据以上讨论，若记 g_N 为人口增长率，g_A 为技术进步增长率，则平衡增长的特征可以被概括为表 12-1。

表 12-1　平衡增长状态

项目	增长率	项目	增长率
有效人力资本	0	劳动	g_N
有效人均产量	0	资本	g_N
人力资本	g_A	产出	$g_N + g_A$
人均产量	g_A	有效劳动	$g_N + g_A$

由于在稳态时，产出增长率仅依赖于劳动力增长率和技术进步率，因此，储蓄率的变化并不影响产出的稳态增长率。然而，储蓄率的增加却能增加稳态的有效人均产出水平。

此外，新古典增长理论还隐含一点，即如果国与国之间有着不同的储蓄率，则它们会在稳态中达到不同的产出水平。但如果它们的技术进步率和人口增长率都相同，那么它们的稳态增长率也将相同。这就是所谓的趋同论点。

三、新增长理论

近半个世纪以来，现代经济增长理论经历了一条由外生增长到内生增长的演进道路。在 20 世纪 80 年代中期，以罗默（Romer P）和卢卡斯（Lucas R）等为代表的一批经济学家，在对新古典增长理论重新思考的基础上，发表了一组以"内生技术变化"为核心的论文，探讨了长期增长的可能前景，重新引起了人们对经济增长理论和问题的兴趣，掀起了一股"新增长理论"（New Growth Theory）的研究潮流。这一理论自提出以来，迅速成为理论关注的焦点，对世界经济增长，尤其是对发展中国家经济产生了重要影响。

新增长理论最重要的突破是将知识、人力资本等内生技术变化因素引入经济增长模式中，提出要素收益递增假定，其结果是资本收益率可以不变或增长，人均产出可以无限增长，并且增长在长期内可以单独递增。技术内生化的引入，说明技术不再是外生、人类无法控制的东西，而是人类出于自身利益而进行投资的产物。

新增长理论主要有以下几个研究思路：

（一）知识外溢和边干边学的内生增长思路

以 Romer P、Lucas R、Stokey N 和 Young、Alwyn 等为代表，强调知识和人力资本是"增长的发动机"。因为知识和人力资源本身就是一个生产投入要素：一方面，它是投资的副产品，即每一个厂商的资本增加都会导致其知识存量的相应提高；另一方面，知识和人力资本具有"外溢效应"，即一个厂商的新资本积累对其他厂商的资本生产率有贡献。这意味着，每一个厂商的知识水平都是与整个经济中的边干边学，进而与全行业积累的总投资成比例的。通过这种知识外溢的作用，资本的边际产出率会持久地高于贴现率，使生产出现递增收益。也就是说，任意一个给定厂商的生产力是全行业积累的总投资的递增函数，随着投资和生产的进行，新知识将被发现，并由此形成递增收益。因此，通过产生正的外在效应的投入（知识和人力资本）的不断积累，增长就可以持续。

（二）内生技术变化的增长思路

以 Romer P、Helpman E 和 Howitt P 等为代表，强调发展研究是经济刺激的产物，即有意识地发展研究所取得的知识是经济增长的源泉。大量的创新和发明正是厂商为追求利润极大化而有意识投资的产物。由于这一研究与开发产生的知识必定具有某种程度的排他性，因此开发者拥有某种程度的市场力量。可见，创新需要垄断利润的存在，因此，这种经济不是完全竞争的，它需要某种垄断力。但是，发明者的垄断地位具有暂时的性质，在新技术出现时，它就会被取代并丧失其垄断利润。正是这种对垄断利润的追求，以及垄断利润的暂时性质，使得创新不断继续，从而经济就进入持续的长期增长中。

（三）线性技术内生的增长思路

以 Rebdo S 和 Barm R 等为代表，其显著特点是生产函数的线性技术（或称凸性技术，Convex Technology），产出是资本存量的函数。与新古典模式不同的是，这里的资本是广义概念的资本，它不仅包括物质资本，还包括人力资本，即两者的复合。它们在生产中未被完全替代，因而虽然每一种投入都具有递减收益，但两种资本在一起就具有不变规模收益。从而随着资本存量的增加，产出同比例地增加，长期增长成为可能。这一研究思路的另一特点是对政府政策的分析，提出政府服务是与私人投入一样的生产性支出，是"增长的催化剂"（Catalyst of Growth），政府的活动被完全内生化。同时，政府政策效应——增长效应还是水平效应——取决于各种政策的配套，具有复杂性，由此评估政策效应必须"面面俱到"（Look at Everything）。

首先，新增长理论将经济增长的源泉由外生转化为内生，从理论上说明知识积累和技术进步是经济增长的决定因素，并对技术进步的实现机制作了详细分析，这些研究填补了西方经济理论中的空白。它将技术看作是经济系统的一个中心部分，是"内生"的。并且技术进步可以提高投资收益，而投资又使技术进步更有价值，形成一个良性循环，长期恒定地促进经济的增长。

其次，新增长理论为经济持续的增长找到了源泉和动力。新增长理论将知识和人力资本因素纳入经济增长模型，为经济持续的增长找到了源泉和动力。古典增长理论学家大卫·李嘉图得出经济发展最终处于停滞的悲观结论。凯恩斯学派和新古典增长理论都认为，一旦没有技术进步，经济发展也将停止。新增长理论则认为，专业化的知识和人力资本的积累可以产生递增的收益并使其他投入要素的收益递增，从而总的规模收益递增，这突破了传统经济理论关于要素收益的递减或不变假定，说明了经济增长持续和永久的源泉与动力。

再次，对于一些经济增长事实具有相当的解释力。例如，新增长理论证明了垄断竞争经济中均衡的存在，因为对新技术的垄断以及由此带来的超额利润提供了投资和技术研究的动力，以及由于知识和人力资本有外溢效应，高人力资本的发达国家资本利用率高，从而这些国家的物质资本收益率与人力资本收益率也较高，因此，当生产要素可以在各国自由流动时，资本和人才可能会从发展中国家流向发达国家。此外，国际贸易可以使发展中国家利用国际上的先进技术，促进自身技术进步和经济增长。同时，国际贸易也可能使发展中国家专业化于技术含量低的传统产品部门，从而对发展中国家的经济增长产生不利影响，等等。

最后，对制定经济政策产生重大影响。新增长理论认为，市场力量的作用不足以利用社会可能达到的最大创新潜力，一部分创新潜力被浪费了。政府有责任、有理由进行干预，这样做的结果是提高了经济增长率。但是，政策制定者们把注意力集中在经济周期上，忙于进行"微调"和寻求操纵"软着陆"的方法是不对的。因为支撑经济周期的是探索发现与创新过程。因此，政府应着力于能促进发展新技术的各种政策。如支持教育，刺激对物质资本的投资，保护知识产权，支持研究与开发工作，实行有利于新思想形成并在世界范围内传递的国际贸易政策，以及避免政府对市场的扭曲等。

新增长理论对经济增长和经济发展提出了许多深刻的见解，在经济学理论界和各国经济实践中产生了广泛的影响。新增长理论目前仍在继续发展，新的理论模型还在不断产生，一些严格的假设条件逐步被放宽，越来越多的新增长理论家开始将政策变量纳入新增长模型，一些学者则利用新增长模型的分析框架对各国经济增长作了经验分析。可以预见，通过这些研究，新增长理论将逐步成熟起来。

第六节　应用实例

一、经济体制改革对中国电信行业生产率的影响

本部分基于 1994~2007 年 29 个省、市和自治区电信行业发展的数据，应用最小二乘法（OLS）、固定效应法（FE）和系统广义矩估计法（SYS-

GMM），利用电信行业生产函数来估计经济体制改革对行业生产率的影响。根据 Cobb-Douglas（柯布-道格拉斯）生产函数，资本和劳动投入决定着电信产出，在静态生产函数中，并没有考虑上一期产出对本期产出的影响。但电信产出是一个动态生产的过程，并且存在着明显的产业周期，因此，上一期行业产出水平会对下一期产生较大影响。为捕捉动态生产和产业周期性影响，在模型设计中使用了动态模型。

设某省份 i 在 t 年的电信行业生产函数为：

$$Y_{i,t} = A_{i,t} \cdot Y_{i,t-1}^{p} \cdot (K_{i,t}^{\alpha} \cdot L_{i,t}^{\beta}) \qquad (12\text{-}24)$$

其中，$Y_{i,t}$ 和 $Y_{i,t-1}$ 分别为某省份 i 在 t 年和 $t-1$ 年的电信行业产出值。引入 $Y_{i,t-1}$ 主要是考虑行业产出的持续和周期性，$A_{i,t}$ 为全要素生产率，$K_{i,t}$ 为资本投入，$L_{i,t}$ 为劳动投入。

对式（12-24）取对数并考虑各省份固定效应以及电信行业产出的随机波动后得到：

$$\ln Y_{i,t} = \ln A_{i,t} + \rho \ln Y_{i,t-1} + \alpha \ln K_{i,t} + \beta \ln L_{i,t} + u_i + \varepsilon_{i,t} \qquad (12\text{-}25)$$

其中，u_i 表示省份 i 不随时间变化的未观察因素，$\varepsilon_{i,t}$ 为随机波动扰动项。从 1994 年开始，中国经历了前所未有的电信经济体制改革，改革到底对生产率产生怎样的影响？我们建立起市场竞争、产权改革和管制政策变化三个改革措施与生产率之间影响关系，即全要素生产率可以表示为：

$$\ln A_{i,t} = \delta_0 + \eta_1 Comp_{i,t} + \eta_2 Own_{i,t} + \eta_3 Reg_{i,t} \qquad (12\text{-}26)$$

其中，$Comp_{i,t}$ 表示电信行业市场竞争程度，$Own_{i,t}$ 表示行业产权结构变化。$Reg_{i,t}$ 表示行业管制政策变化。另外，δ_0 为常数项。令 $\eta_4 = \alpha$、$\eta_5 = \beta$，并将式（12-26）代入式（12-25），可以得到基于 Cobb-Douglas 生产函数的估计模型：

$$\ln Y_{i,t} = \delta_0 + \rho \ln Y_{i,t-1} + \eta_1 Comp_{i,t} + \eta_2 Own_{i,t} + \eta_3 Reg_{i,t} + \eta_4 \ln K_{i,t} + \eta_5 \ln L_{i,t} + u_i + \varepsilon_{i,t}$$

$$(12\text{-}27)$$

在模型中，δ_0、ρ 和 $\eta_1 \sim \eta_5$ 为待估参数。

所使用数据涵盖 1994~2007 年 29 个省、市和自治区电信行业发展的平衡面板数据。其中，西藏由于部分数据缺失，没有包括在内。另外，将重庆市数据纳入到四川省一并处理。主要涉及的变量指标主要包括三大类，即电信产出指标、投入指标和经济体制改革指标，所有数据的描述性统计如表 12-2 所示。

表 12-2　数据统计性描述（1994~2007 年）

衡量指标	变量	变量描述	平均值	标准差	最小值	最大值
电信产出	Revenue	电信业务收入（亿元）	99.1	122.2	0.8	914.7
资本投入	COcapacity	局用交换机容量（万门）	871.3	904.5	7.8	5362.5
资本投入	Lexchange	长途电话交换机容量（路端）	264078	286480	6934	2767211
	Mexchange	移动电话交换机容量（万户）	840	1282	1	11366
	Fiber	长途光缆长度（千米）	12889	11024	118	65226
劳动投入	Employee	电信职工人数（万人）	4.16	2.44	0.50	13.26
市场竞争	HHI	赫芬达尔指数	0.62	0.29	0.29	1
	FirmNo	电信市场企业数量（个）	3.364	1.492	1	5
产权改革	SOequity	国有股权比例	0.89	0.13	0.66	1
	ShareNo	电信企业上市改制数量（个）	1.229	1.329	0	3

注：电信行业资本和劳动投入数据主要来源于 1995~2008 年《中国统计年鉴》；其他电信部门数据主要来源于《中国通信统计年度报告》和逐年电信上市公司年报。

为克服竞争和产权变量的内生性问题，这里还利用某省相邻 5 省的市场集中度（赫芬达尔指数）和产权变量（国有股权比例）平均值为工具变量，并应用模型（12-27）给出改革变量为内生时的估计结果如表 12-3 所示。

表 12-3　基于生产函数的估计结果

解释变量	被解释变量：log（主营业务收入）					
	改革变量为外生			改革变量为内生		
	OLS	FE	SYS-GMM	OLS	FE	SYS-GMM
	（1）	（2）	（3）	（4）	（5）	（6）
L. log（主营业务收入）	0.389*** (0.032)	0.122*** (0.041)	0.281*** (0.053)	0.394*** (0.033)	0.128*** (0.041)	0.308*** (0.059)
赫芬达尔指数（HHI）	−0.408*** (0.104)	−0.538*** (0.112)	−0.972*** (0.121)	−0.451*** (0.110)	−0.609*** (0.119)	−0.880*** (0.140)
国有股权比例	−0.533*** (0.124)	−0.962*** (0.137)	−1.126*** (0.169)	−0.502*** (0.134)	−1.117*** (0.150)	−0.894*** (0.156)
log（局用交换机容量）	0.044 (0.041)	0.001 (0.056)	−0.314*** (0.057)	0.043 (0.041)	−0.027 (0.057)	−0.301*** (0.046)
log（长途电话交换机容量）	0.128*** (0.034)	0.089** (0.040)	0.295** (0.109)	0.13*** (0.034)	0.076* (0.040)	0.371*** (0.087)

续表

解释变量	被解释变量：log（主营业务收入）					
	改革变量为外生			改革变量为内生		
	OLS	FE	SYS-GMM	OLS	FE	SYS-GMM
	（1）	（2）	（3）	（4）	（5）	（6）
log（移动电话交换机容量）	−0.043*	−0.015	0.041	−0.05**	−0.023	0.047
	（0.025）	（0.024）	（0.027）	（0.025）	（0.024）	（0.030）
log（长途光缆线路长度）	−0.052***	0.015	0.014	−0.053***	0.011	0.044
	（0.012）	（0.031）	（0.070）	（0.012）	（0.031）	（0.063）
log（电信职工人数）	0.271***	0.226***	1.234***	0.274***	0.218***	1.165***
	（0.037）	（0.078）	（0.090）	（0.038）	（0.079）	（0.075）
yr1998	−0.105**	−0.085**	0.052	−0.096**	−0.064	0.036
	（0.041）	（0.040）	（0.031）	（0.042）	（0.041）	（0.035）
yr2000	0.015	−0.021	0.008	0.011	−0.019	0.005
	（0.035）	（0.032）	（0.018）	（0.035）	（0.032）	（0.017）
yr2002	−0.044	−0.058*	0.056***	−0.048	−0.054*	0.06***
	（0.034）	（0.032）	（0.016）	（0.035）	（0.032）	（0.019）
Arellano-BondAR（1）			0.025			0.009
Arellano-BondAR（2）			0.147			0.240
Hansen Test			0.180			0.185
观察值	377	377	377	377	377	377

注：①***、**、*分别表示在1%、5%和10%统计水平上显著；②所有回归中均包含了常数项，为节省空间，此处均未列出；③表中括号内为稳健标准差；④为了满足工具变量数大于截面数及工具有效性，对于因变量（除时间虚拟变量外）我们使用了滞后两期并用了collapse。下同。

根据表12-3中的结果，可以得到以下结论：

第一，去垄断改革所形成的市场竞争对电信行业全要素生产率具有显著正向影响。表12-3中，在1%显著水平上，三种估算方法都显示市场集中度——赫芬达尔指数（HHI）与行业全要素生产率呈负相关关系，即市场竞争显著提高了电信行业全要素生产率。结果说明，电信行业通过引入竞争、两次拆分打破政府垄断经营，构建国有电信企业竞争格局，对于生产率提高发挥了重要作用。

第二，海外上市产权改革显著地提高了电信行业全要素生产率。从表12-3中的三种方法估计结果可以看出，国有股权比例下降对生产率具有非常显著的正效应。电信企业海外上市后，部分国有股份被民营化，虽然国家仍保持着控制权，但由于上市后企业治理结构发生了很大的变化，从而提高了行业全要素生产率。可能的解释包括以下几个方面：①电信企业海外上市，迫使企业进行改制，逐步摆脱了国有企业的行政性负担，并硬化了预算软约束；②由于海外股票交易市场的监管和信息披露比较严格，电信企业不得不完善现代企业制度，按照国际惯例经营管理企业；③电信企业在海外交易市场上的股价表现作为其绩效"晴雨表"，激励企业不断改善生产率（DeWoskin，2001）。

第三，管制政策变化对电信行业全要素生产率都具有正面影响。中国加入世界贸易组织（WTO）后显著提高了电信行业生产率，虽然相对独立管理机构成立和《规制条例》颁布对行业生产率影响不显著，但是表现出正向影响。中国加入WTO后，电信管制措施逐步与世界接轨，必须遵守WTO电信管制措施，而且还受到国外电信巨头无形竞争压力，因此，加入WTO对行业生产率提高呈现出显著正效应。

为增强研究结果的稳健性，首先，将核心改革变量分别利用其他变量来衡量，进行了重新估计。自1994年以来中国电信市场不断引入竞争者，拆分出相互竞争的对象，随着某省（市、自治区）市场中企业数量的增加，市场竞争的激烈程度不断增加，因此，竞争变量由电信市场中竞争者（企业）的数量来衡量。其次，产权改革变量由海外上市改制的企业数量衡量，之所以用此变量衡量，是因为某一省份完成海外上市改制的企业数量越多，意味着该省电信行业产权改革的程度越高。此外，我们还加入了这两个变量的滞后项，以考虑改革措施的滞后影响，但限于篇幅，仅取滞后一期。最后，我们利用模型（12-27）进行回归，稳健检验结果列于表12-4中。

表12-4　基于生产函数的估算结果（可靠性检验）

解释变量	被解释变量：log（主营业务收入）				
	基于两阶段系统GMM的估算				
	（1）	（2）	（3）	（4）	（5）
L. log（主营业务收入）	0.040	0.026	0.068	0.059	0.195***
	(0.067)	(0.067)	(0.051)	(0.049)	(0.042)

续表

解释变量	被解释变量：log（主营业务收入）				
	基于两阶段系统 GMM 的估算				
	（1）	（2）	（3）	（4）	（5）
竞争者（企业）数量	0.026				0.069***
	（0.048）				（0.021）
竞争者（企业）数量_1		0.008			
		（0.030）			
上市改制企业数量			0.101***		0.085***
			（0.019）		（0.017）
上市改制企业数量_1				0.081***	
				（0.015）	
log（局用交换机容量）	−0.097	−0.082	−0.188**	−0.119*	−0.081
	（0.120）	（0.075）	（0.087）	（0.064）	（0.080）
log（长途电话交换机容量）	0.691***	0.724***	0.487***	0.586***	0.401***
	（0.076）	（0.117）	（0.108）	（0.105）	（0.072）
log（移动电话交换机容量）	0.094*	0.096**	0.163***	0.129***	0.083*
	（0.050）	（0.045）	（0.039）	（0.032）	（0.042）
log（长途光缆线路长度）	0.163**	0.177***	0.085	0.109*	−0.012
	（0.075）	（0.060）	（0.083）	（0.058）	（0.047）
log（电信职工人数）	1.111***	1.118***	1.200***	0.953***	1.007***
	（0.181）	（0.185）	（0.153）	（0.158）	（0.138）
yr1998	−0.140***	−0.140***	−0.142***	−0.145***	−0.092***
	（0.040）	（0.017）	（0.013）	（0.017）	（0.023）
yr2000	0.062***	0.058**	0.015	0.073***	0.048**
	（0.016）	（0.025）	（0.017）	（0.013）	（0.019）
yr2002	0.018	0.039*	0.045**	0.070***	0.037**
	（0.028）	（0.022）	（0.021）	（0.019）	（0.014）
Arellano−BondAR（1）	0.015	0.028	0.021	0.007	0.038
Arellano−BondAR（2）	0.105	0.135	0.137	0.122	0.119

续表

解释变量	被解释变量：log（主营业务收入）				
	基于两阶段系统 GMM 的估算				
	（1）	（2）	（3）	（4）	（5）
Hansen Test	0.309	0.259	0.368	0.289	0.349
观察值	377	377	377	377	377
工具变量数	25	25	25	25	28

一方面，竞争者（企业）数量和企业完成上市改制数量对行业生产率具有显著正面影响。此外，从我们的实证结果还可以得到一些有趣的结论。①在不剔除产权改革变量影响的情况下，将竞争变量直接与其余变量回归发现，市场中企业数量增加虽然对行业生产率具有正面影响，但是影响并不显著。然而，当加入产权变量后，企业数量增加对生产率转变为显著影响，而且第（5）列回归系数要远大于第（1）列。从这个结果可以推断，企业上市产权改革难以有效促进企业竞争，从而降低了生产率。②在不剔除竞争变量影响的情况下，产权改革变量与行业生产率呈现出显著的正向关系（当期和滞后期），当加入竞争变量后，产权变量的影响依然显著，而且第（5）列的回归系数要小于第（3）列。因此，我们可以推断市场竞争促进了企业上市改制的效果，从而促进了生产率的提高。

另一方面，《电信条例》的颁布和中国加入 WTO 对全要素生产率具有显著的正面效应，而相对独立管制机构的建立对生产率呈现出负效应。与前面实证结果有所差别的是，《电信条例》的颁布对生产率的影响由不显著变为显著正相关，说明这项管制变化对电信生产率表现出积极的正向影响。另一个差别是，相对独立管制机构对生产率变成显著负向影响，但这并不会影响本部分实证结果的可靠性，可能是利用两个代理变量效果较差所引起测算结果的波动。

我们还利用实证结果进行估算中国电信行业增长的源泉。由于模型（5）不仅反映了电信经济体制改革对电信行业全要素生产率的影响，也反映了经济体制改革、要素投入和行业产出动态与电信行业产出的关系。本部分基于表 12-3 第（3）列中对电信生产函数的计算结果，估算了改革三阶段影响中国电信行业增长不同因素的贡献率，并将结果列于表 12-5 中。根据表 12-5 中结果，我们估算了电信行业增长的源泉。

表12-5　估算我国电信行业产出增长的源泉

解释变量	估计系数 (1)	1994~1997年		1998~2002年		2003~2007年	
		变量变化 (2)	增长贡献率（%） (3)=(1)×(2)	变量变化 (4)	增长贡献率（%） (5)=(1)×(4)	变量变化 (6)	增长贡献率（%） (7)=(1)×(6)
经济体制改革			**1.42** **(1.18)**		**79.44** **(60.79)**		**21.25** **(18.22)**
市场结构			0.97 (0.81)		56.92 (43.55)		2.78 (2.38)
赫芬达尔指数	−97.200	−0.01		−0.59		−0.03	
产权结构			0.45 (0.37)		10.92 (8.36)		18.47 (15.84)
国有股比例	−112.600	−0.004	0.45	−0.10	10.92	−0.16	18.47
管制变化					**11.60** **(8.88)**		
yr1998	5.200				5.200 (3.98)		
yr2000	0.800				0.800 (0.61)		
yr2002	5.600				5.600 (4.28)		
资本投入			**12.87** **(10.70)**		**10.10** **(7.73)**		**19.55** **(16.77)**

续表

解释变量	估计系数 (1)	1994~1997年		1998~2002年		2003~2007年	
		变量变化 (2)	增长贡献率（%）(3)=(1)×(2)	变量变化 (4)	增长贡献率（%）(5)=(1)×(4)	变量变化 (6)	增长贡献率（%）(7)=(1)×(6)
局用交换机容量	-0.314	119.70	-37.59 (-31.26)	107.03	-33.61 (-25.71)	44.48	-13.97 (-11.98)
长途电话交换机容量	0.295	80.83	23.84 (19.83)	71.49	21.09 (16.14)	90.66	26.74 (22.94)
移动电话交换机容量	0.041	611.34	25.06 (20.85)	502.97	20.62 (15.78)	153.43	6.29 (5.40)
长途光缆线路长度	0.014	110.29	1.54 (1.28)	142.29	1.99 (1.52)	34.49	0.48 (0.41)
劳动投入			**10.40 (8.65)**		**-5.12 (-3.92)**		**20.06 (17.20)**
电信职工人数	1.234	8.43	10.40	-4.15	-5.12	16.26	20.06
产出动态			**39.74 (33.05)**		**18.90 (14.46)**		**17.53 (15.03)**
滞后一期行业产出	0.281	141.42	39.74	67.24	18.90	62.38	17.53
其他未解释余值			**55.8 (46.41)**		**27.37 (20.94)**		**36.19 (31.04)**
累计增长			**120.23 (100.00)**		**130.69 (100.00)**		**116.60 (100.00)**

注：表中括号内为行业增长贡献率（%），累计行业产出增长率设定为100%。

表 12-5 显示，1994~1997 年，中国电信行业总产出增长了 120.23%。① 其中，经济体制改革对电信行业增长的贡献率仅为 1.18%。首先，由于新引入的中国联通太弱小难以对当时在位电信运营商构成竞争威胁，这时期电信业依然保持着高度垄断状态，因此市场结构对电信增长贡献率仅为 0.81%；1997 年，中国电信最早将广东和浙江两省移动通信业务海外上市后，所引起产权结构变化对电信增长贡献率为 0.37%；而管制政策并没变化，因此对电信增长未有贡献。其次，电信行业 19.35% 的增长来自要素投入增加，其中，资本投入贡献了 10.7% 的增长，劳动投入贡献了 8.65% 的增长。此外，这阶段中国电信行业处于产业起飞期，上一期增长对本期产出增长贡献高达 33.05%。最后，其他未解释的余值为 46.41%。

1998~2002 年，电信行业产出增长了 130.69%。首先，行业 60.79% 的增长主要来源于经济体制改革：①分拆竞争所带来的市场结构变化对电信增长的贡献最大，大约贡献了 43.55%；②随着国有电信企业不断在海外上市，在这一时期产权结构变化对电信增长的贡献为 8.63%；③这时期管制政策变化较大，总共为电信增长贡献了 8.88%。尽管相对独立管制机构的成立和《规制条例》的颁布对生产率影响不显著，但对电信增长贡献了 4.59%，可能的解释是，管制政策变化期间政府对电信服务价格不断进行下调或放松管制，导致了电信产出的增长。其次，资本和劳动投入的增长贡献率仅为 3.81%。其中，资本投入方面的贡献为 7.73%，而劳动投入由于职工人数下降出现了负增长。资本投入贡献最大的是长途和移动电话交换机的投入（31.92%），但局用交换机的投入为负值（-25.71%），可能的原因是，南北分拆后两大固网运营商允许相互进入竞争，在对方区域双方投入了大量固定电信设备，但由于移动对固定技术替代，固定业务出现了大规模萎缩，因此导致了固定设备投资对电信增长呈现出负效应。最后，上一期增长和未能解释余值的贡献分别为 14.46% 和 20.94%。

2003~2007 年，中国电信行业产出增长了 116.6%。首先，经济体制改革对电信行业产出的增长大约贡献了 18.22%，其中，市场结构和产权结构变化

---

① 在表中，电信行业产出增长的来源被分成四类：第一类是由经济体制改革带来的全要素生产率变化，其中经济体制改革又包括竞争、产权和管制三个政策措施；第二类是电信行业通常的资本和劳动投入，其中，资本投入包括局用交换机、长途电话交换机、移动电话交换机和长途光缆；第三类是产出动态；第四类是不能解释的余值。

分别贡献了 2.38% 和 15.84%，而这期间中国管制政策并没有变化。其次，资本和劳动投入变化对电信行业产出增长贡献率为 33.97%，包括资本投入变化贡献率为 16.77%，劳动投入变化贡献率为 17.20%。最后，上一期增长和未能解释余值的贡献分别为 15.03% 和 31.04%。

近年来，中国电信行业经历了高速增长之后，逐渐滑入到低速增长期，那么究竟是什么原因造成了中国电信的低速增长？本部分试图分析经济体制改革与电信行业增长之间的关系，以揭开电信行业低速增长之谜。在第五部分基础上，图 12-1 和图 12-2 列出电信改革三个阶段中经济体制改革和市场结构变化对电信行业增长的贡献率。

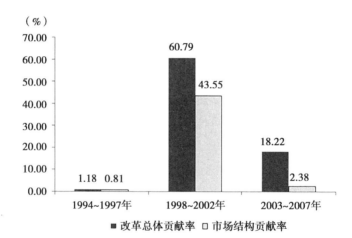

图 12-1   改革总体和市场结构对电信增长贡献率

本部分分析近年来电信行业低速增长的主要原因如下：

一方面，电信行业经济体制改革停滞是部门低速增长的主要原因之一。与发达国家相比，中国无论是移动电话还是互联网普及率都远落后于发达国家，甚至滞后于国际平均水平。而且，国内农村电信行业与城市相比差距明显，存在广阔的市场空间。[1] 另外，三网融合、物联网、移动互联网等新兴业务发展潜力巨大。因此，中国电信行业远未达到饱和，近期行业增速下降与行业增长空间相关的证据不足。本部分实证结果为揭示近期行业低速增长之谜提供了重要线索。从图 12-1 可以看出，1998~2002 年中国电信行业进行了两次大刀阔

---

[1]   2009 年城市固定电话、移动电话和互联网普及率分别达到 33.9%、70.5% 和 44.6%，而农村普及率仅分别为 14.5%、17.8% 和 15%。

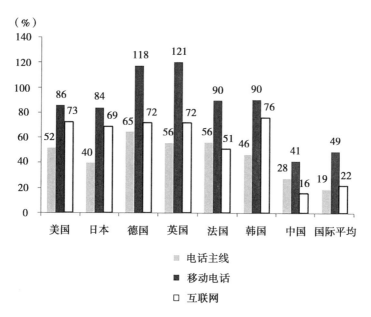

图 12-2　2007 年电信普及率国际间比较

斧的分拆改革，市场结构发生了深刻的变化，这一阶段电信行业增长主要来源于经济体制改革，贡献了电信行业 60.79% 的增长。然而，2002 年之后，中国电信行业经济体制改革步伐基本停滞，改革贡献下降到了 18.22%，贡献率相对第二阶段大幅度下降，这是电信增长速度下降的重要原因之一。2003~2007年，中国政府在市场结构和管制政策上并没有进行持续的改革，尽管电信企业在海外资本上继续降低国有股份比例，但民间资本仍然无法进入到电信行业中来。

　　另一方面，分拆改革后电信行业走向竞争失衡边缘，这一定程度上也影响了近年来中国电信行业产出增长。图 12-1 显示，在第一阶段（1994~1997年）中国联通进入电信行业后，对市场集中度的影响较小，市场结构变化对电信行业增长的贡献仅为 0.81%。在第二阶段两次分拆期间，市场结构变化的影响为 43.55%，几乎贡献了电信行业增长的一半。而第三阶段（2003~2007年），电信市场集中度并没按照改革者所预期的那样持续降低。反而，在分业竞争的格局下，由于移动对固定技术的替代效应，固定电信运营商的经营业务出现了萎缩现象，中国移动逐渐"一家独大"，电信市场走向了竞争失衡的边缘（郑世林，2010）。因此，这种竞争失衡最终影响到了电信行业的增长，这一阶段市场结构对增长的贡献仅为 2.38%。

二、信息产业全要素生产率增长率的度量

下面将分别介绍测算产业层次、分组层次（IT 生产业、IT 应用业和非 IT 业）、总量层次上 TFP 增长率的度量方法。

产业资本投入数据采用产业资本存量。这里采用永续盘存法来计算资本存量。资本存量的计算公式是：

$$CS = CS_{-1}^{*}(1-\delta) + C$$

其中，CS 是资本存量，CS_{-1}^{*} 是上一年的资本存量，δ 是平均折旧率，C 是本年的固定资产投资。根据《中国固定资产投资统计数典（1950—2000）》（中国统计出版社，2002）中的投资数据，计算并修补得到各产业历年的全社会固定资产投资，并将各年固定资产投资按固定资产投资价格指数平减，换算成以 1990 年为基年的可比资本投入。由于我国从 1992 年才开始逐年公布固定资产投资价格指数，1978~1991 年各年的固定资产投资价格指数和定基指数是使用数学方法延伸得到的，其置信度为 96.4%。

劳动投入采用劳动力人数，分行业的就业人数根据全社会劳动就业的人数和多年研究的积累，分解生成了 1987~2007 年各产业劳动就业人数。

1987 年、1992 年、1997 年、2002 年各年度中间投入的原始数据来源于国家统计局编制的投入产出表的 USE 表。其他年份中间投入的原始数据是基于中国 2002 年投入产出表，采用 RAS 法编制而成的投入产出延长表。并经过可比化处理，生成各年份可比价的 USE 表。

考虑数据的可得性，我们在 1987~2007 年的 21 年中，选择了 4 个时间区间，即 1987~1992 年、1993~1997 年、1998~2002 年、2003~2007 年 4 个子周期，以及 1987~2007 年全周期。其主要原因是 1987 年、1992 年、1997 年、2002 年这四个年份的生产活动具有完整的投入产出数据。[①]

（一）产业层次上 TFP 增长率的度量方法

运用总量生产函数定义产业层次上的生产函数，并测算产业层次上 TFP 增长率。首先定义产业层次上的生产函数为：

---

① 资料来源：《中国固定资产投资统计数典（1950—2000）》；历年《中国统计年鉴》；1987 年、1992 年、1997 年、2002 年《中国投入产出表》；历年《中国固定资产投资年鉴》；历年《中国劳动统计年鉴》。

$$\Delta\ln Y_j = \bar{v}_{K,j}\Delta\ln K_j + \bar{v}_{L,j}\Delta\ln L_j + \bar{v}_{X,j}\Delta\ln X_j + v_{T,j} \qquad (12\text{-}28)$$

将第 j 行业的增长分解为资本投入、劳动投入、中间投入和 TFP，其中，每种投入的贡献都是由该投入的增长率乘以该投入占该行业产出的份额，$v_{T,j}$ 是 TFP 增长率。

我们以各产业增加值表示各产业的总产出：

$$\Delta\ln Y_j = \bar{v}_{V,j}\Delta\ln V_j + \bar{v}_{X,j}\Delta\ln X_j \qquad (12\text{-}29)$$

其中，V_j 是第 j 行业的增加值，$\bar{v}_{V,j}$ 是第 j 行业的增加值占该行业总产出的比重。给定总产出的数据和中间投入的数据，从此式中得到第 j 行业实际的增加值。

作为 IT 生产业的通信设备与电子计算机业的 TFP 一直保持较高的增长率。如此高的 TFP 增长率使 IT 制造业得到了飞速发展，技术驱动增长的效果十分明显。1987~2007 年，通信设备、计算机及其他电子设备制造业 TFP 的年均增长率为 17.16%，但其变化出现了涨跌互现的状况。IT 应用业的 TFP 也保持相对较高的增长率，同时出现了涨跌互现的状况，而且波动的幅度较大。除金融与保险业的 TFP 增长趋势是逐年上升外，其余行业的 TFP 增长率都呈现明显下滑趋势。非 IT 业 TFP 的变化没有明显的规律性，多数行业 TFP 变化幅度巨大，如其他制造业的 TFP 增长迅猛，煤炭开采和洗选业 TFP 下滑非常严重。总体而言，多数行业呈现 TFP 下滑或停滞的趋势，传统产业 TFP 增长率一直较低，如农业、煤炭开采和洗选业、石油和天然气开采业、金属矿采选业等行业，如表 12-6 所示。

表 12-6　1987~2007 年各产业 TFP 变化趋势　　　　　单位:%

分类号码	产业	1987~2007 年	1987~1992 年	1993~1997 年	1998~2002 年	2003~2007 年
1	通信设备、计算机及其他电子设备制造	17.16	10.27	37.36	4.67	15.19
2	普通与专用设备制造业	5.79	11.29	5.41	4.03	-3.18
2	交通运输设备制造业	14.62	16.49	14.80	10.94	9.89
2	电气、机械及器材制造业	11.03	9.26	11.04	3.03	9.59

续表

分类号码	产业	1987~2007年	1987~1992年	1993~1997年	1998~2002年	2003~2007年
2	仪器仪表及文化办公用机械制造业	8.05	15.29	20.55	8.25	−0.93
2	文教卫生科研事业	4.89	2.43	7.43	6.89	1.49
2	金融与保险业	1.72	−28.03	2.27	4.89	8.61
3	农业	−4.40	−13.77	−3.71	−3.38	−0.93
3	煤炭开采和洗选业	−0.97	−6.97	4.15	9.91	−42.50
3	石油和天然气开采业	−8.56	−7.78	−8.47	−5.53	−35.31
3	金属矿采选业	−5.46	−13.52	1.59	5.24	−62.20
3	非金属矿采选业	3.31	−0.60	11.05	2.65	−3.18
3	食品加工业	−6.92	−25.26	−0.37	−0.42	0.21
3	纺织业	1.73	−3.84	11.39	−13.59	7.00
3	服装皮革业	3.41	3.46	7.88	−6.09	6.02
3	木材及家具业	11.78	9.22	14.95	10.52	9.29
3	造纸及文教用品业	−5.91	−19.12	−4.53	6.37	−5.30
3	电力、热力业	11.77	−4.17	7.49	4.22	5.42
3	石油炼焦业	−2.81	−7.13	−10.80	9.02	−16.32
3	化学工业	4.91	−4.01	2.92	18.54	−11.17
3	非金属矿物制品业	3.81	−9.19	9.12	6.51	8.29
3	金属冶炼及压延加工业	6.39	11.22	−2.10	14.97	−2.33
3	金属制品业	6.01	3.20	15.52	4.22	−2.01
3	其他制造业	8.60	32.53	19.74	−1.75	15.22
3	建筑业	2.00	12.37	−10.03	0.09	5.64
3	交通运输与邮电业	3.84	2.91	3.55	5.54	−2.74
3	商业与饮食业	−6.83	−13.45	−18.67	2.31	1.31
3	公用事业与居民服务（包括房地产业）	3.16	−3.09	1.77	5.31	6.86
3	公共管理和社会组织	31.10	−8.46	30.05	11.62	5.00

注：产业分类号码：1表示IT生产业，2表示IT应用业，3表示非IT业。下同。

(二) 分组层次 (IT 生产业、IT 应用业和非 IT 业) 和总量 TFP 增长率

为了量化 IT 生产业、IT 应用业和非 IT 业对经济增长的重要程度, 反映信息产业对中国技术进步和经济增长的贡献, 我们将分别测算 IT 生产业、IT 应用业和非 IT 业的 TFP 增长率。

这里采用生产可能性前沿函数方法测算分组层次 (IT 生产业、IT 应用业和非 IT 业) 的 TFP 增长率。

生产可能性前沿函数中的总增加值定义为行业增加值的超越对数生产函数。

$$\Delta \ln V = \sum_j \overline{w_j} \Delta \ln V_j \qquad (12\text{-}30)$$

其中, $\overline{w_j}$ 是行业增加值占总增加值的比重。

$$\overline{w_j} = P_{V,j} V_j / \sum_j P_{V,j} V_j \qquad (12\text{-}31)$$

其中, $P_{V,j}$ 是行业增加值的价格。将分组生产函数中的 TFP 增长率记为 v_T:

$$v_T \equiv \Delta \ln V - \overline{v}_K \Delta \ln K - \overline{v}_L \Delta \ln L \qquad (12\text{-}32)$$

其中, $\Delta \ln V$ 是增加值增长率, $\Delta \ln K$ 是资本投入增长率, $\Delta \ln L$ 是劳动投入增长率, v_T 是分组的 TFP 增长率。$\overline{v}_K$ 和 $\overline{v}_L$ 分别是行业的资本收入、劳动收入占行业总产出的比重, 方程假设要素投入规模报酬不变, 即 $\overline{v}_K + \overline{v}_L = 1$。

其中, 以份额作为权重的资本投入和劳动投入的增长率也被定义为其对产出的贡献。增加值总额中的资本和劳动的份额可以定义为:

$$v_K = P_K K / (P_K K + P_L L), \quad v_L = P_L L / (P_K K + P_L L) \qquad (12\text{-}33)$$

所有的比重都是两阶段平均, 两阶段平均份额比重可以定义为:

$$\overline{v}_K = 0.5 \times (v_{K,t} + v_{K,t-1}), \quad \overline{v}_L = 0.5 \times (v_{L,t} + v_{L,t-1}) \qquad (12\text{-}34)$$

我们根据上述产业的分类, 将资本投入分解为 IT 生产业资本投入、IT 应用业资本投入和非 IT 业资本投入, 将劳动投入分解为 IT 生产业劳动投入、IT 应用业劳动投入和非 IT 业劳动投入。

同样, 我们将总量层次的增加值定义为行业增加值的超越对数生产函数, 总量层次上的生产可能性前沿函数定义为:

$$\Delta \ln V = \overline{v}_{K,IT\text{-}PRODUCE} \Delta \ln K_{IT\text{-}PRODUCE} + \overline{v}_{K,IT\text{-}USE} \Delta \ln K_{IT\text{-}USE} + \overline{v}_{K,NON\text{-}ITT} \Delta \ln K_{NON\text{-}IT} +$$

$$\overline{v}_{L,IT\text{-}PRODUCE} \Delta \ln L_{IT\text{-}PRODUCE} + \overline{v}_{L,IT\text{-}USE} \Delta \ln L_{IT\text{-}USE} + \overline{v}_{L,NON\text{-}IT} \Delta \ln L_{NON\text{-}IT} + v_T$$

$$(12\text{-}35)$$

其中，份额 $v_{\bullet}$ 代表总量增加值中各项投入的两阶段平均。

也可以将增加值的增长定义为三组行业的贡献之和，以便追踪产业加总后的 TFP 增长的源泉，以及要素积累对产业增长的作用。

$$\Delta \ln V = \sum_{j \in IT-PRODUCE} \overline{w}_j \Delta \ln V_j + \sum_{j \in IT-USE} \overline{w}_j \Delta \ln V_j + \sum_{j \in NON-IT} \overline{w}_j \Delta \ln V_j \quad (12-36)$$

其中，每个求和指的都是该组行业对总增加值的贡献。类似地，我们估算了这些分组行业的 TFP 增长对总量 TFP 增长的贡献：

$$v_T = \sum_{j \in IT-PRODUCE} \overline{w}_j v_{T,j} + \sum_{j \in IT-USE} \overline{w}_j v_{T,j} + \sum_{j \in NON-IT} \overline{w}_j v_{T,j} \quad (12-37)$$

由于测算方法不同，再加上忽略了各行业的具体特性，分组测算和总量测算的 TFP 增长率与分行业测算的结果略有差异。1987~2007 年，IT 生产业和 IT 应用业的 TFP 一直保持较高的年均增长率，分别为 12.42% 和 7.72%，非 IT 业 TFP 的年均增长率一直较低，为 3.44%，如表 12-7 所示。说明中国技术进步的变化越来越依赖于信息技术的创新和应用。

表 12-7　1987~2007 年 IT 生产业、IT 应用业、非 IT 业和总量 TFP 增长率　　单位:%

	1987~2007 年	1987~1992 年	1993~1997 年	1998~2002 年	2003~2007 年
IT 生产业	12. 42	5. 75	29. 46	9. 83	5. 51
IT 应用业	7. 72	8. 17	10. 49	7. 13	4. 53
非 IT 业	3. 44	3. 51	5. 39	1. 46	1. 59
总量	4. 79	4. 27	7. 17	3. 16	2. 70

分组测算的 IT 生产业和 IT 应用业 TFP 增长率都呈现前期迅速上升、1997 年之后迅速下滑的趋势。非 IT 业和总量 TFP 增长率的变化也呈现先升后抑的状况，但波动的幅度相对比较平缓。

(三) 产业经济增长源泉分析

1987~2007 年，IT 生产业和 IT 应用业的增长源泉主要来自 TFP 的贡献，说明 IT 生产业和 IT 应用业的增长主要是由技术进步驱动的，如表 12-8 所示。

表 12-8　1987~2007 年各产业增长源泉分析　　　　单位:%

分类号码	产业	资本	劳动	中间投入	TFP
1	通信设备、计算机及其他电子设备制造	7. 61	1. 72	30. 50	60. 17

续表

分类号码	产业	资本	劳动	中间投入	TFP
2	普通与专用设备制造业	12.25	-0.66	48.42	39.99
2	交通运输设备制造业	3.71	1.44	32.64	62.20
2	电气、机械及器材制造业	9.03	2.22	31.88	56.87
2	仪器仪表及文化办公用机械制造业	4.54	1.90	57.56	36.01
2	文教卫生科研事业	19.07	2.99	25.22	52.72
2	金融与保险业	40.05	4.65	41.29	14.01
3	农业	24.31	-6.09	175.61	-93.82
3	煤炭开采和洗选业	10.30	1.69	97.45	-9.44
3	石油和天然气开采业	120.00	7.64	171.16	-198.80
3	金属矿采选业	13.75	1.49	123.49	-38.73
3	非金属矿采选业	14.41	-11.91	57.84	39.66
3	食品加工业	21.87	0.82	138.19	-60.87
3	纺织业	10.55	0.23	72.56	16.65
3	服装皮革业	10.30	3.49	65.44	20.78
3	木材及家具业	11.99	2.15	15.53	70.33
3	造纸及文教用品业	19.26	2.23	123.14	-44.63
3	电力、热力业	34.55	2.17	-15.91	79.20
3	石油炼焦业	21.23	0.63	103.33	-25.19
3	化学工业	13.60	1.10	52.96	32.34
3	非金属矿物制品业	15.57	1.30	55.45	27.68
3	金属冶炼及压延加工业	9.90	0.79	49.47	39.84
3	金属制品业	16.36	1.69	37.59	44.35
3	其他制造业	10.37	0.68	40.49	48.46
3	建筑业	9.50	3.66	68.53	18.30
3	交通运输与邮电业	30.60	2.32	42.75	24.33
3	商业与饮食业	44.36	10.08	139.85	-94.28
3	公用事业与居民服务（包括房地产业）	44.57	7.81	27.45	20.17
3	公共管理和社会组织	13.62	4.08	-186.12	268.41

非 IT 产业的增长源泉没有表现出明显的规律性。有少部分行业的 TFP 贡献较高，如公共管理和社会组织 TFP 的贡献率高达 268.41%，主要是由于中间投入增长为负增长。电力、热力业 TFP 的贡献率为 79.2%，这和电力行业近些年来提高原材料质量、采用先进技术设备、淘汰落后企业、提高整个行业效率有密切的关系。木材及家具业的贡献高达 70.33%，其他制造业、金属制品业和金属冶炼与压延加工业的 TFP 贡献率也都在 40% 以上。但大多数行业的资本投入和中间投入份额较高，要素投入增长对产出增长的贡献率较大。总体来看，传统产业部门的增长呈现投入型的粗放增长方式，这使得传统产业部门的技术选择出现了不断向资本替代劳动的方向倾斜的现象。

（四）分组行业和总量经济增长源泉分析

从分组行业贡献率的角度看，1987~2007 年，IT 生产业和 IT 应用业的高速增长和产业规模的扩大，使其对经济增长的贡献呈现上升的趋势，经济增长对信息产业的依赖程度逐渐提高。非 IT 业对经济增长的贡献出现逐年下降的趋势。相对于 IT 生产业的产业结构，其对经济增长的贡献份额较高，IT 应用业的产业结构比重和其贡献份额比较接近。非 IT 业的产业结构比重较高，但贡献份额相对比较低。

从要素贡献的角度看，IT 生产业、IT 应用业和总量经济增长中，资本投入的贡献率都在上升，尤其是 2000~2007 年增长幅度非常明显。非 IT 业经济增长中资本投入贡献在 2000~2007 年有所下降。三组产业和总量经济增长中劳动投入的贡献起伏较大，2000~2007 年 IT 生产业、IT 应用业和总量经济增长中劳动贡献出现大幅上升的趋势，而非 IT 产业的劳动贡献在下降。三组产业和总量 TFP 的贡献率都出现了前期上扬、1998 年后开始下滑的情况。由此反映了近期经济增长对要素投入尤其是资本投入的依赖性增强，技术进步的推动作用在减弱。一方面是由于投资过度所产生的高投资率及资本过度深化，引起了行业生产能力利用率的下降和资源配置不尽合理。另一方面是由于技术潜力未能得到很好发挥和技术效率低下，造成技术创新的速度减缓。消费不足也是产生这一趋势的重要原因。

从经济增长的方式看，IT 生产业和 IT 应用业的经济增长主要由技术进步驱动，非 IT 业的经济增长主要依赖于要素投入，尤其是资本投入，是典型的投入型增长方式。宏观经济增长呈现依赖于资本投入的积累和适度的 TFP 增长的特征，也属于投入型的增长方式，如表 12-9 所示。

表 12-9　1987~2007 年分组行业和总量经济增长源泉分析　　单位:%

	1987~2007 年	1987~1992 年	1993~1997 年	1998~2002 年	2003~2007 年
经济增长	100	100	100	100	100
IT 生产业	13.03	2.17	10.66	14.48	23.39
IT 应用业	21.95	20.04	20.43	21.58	25.17
非 IT 业	65.02	77.79	68.91	63.95	51.44
资本投入贡献	46.68	40.00	35.31	65.00	65.22
IT 生产业	4.20	1.04	1.32	6.38	10.48
IT 应用业	6.57	3.76	4.62	7.21	12.84
非 IT 业	35.91	35.20	29.37	51.42	41.89
劳动投入贡献	4.12	9.47	2.04	-3.32	9.81
IT 生产业	0.95	0.12	-0.02	-0.49	6.62
IT 应用业	0.72	1.22	-0.48	-2.33	3.42
非 IT 业	2.45	8.14	2.53	-0.50	-0.23
TFP 贡献	49.20	50.53	62.65	38.32	24.97
IT 生产业	7.87	1.01	9.37	8.59	6.29
IT 应用业	14.67	15.06	16.28	16.70	8.92
非 IT 业	26.66	34.46	37.01	13.03	9.77

注：由于分行业测算、分组测算、总量测算的 TFP 增长率有一定的差异性，为保证计算结果的一致性，这里采用分组加总的方法进行总量测算。分组加总的方法也使我们可以追踪到产业加总后的生产率增长源泉以及要素积累对产业增长的作用。

具体到各行业来看，2007 年对经济增长贡献较大的行业依次是：通信设备、计算机及其他电子设备制造业，交通运输设备制造业，化学工业，电气、机械及器材制造业，通用、专用设备制造业，金属冶炼及压延业等。通信设备、计算机及其他电子设备制造业对经济增长的拉动作用非常显著，如表 12-10 所示。

表 12-10　1987~2007 年各产业对经济增长的贡献率　　单位:%

分类号码	产业	1987~2007 年	1987~1992 年	1993~1997 年	1998~2002 年	2003~2007 年
1	通信设备、计算机及其他电子设备制造	12.85	2.14	10.45	14.27	23.29

分类号码	产业	1987~2007年	1987~1992年	1993~1997年	1998~2002年	2003~2007年
2	通用、专用设备制造业	6.38	8.41	5.95	5.27	5.91
2	交通运输设备制造业	6.38	4.06	4.98	6.47	8.72
2	电气、机械及器材制造业	4.89	2.58	6.26	2.95	6.70
2	仪器仪表及文化办公用机械制造业	1.05	0.52	0.98	1.12	1.36
2	文教卫生科研事业	1.96	1.64	2.08	3.42	1.01
2	金融保险业	1.57	2.82	0.28	2.16	1.59
3	农业	3.40	6.82	4.36	2.44	1.20
3	煤炭开采和洗选业	0.66	0.59	0.67	1.19	0.35
3	石油和天然气开采业	0.16	0.29	0.15	0.25	0.03
3	金属矿采选业	0.48	0.34	0.87	0.39	0.25
3	非金属矿采选业	0.49	1.21	1.18	-0.06	-0.03
3	食品加工业	4.97	4.71	7.67	2.50	4.05
3	纺织业	3.99	5.67	5.49	1.05	3.26
3	服装皮革业	3.28	3.57	5.04	1.30	2.17
3	木材及家具业	1.49	0.90	2.22	2.09	0.62
3	造纸及文教用品业	2.42	3.62	1.24	4.84	1.25
3	电力、热力业	1.73	1.39	1.22	1.82	2.60
3	石油炼焦业	0.95	0.93	0.78	1.69	0.63
3	化学工业	10.09	5.92	14.07	10.95	8.42
3	非金属矿物制品业	3.69	5.91	6.19	-2.01	3.41
3	金属冶炼及压延业	5.57	6.33	2.77	9.10	5.70
3	金属制品业	2.44	1.62	4.39	1.82	1.55
3	其他制造业	1.61	3.21	2.53	0.12	0.15
3	建筑业	4.88	9.63	2.32	4.02	4.58
3	交通邮电业	4.71	3.75	3.39	8.77	4.15
3	商业餐饮业	3.34	6.53	-1.16	5.66	2.88
3	公用事业及居民服务业	2.77	2.01	2.56	3.61	3.04
3	公共管理和社会组织	1.80	2.88	1.06	2.80	1.16

需要指出的是，TFP 的贡献率为负值和 TFP 的增长率为负值是一致的。如果存在生产管理低效、设备生产能力和人力资源利用不充分、中间投入不合理等现象，就会造成各要素投入增长加权和的增长大于产出增长率，TFP 增长率会为负值。这并不表示生产过程没有科技进步，而是由于要素投入增长过快，掩盖了科技进步贡献的份额。这种现象在投资过热的时期经常会出现。

本章小结

本章首先介绍了经济计量方法在生产率测度上的理论，包括柯布-道格拉斯生产函数、CES 生产函数模型、VES 生产函数模型以及两个经典的经济增长模型。然后给出了两个应用实例，以便读者能更直观地理解与掌握理论的应用。

思考题

一、名词解释

柯布-道格拉斯生产函数、CES 生产函数、VES 生产函数、超越对数生产函数、经济增长

二、简答题

1. 柯布-道格拉斯生产函数的局限性有哪些？
2. 超越对数生产函数的基本理论是什么？
3. 新增长理论的主要研究思路有哪些？

三、论述题

简述生产函数模型的发展阶段及成果。

第十三章 生产率测度的非参数方法

从定量的角度看，生产率的测度方法主要有两种：参数方法和非参数方法。参数方法一般以生产函数为研究基础，配合相应的多元统计方法，综合得出全要素生产率。而非参数方法则规避了参数方法中的一些复杂操作，比如建立生产函数的具体形式和变量，以及对随机变量分布进行假设等问题。

自 1978 年第一个 DEA 模型——CCR 模型发表以来，有关的理论研究不断深入，应用领域日益广泛。事实证明，DEA 方法现已成为管理科学、系统工程、决策分析和评价技术等领域的一种重要的分析工具和手段。20 世纪 80 年代中期以后，美国学者 Rolf Fare 等逐步发展了查恩斯的 DEA 方法，以生产理论的集合论描述为依据，形成了以数据包络分析方法为基础的描述生产过程中多种经济意义下的基于非参数模型的理论体系。依据 Rolf Fare 的理论思想，生产效率的改进有两种途径：一种是在既定投入水平下的产出可扩张性，即基于产出的生产效率；另一种是在既定产出下的投入可节约性，即基于投入的生产效率。根据生产资源配置效率损失的各种经济意义，基于投入和基于产出的生产资源配置效率可以分别分解为相应的规模效率、资源可处置度、组合效率和纯技术效率。在多时期的动态条件下，不仅生产资源配置效率水平要发生变化，技术水平也要发生变化，即有技术进步发生。生产资源配置效率与技术水平的综合变化就是我们所熟知的全要素生产率（TFP）的变化。一般用曼奎斯特生产率指数（Malmquist Productivity Index）表示全要素生产率的变化，它是一个与价格无关的指数。Malmquist 指数的求解需要借助另一种效率描述工具——距离函数。通过距离函数，我们可以实现曼奎斯特生产率指数的非参数描述，同时将其分解为生产资源配置效率变化率和技术进步率的变化。与静态意义下的分解相对应，动态条件下生产资源配置效率变化率可进一步分解为规模效率变化率、资源可处置性变化率和纯技术效率变化率。

<table>
<tr><td>

内容提要

目前，生产率研究问题中所采用的非参数方法主要是数据包络分析（Data Envelopment Analysis，DEA）法，它是由著名的运筹学家查恩斯（A. Charnes）和库伯（W. W. Cooper）等在相对效率概念的基础上发展起来的一种新的效率评价方法。本章我们将为读者介绍数据包络分析法和Malmquist指数及其在生产率测度方面的应用。

</td></tr>
</table>

第一节　数据包络分析方法介绍

1978 年由著名的运筹学家查恩斯（A. Charnes）、库伯（W. W. Cooper）和罗兹（E. Rhodes）首先提出数据包络分析（Data Envelopment Analysis，DEA）法，该方法是运用数学工具评价经济系统生产前沿面有效性的非参数方法，它适应用于多投入、多产出的多目标决策单元的绩效评价。DEA 有效性的评价是对已有决策单元绩效的比较评价，属于相对评价，它常常被用来评价部门间的相对有效性（又称为 DEA 有效）。

这种方法以相对效率为基础，根据多指标投入与多指标产出对相同类型的决策单元进行相对有效性评价。应用该方法进行绩效评价的另一个特点是，它不需要以参数形式规定生产前沿函数，并且允许生产前沿函数可以因为单位的不同而不同，不需要弄清楚各个评价决策单元的输入与输出之间的关联方式，只需要最终用极值的方法，以相对效益这个变量作为总体上的衡量标准，以决策单元（Decision Making Unit，DMU）各输入输出的权重向量为变量，从最有利于决策的角度进行评价，从而避免了人为因素确定各指标的权重而使得研究结果的客观性受到影响。这种方法采用数学规划模型，对所有决策单元的输出都"一视同仁"。这些输入输出的价值设定与虚拟系数有关，有利于找出那些决策单元相对效益偏低的原因。该方法以经验数据为基础，逻辑上合理，能够衡量决策单元由一定量的投入产生预期输出的能力，并且能够计算在非 DEA 有效的决策单元中，投入没有发挥作用的程度。最为重要的是，应用该方法还有可能进一步估计某个决策单元达到相对有效时，其产出应该增加多少，投入可以减少多少等。

自 1978 年第一个 DEA 模型——CCR 模型建立以来，有关的理论研究不断深入，应用领域日益广泛。从在相对效率与效益评价方面的应用，在经济系统建模与参数估计方面的应用，在成本、收益和利润分析方面的应用，到在预测和预警方面的应用和在系统分类与控制方面的应用，可以说，DEA 方法现已成为管理科学、系统工程、决策分析和评价技术等领域一种重要而有效的分析工具和手段。

目前，用 DEA 方法进行评价的工作领域越来越广，主要分为：

一、相对效率与效益评价方面

例如，对非单纯盈利的公共服务部门如学校、医院、某些文化设施等，由于不能简单地用利润最大化来对它们的工作进行评价，也很难找到一个合理包含各个指标的效用函数，因此，可以认为 DEA 方法是对这类部门工作进行评价的有效方法。再如，一般地，某类产品在市场上有很多品种，即使同一型号的产品，生产厂家也不止一家，牌号也不止一个，因此，如何评估同类产品的质量是一个比较复杂的问题，可以用 DEA 方法对不同牌号的同种产品进行质量分析。此外，DEA 方法还可以对企业经营管理综合效率进行评价。

二、经济系统建模与参数估计方面

在一般情况下，靠应用机理建立经济系统模型与估计参数是困难的。相比之下，应用 DEA 方法在综合评价基础上建立经济系统模型与估计参数所提供的信息具有其现实意义。例如，应用 DEA 方法估计前沿生产函数，对技术进步的估计与评价和生产力指标的计算等。

三、预测和预警方面

一方面，对于预测，DEA 预测方法克服了传统常用的方法如回归统计预测方法中的"平滑性"，即平均趋势的预测，而进行的是"最优性"预测，即提供本部门所能达到的"最大"预测产值。

另一方面，对于预警，为了开发适合我国国情的预警系统，国内学者建立了一个区域宏观经济预警系统，该系统属于一个多层次多组合覆盖面更广的预警系统的一部分，但又能独立地加以应用，由于该系统在样本分类、系统综合评判中都应用了 DEA 方法，所以称其为区域国民经济 DEA 预警系统（简记为 DEAPS）。

第二节　基于投入与产出导向的 DEA 模型

一、规模收益不变的 C^2R 模型

查恩斯（A. Charnes）、库伯（W. W. Cooper）和罗兹（E. Rhodes）曾提出一个投入导向的 DEA 模型，并假定规模收益不变。假设有 n 个待评价的对象（又称为 n 个决策单元 DMU），每个决策单元都有 m 种类型的投入及 s 种类型的产出，它们所对应的权重向量分别记为：

$$V = (v_1, \ v_2, \ \cdots, \ v_m)^T, \ U = (u_1, \ u_2, \ \cdots, \ u_s)^T$$

这 n 个决策单元中第 j 个的投入和产出向量分别记作：

$$X_j = (x_{1j}, \ x_{2j}, \ \cdots, \ x_{mj})^T, \ Y_j = (y_{1j}, \ y_{2j}, \ \cdots, \ y_{sj})^T, \ j = 1, \ 2, \ \cdots, \ n$$

其中，x_{ij} 为第 j 个决策单元对第 i 种类型输入的投入总量，y_{rj} 为第 j 个决策单元对第 r 种类型输出的产出总量，且 $x_{ij} > 0$，$y_{rj} > 0$；v_i 为第 i 种输入指标的权重系数，u_r 为第 r 种产出指标的权重系数，且 $v_i > 0$，$u_r > 0$。则每个决策单元 DMU 投入与产出比的相对效率评价指数如下：

$$h_j = \frac{\sum\limits_{r=1}^{s} u_r y_{rj}}{\sum\limits_{i=1}^{m} v_i x_{ij}}$$

通过适当选取权重向量 V 和 U 的值，使对每个 j 均满足 $h_j \leq 1$。现对某第 j_0 个决策单元进行绩效评价，则以第 j_0 个决策单元的效率指数为目标，以所有待评价的决策单元的效率指数为约束，第 j_0 个决策单元简记为 DMU_0，故可以得到一般的 DEA 优化模型如下：

$$\max = \frac{U^T Y_0}{V^T X_0}$$

$$\begin{cases} \dfrac{U^T Y_0}{V^T X_0} = h_j, \ j = 1, \ 2, \ \cdots, \ n \\ \\ V \geqslant 0, \ U \geqslant 0 \end{cases} \qquad (13\text{-}1)$$

上面的模型是分式规划问题模型，为了方便计算，通过适当的变换，我们可以将其化为一个等价的线性规划数学模型，并且引进非阿基米德无穷小量 ε（在实数范围内 ε 表示的是大于 0 但小于任意正数的量），构成了具有非阿基米德无穷小量 ε 的 CCR 模型。它的对偶线性规划问题模型如下：

$$D(\varepsilon) = \min\left[\theta - \varepsilon(e^- S^- + e^+ S^+)\right]$$

$$\text{s. t.} \begin{cases} \displaystyle\sum_{j=1}^{n} X_j \lambda_j + S^- = \theta X_0 \\ \\ \displaystyle\sum_{j=1}^{n} Y_j \lambda_j - S^+ = Y_0 \\ \\ \lambda_j \geqslant 0, \ j = 1, \ 2, \ \cdots, \ n \\ \\ S^+ = (S_1^+, \ S_2^+, \ \cdots, \ S_s^+)^T \geqslant 0, \ S^- = (S_1^-, \ S_2^-, \ \cdots, \ S_m^-)^T \geqslant 0 \end{cases}$$

$$(13\text{-}2)$$

其中，θ，λ_j $(j = 1, \ 2, \ \cdots, \ n)$ 均为对偶变量，m 维单位向量 $e^- = (1, 1, \cdots, 1) \in E_m$，$s$ 维单位向量 $e^+ = (1, 1, \cdots, 1) \in E_s$，$S^+$ 和 S^- 为松弛变量，且有 $X_j = (x_{1j}, \ x_{2j}, \ \cdots, \ x_{mj})^T$，$Y_j = (y_{1j}, \ y_{2j}, \ \cdots, \ y_{sj})^T$，$X_0 = (x_{1j_0}, \ x_{2j_0}, \ \cdots, \ x_{mj_0})$，$Y_0 = (y_{1j_0}, \ y_{2j_0}, \ \cdots, \ y_{sj_0})^T$。

二、规模收益可变模型

CCR 模型假定生产技术是固定规模报酬的，仅适合于所有厂商均以最优规模运营的情况。然而，不完全竞争、政府管制、财务约束等因素将导致厂商不能在最优规模下运营。针对这个问题，Banker 和 Cooper 等又对 CCR 模型进行推广，他们把固定规模报酬假设改为非递增规模报酬，则在上述的 DEA 模型的基础上需增加一个约束条件：$\displaystyle\sum_{j=1}^{n} \lambda_j \leqslant 1$。在此假设下非递增规模报酬时的技术效率为 θk。如果把固定规模报酬假设改为可变规模报酬（Variable Returns to Scale，VRS），则 DEA 模型中的上述约束条件应改为：$\displaystyle\sum_{j=1}^{n} \lambda_j = 1$。从而得到如下新的 DEA 模型：

$$V(\varepsilon) = \min\left[\theta - \varepsilon(e^- S^- + e^+ S^+)\right]$$

$$\text{s. t.}\begin{cases} \sum_{j=1}^{n} X_j \lambda_j + S^- = \theta X_0 \\ \sum_{j=1}^{n} Y_j \lambda_j - S^+ = Y_0 \\ \sum_{j=1}^{n} \lambda_j = 1 \\ \lambda_j \geqslant 0, \quad j = 1, 2, \cdots, n \\ S^+ = (S_1^+, S_2^+, \cdots, S_s^+)^T \geqslant 0, \quad S^- = (S_1^-, S_2^-, \cdots, S_m^-)^T \geqslant 0 \end{cases}$$

$$(13-3)$$

线性规划模型在可变规模报酬（VRS）条件下求得的相对效率称为纯技术效率，在 CRS 假设条件下得到的相对效率称为技术效率，又称为总体效率，它是规模效率与纯技术效率的乘积。因此，可以根据 CCR 模型（13-2）和 VRS 模型（13-3）来确定规模效率。

模型（13-2）表明，当第 j_0 个决策单元产出 Y_0 保持不变的情况下，应尽量保证投入量 X_0 按照同一比例减少。假设上述规划问题模型（13-2）求得最优解为 λ^0，S^{0-}，S^{0+}，θ^0，则有，若 $\theta^0 = 1$，且 $S^{0-} = 0$，$S^{0+} = 0$，则称被评价决策单元相对于其他决策单元而言 DEA 有效，此时该决策单元既满足技术有效又满足规模有效；若 $\theta^0 = 1$，但 S^{0-}、S^{0+} 不同时等于零向量，则称被评价决策单元为弱 DEA 有效，这时该被评价的决策单元不是同时技术有效和规模有效，此时需要应用 VRS 模型（13-3）进一步进行计算；如果 $\theta^0 < 1$，则称此被评价的决策单元为非 DEA 有效。

值得注意的是，VRS 模型（13-3）是在对 CCR 模型（13-2）计算的基础上进行的分析，用以确定是否为纯技术有效。由于总体效率表现为规模效率和纯技术效率之积，根据上述的分析并通过模型（13-2）和模型（13-3）容易求得规模效率值。

另外，对于非 DEA 有效的决策单元，需要通过进一步地分析讨论并求出被评价的决策单元 DMU 在 DEA 相对于有效面上的投影（即新决策单元），则新决策单元相对于原来的决策单元而言是 DEA 有效的。设 $(\overline{X}_0, \overline{Y}_0)$ 为第 j_0 个决策单元对应于 (X_0, Y_0) 在 DEA 的相对有效面上的投影，则它们之间的转换关系可以表示为：

$$\begin{cases} \overline{X}_0 = \theta^0 X_0 - S^{0-} \\ \overline{Y}_0 = Y_0 + S^{0+} \end{cases} \tag{13-4}$$

根据式（13-4），可以求得各个非 DEA 有效的决策单元相对于某有效决策而言，在保持其产出量不变的情况下，可以计算出对各项指标的投入量进行相应的调整量。并且可以对相应的财务绩效上存在不足的决策单元相对于DEA 有效的决策单元而言给出针对性的管理建议。

投入导向 DEA 方法的基本思路是：在保持产出水平不变的情况下，通过按比例减少投入量来测算技术无效性，或在保持投入不变的情况下，通过按比例增加产出来测算技术无效性，在 CRS 条件下，这两种方法所测算的数值是相等的，但在 VRS 条件下，两种结果则不相等。在大量研究中，分析者们倾向于选择投入导向的模型，原因在于许多厂商要满足特定的订单要求，因而投入量成为其基本决策变量。在另外一些行业中，要求厂商用给定资源投入量生产尽可能多的产出。在这种情况下，选择产出导向模型将更合适。在实际应用中，人们应该根据管理者最希望控制的变量（投入或产出）来确定模型的导向。Coelli（1999）指出，在多数情况下，导向选择对所求的结果影响是很小的。

产出导向的 DEA 模型与投入导向模型非常相似。考察如下产出导向的VRS 模型：

$$\max \quad \alpha - \varepsilon \left[(e^-)^T S^- + (e^+)^T S^+ \right]$$

$$\text{s. t.} \quad \sum_{j=1}^{n} \lambda_j X_j + S^- = X_{j_0}$$

$$\sum_{j=1}^{n} \lambda_j Y_j - S^+ = \alpha Y_{j_0}$$

$$\sum_{j=1}^{n} \lambda_j = 1$$

$$\lambda_j \geqslant 0 \quad j = 1, \cdots, n$$

$$S^+ \geqslant 0, \ S^- \geqslant 0$$

其中，$1 \leqslant \alpha \leqslant \infty$，而（$\alpha-1$）表示在投入产量不变的情况下，第 j 个厂商可按比例增加的量。$\dfrac{1}{\alpha}$ 表示技术效率值，其取值范围为 0 到 1。下面用分段线性生产可能曲线表示出了一个具有两种产出的产出导向 DEA 模型，如图 13-1 所示。

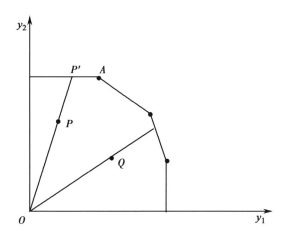

图 13-1 产出导向 DEA 模型

当一些观测点位于数轴垂直的曲线部分之下时，当生产点通过产出径向扩展被投影到曲线部分时，就可求出与轴具有右夹角的曲线部分所导致的产出松弛量。例如，将 P 点投影得到 P' 点，P' 点位于前沿上，但不是在有效前沿上。这是因为可在不增加任何投入量的情况下，提高 AP' 单位的 y_1 产出量。因而，在这种情况下，存在产出松弛量 y_1。

这里要指出一个很重要的结论：利用投入导向与产出导向的 DEA 模型将会估计出完全一样的前沿。因此，二者均可以识别相同的有效厂商。只有当测算无效厂商的效率时，两种方法的测量结果才会出现差别。

第三节 Malmquist 生产率指数

Malmquist 指数最初是由瑞典经济学家 Sten Malmquist 在 1953 年提出的。Malmquist 首先提出缩放因子概念，然后利用缩放因子之比构造消费数量指数，即最初的 Malmquist 指数。缩放因子表示给定消费组合为了达到某一无差异曲面，所需要的缩放倍数。缩放因子和 Shep Hard（1953）在生产分析中所提出的距离函数是对应的。受 Malmquist 消费指数启发，Caves 等（以下简称 CCD）于 1982 年将这种思想运用到生产分析中，通过距离函数之比构造生产率指数，并将这种指数命名为 Malmquist 生产率指数（此后统称的 Malmquist 指数即为

Malmquist 生产率指数）。CCD 证明，在一定的条件下，Malmquist 指数的几何平均和 Tornqvist 指数是等价的。由于 CCD 并没有提供测度距离函数的方法，所以 Malmquist 指数在他们那里更多的只是一种理论指数。

与此相似，构成 CCD 模型基础的距离函数虽然早在 1953 年就被 Shep Hard 提出，并且 Farrell 在 1957 年提出了相似的技术效率概念，但同样由于没有找到合适的度量方法，所以在很长时间内都没能引起学术界的注意。直到 1978 年，Charnes、Cooper 和 Rhodes 提出数据包络分析方法（DEA），通过线性规划方法来测度技术效率以后，距离函数（技术效率）概念才得到了迅速的发展和广泛应用，成为生产分析中的一种重要方法。

基于 DEA 方法，Fare 等（1989，1994）将 Malmquist 生产率指数从理论指数变成了实证指数。同样也由于 DEA 的优越性，Fare 等（1994）（以下简称 FGNZ）进一步将 Malmquist 指数进行了分解，将指数分解成技术效率变动，技术进步和规模效率变动。

接下来，我们从生产可能集、距离函数以及 DEA 模型对 Malmquist 生产率指数进行介绍。

在每一个特定时期 $t=1$，2，$\cdots$，T 生产技术集 GR^T 是由所有可行的投入产出向量组成的，即 $GR^T=\{(x^t, u^t: x^t 可以生产 u^t)\}$。对于时间 t，有 $x^t \in R_+^{N_t}$ 和 $u^t \in R_+^{M_t}$，其中，投入集定义为 $N=\max_t\{N_t\}$，产出集 $M=\max_t\{M_t\}$。在每一个时期所观测的决策单元为 $k=1$，2，$\cdots$，K，假定 $K=\max_t\{K_t\}$。上述假定可以保证如果 $M_t \neq M_{t+1}$、$N_t \neq N_{t+1}$，通过加入 0 元素使 $M_t=M_{t+1}$，$N_t=N_{t+1}$。

在规模收益和要素自由处置（C，S）的生产前沿面条件下，时期 t 的投入距离函数和产出距离函数可以分别定义为：

$$D_i^t(u^t, x^t \mid C, S)=\sup\{\lambda: (x^t/\lambda, u^t) \in (GR^t \mid C, S)\}$$
$$D_0^t(x^t, u^t \mid C, S)=\inf\{\theta: (u^t/\theta, x^t) \in (GR^t \mid C, S)\}$$

为推导 Malmquist 生产率指数，首先考虑单投入单产出的基本情形。同时假定已有 t 和 $t+1$ 两个时期的投入产出数据，则全要素生产率 TFP 的最原始定义可以表达为：

$$TFP=\frac{\frac{u^{t+1}}{u^t}}{\frac{x^{t+1}}{x^t}}$$

即产出增长率与投入增长率的比值。

在规模收益不变（CRS）条件下，每个时期的产出与投入距离函数可写成如下形式：

$$D_0^t(x^t,\ u^t)=\frac{u^t}{x^t}D_0^t(1,\ 1),\ D_i^t(u^t,\ x^t)=\frac{x^t}{u^t}D_i^t(1,\ 1)$$

因此，全要素生产率可以表达为如下形式：

$$TFP=\frac{\dfrac{u^{t+1}}{u^t}\cdot D_0^t(1,\ 1)}{\dfrac{x^{t+1}}{x^t}\cdot D_0^t(1,\ 1)}=\frac{D_0^t(x^{t+1},\ u^{t+1})}{D_0^t(x^t,\ u^t)}$$

上述 TFP 的公式是利用 t 期的技术来描述的。同理，如果采用 $t+1$ 期的技术来表达 TFP，则有：

$$TFP=\frac{\dfrac{u^{t+1}}{u^t}\cdot D_0^{t+1}(1,\ 1)}{\dfrac{x^{t+1}}{x^t}\cdot D_0^{t+1}(1,\ 1)}=\frac{D_0^{t+1}(x^{t+1},\ u^{t+1})}{D_0^{t+1}(x^t,\ u^t)}$$

为了与其他生产率指数相对应并保持形式上的一致性，基于产出的（CRS）Malmquist 生产率指数的定义为：

$$M^{t+1}(u^{t+1},\ x^{t+1},\ u^t,\ x^t)=\left[\frac{D_0^{t+1}(u^{t+1},\ x^{t+1})}{D_0^{t+1}(u^t,\ x^t)}\cdot\frac{D_0^t(u^{t+1},\ x^{t+1})}{D_0^t(u^t,\ x^t)}\right]^{\frac{1}{2}}$$

根据距离函数的特性，上述公式同样适用于多投入多产出情形。

如果采用投入距离函数，类似地可以得到基于投入的（CRS）Malmquist 生产率指数的距离函数定义式为：

$$M^{t+1}(u^{t+1},\ x^{t+1},\ u^t,\ x^t)=\left[\frac{D_i^{t+1}(u^t,\ x^t)}{D_i^{t+1}(u^{t+1},\ x^{t+1})}\cdot\frac{D_i^t(u^t,\ x^t)}{D_i^t(u^{t+1},\ x^{t+1})}\right]^{\frac{1}{2}}$$

从这个距离函数的定义式可以看出，距离函数是所对应的技术效率的倒数，这样又可以将生产率指数的距离函数描述转化为效率函数描述。据此转化的效率函数描述的定义式为：

$$M^{t+1}(u^{t+1},\ x^{t+1},\ u^t,\ x^t)=\left[\frac{F_i^{t+1}(u^{t+1},\ x^{t+1}\mid C,S)}{F_i^{t+1}(u^t,\ x^t\mid C,S)}\cdot\frac{F_i^t(u^{t+1},\ x^{t+1}\mid C,S)}{F_i^t(u^t,\ x^t\mid C,S)}\right]^{\frac{1}{2}}$$

其中

$$F_i^t(u^t,\ x^t\ |\ C,S) = \min\{\lambda\colon \lambda x^t \in L^t(u^t\ |\ C,S)\}$$

$$F_i^t(u^{t+1},\ x^{t+1}\ |\ C,S) = \min\{\lambda\colon \lambda x^{t+1} \in L^t(u^{t+1}\ |\ C,S)\}$$

$$F_i^{t+1}(u^t,\ x^t\ |\ C,S) = \min\{\lambda\colon \lambda x^t \in L^{t+1}(u^{t+1}\ |\ C,S)\}$$

$$F_i^{t+1}(u^{t+1},\ x^{t+1}\ |\ C,S) = \min\{\lambda\colon \lambda x^{t+1} \in L^{t+1}(u^{t+1}\ |\ C,S)\}$$

其中

$$F_i^t(u^t,\ x^t\ |\ C,S) = \min_{\lambda,\ z}\lambda$$

$$u_{km}^t \leqslant \sum_{k=1}^{K} z_k u_{km}^t,\ m = 1,\ \cdots,\ M$$

$$\text{s. t. } \sum_{k=1}^{K} z_k u_{km}^t \leqslant \lambda x_{kn}^t,\ n = 1,\ \cdots,\ N$$

$$z_k \geqslant 0,\ k = 1,\ \cdots,\ K$$

$$F_i^{t+1}(u^{t+1},\ x^{t+1}\ |\ C,S) = \min_{\lambda,\ z}\lambda$$

$$u_{km}^{t+1} \leqslant \sum_{k=1}^{K} z_k u_{km}^{t+1},\ m = 1,\ \cdots,\ M$$

$$\text{s. t. } \sum_{k=1}^{K} z_k u_{km}^{t+1} \leqslant \lambda x_{kn}^{t+1},\ n = 1,\ \cdots,\ N$$

$$z_k \geqslant 0,\ k = 1,\ \cdots,\ K$$

上述两个技术效率由于 $x^t \in L^t(u^t\ |\ C,S)$、$x^{t+1} \in L^{t+1}(u^{t+1}\ |\ C,S)$ 而使其线性规划的解落在区间（0，1］内。

对于每一个决策单元 k，两个时期交叉的技术效率由于不必保证 $x^t \in L^t(u^t\ |\ C,S)$ 和 $x^{t+1} \in L^{t+1}(u^{t+1}\ |\ C,S)$，其线性规划解可以大于 1。两个时期交叉的效率模型分别是：

$$F_i^t(u^{t+1},\ x^{t+1}\ |\ C,S) = \min_{\lambda,\ z}\lambda$$

$$u_{km}^{t+1} \leqslant \sum_{k=1}^{K} z_k u_{km}^t,\ m = 1,\ \cdots,\ M$$

$$\text{s. t. } \sum_{k=1}^{K} z_k u_{km}^t \leqslant \lambda x_{kn}^{t+1},\ n = 1,\ \cdots,\ N$$

$$z_k \geqslant 0,\ k = 1,\ \cdots,\ K$$

$$F_i^{t+1}(u^t,\ x^t\ |\ C,S) = \min_{\lambda,\ z}\lambda$$

$$u_{km}^t \leqslant \sum_{k=1}^{K} z_k u_{km}^{t+1},\ m = 1,\ \cdots,\ M$$

$$\text{s. t. } \sum_{k=1}^{K} z_k u_{km}^{t+1} \leqslant \lambda x_{kn}^t, \ n = 1, \cdots, N$$

$$z_k \geqslant 0, \ k = 1, \cdots, K$$

考虑两种投入要素的 Malmquist 生产率指数的经济意义如图 13-2 所示。可行投入向量 $x^t \in L^t(u^t \mid C,S)$、$x^{t+1} \in L^{t+1}(u^{t+1} \mid C,S)$，假定技术变化表现为产出不变情况下的投入减少，即 $L^{t+1}(u^{t+1} \mid C,S) \supseteq L^t(u^t \mid C,S)$，基于投入的 Malmquist 生产率指数可以表示为：

$$M^{t+1}(u^{t+1}, x^{t+1}, u^t, x^t) = \left[\frac{\dfrac{oe}{od}}{\dfrac{oc}{ob}} \cdot \frac{\dfrac{of}{od}}{\dfrac{oa}{ob}} \right]^{\frac{1}{2}}$$

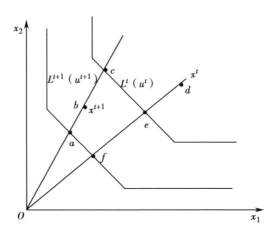

图 13-2　基于投入的 Malmquist 生产率指数

如果考虑单投入单产出的情形，则基于产出的 Malmquist 生产率指数的经济意义如图 13-3 所示。假定两个时期的生产点 (x^t, u^t) 和 (x^{t+1}, u^{t+1}) 分别属于两个规模收益不变的技术集 GR^T 和 GR^{T+1}，t 期的生产点在 $t+1$ 期是可行的，但 $t+1$ 期的生产点在 t 期不可行。基于产出的 Malmquist 生产率指数可以表示为：

$$M^{t+1}(u^{t+1}, x^{t+1}, u^t, x^t) = \left[\frac{\dfrac{oc}{oa}}{\dfrac{of}{ob}} \cdot \frac{\dfrac{oc}{od}}{\dfrac{of}{oe}} \right]^{\frac{1}{2}}$$

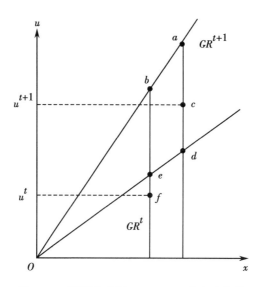

图 13-3　基于产出的 Malmquist 生产率指数

第四节　基于 DEA-Malmquist 方法的生产率测度及分解

根据上一节的说明，基于（C，S）的 Malmquist 生产率指数模型可以进一步分解为如下形式：

$$M^{t+1}(u^{t+1}, x^{t+1}, u^t, x^t) = \frac{F_i^{t+1}(u^{t+1}, x^{t+1} \mid C,S)}{F_i^t(u^t, x^t \mid C,S)} \cdot \left[\frac{F_i^t(u^t, x^t \mid C,S)}{F_i^{t+1}(u^t, x^t \mid C,S)} \cdot \right.$$

$$\left. \frac{F_i^t(u^{t+1}, x^{t+1} \mid C,S)}{F_i^{t+1}(u^{t+1}, x^{t+1} \mid C,S)} \right]^{\frac{1}{2}}$$

上述分解如图 13-4 所示。图 13-4 是与图 13-3 相对应的，区别在于放松了不同时期产出相同的限制，假定即单投入单产出，而采用投入产出技术影射关系图进行描述。此时的 Malmquist 生产率指数可以表示为：

$$M^{t+1}(u^{t+1}, x^{t+1}, u^t, x^t) = \left[\frac{\frac{oe}{od}}{\frac{oc}{ob}} \cdot \frac{\frac{of}{od}}{\frac{oa}{ob}} \right]^{\frac{1}{2}} = \frac{\frac{oe}{od}}{\frac{oa}{ob}} \cdot \left[\frac{\frac{oa}{ob}}{\frac{oc}{ob}} \cdot \frac{\frac{of}{od}}{\frac{oe}{od}} \right]^{\frac{1}{2}} = \frac{\frac{oe}{od}}{\frac{oa}{ob}} \cdot \left[\frac{oa}{oc} \cdot \frac{of}{oe} \right]^{\frac{1}{2}}$$

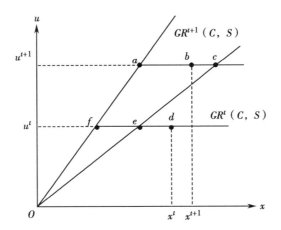

图 13-4 基于投入的 Malmquist 生产率指数的分解

括号中两个比率的平方根表示的是在 $t+1$ 时期和 t 时期之间生产前沿面的移动，即技术进步，同样用两个时期生产点生产前沿面移动的几何平均数表示的是技术水平变化率。括号外的效率比值表示在两个时期各自生产前沿面状态下技术效率水平（或要素资源配置效率水平）的变化率。因此，基于投入的 Malmquist 生产率指数可以分解为基于投入的技术进步率和技术效率变化率。上述分解可以给出如下两个定义：

定义 1： 在规模收益恒定且要素自由处置 (C, S) 的生产前沿面条件下，基于投入的技术变化率（或技术进步率）为：

$$TC^{t+1}(u^{t+1}, x^{t+1}, u^t, x^t) = \left[\frac{F_i^t(u^t, x^t \mid C,S)}{F_i^{t+1}(u^t, x^t \mid C,S)} \cdot \frac{F_i^t(u^{t+1}, x^{t+1} \mid C,S)}{F_i^{t+1}(u^{t+1}, x^{t+1} \mid C,S)} \right]^{\frac{1}{2}}$$

定义 2： 在规模收益恒定且要素自由处置 (C, S) 的生产前沿面条件下，基于投入的技术效率变化率为：

$$AC^{t+1}(u^{t+1}, x^{t+1}, u^t, x^t) = \frac{F_i^{t+1}(u^{t+1}, x^{t+1} \mid C,S)}{F_i^t(u^t, x^t \mid C,S)}$$

进一步地，基于 (C, S) 生产前沿面条件下的技术效率可以分解为纯技术效率、规模效率和要素可处置度，即

$$F_i^t(u^t, x^t \mid C,S) = F_i^t(u^t, x^t \mid V,W) \cdot S_i^t(u^t, x^t) \cdot C_i^t(u^t, x^t)$$

与此相对应，基于 (C, S) 投入的技术效率变化率可以进一步分解为纯技术效率变化率 $PC^{t+1}(u^{t+1}, x^{t+1}, u^t, x^t)$、规模效率变化率 $SC^{t+1}(u^{t+1}, x^{t+1},$

u^t, x^t) 和要素可处置度变化率 CC^{t+1} (u^{t+1}, x^{t+1}, u^t, x^t) 的乘积。

$$AC^{t+1}(u^{t+1}, x^{t+1}, u^t, x^t) = PC^{t+1}(u^{t+1}, x^{t+1}, u^t, x^t) \cdot SC^{t+1}(u^{t+1}, x^{t+1}, u^t, x^t) \cdot CC^{t+1}(u^{t+1}, x^{t+1}, u^t, x^t)$$

其中

$$PC^{t+1}(u^{t+1}, x^{t+1}, u^t, x^t) = \frac{F_i^{t+1}(u^{t+1}, x^{t+1} \mid V, W)}{F_i^t(u^t, x^t \mid V, W)}$$

$$SC^{t+1}(u^{t+1}, x^{t+1}, u^t, x^t) = \frac{S_i^{t+1}(u^{t+1}, x^{t+1})}{S_i^t(u^t, x^t)}$$

$$CC^{t+1}(u^{t+1}, x^{t+1}, u^t, x^t) = \frac{C_i^{t+1}(u^{t+1}, x^{t+1})}{C_i^t(u^t, x^t)}$$

技术效率变化率的分解用文字表述为：

技术效率变化率＝纯技术效率变化率×规模效率变化率×要素可处置变化率

上述理论分析表明，资源配置效率的改善和技术水平的提高是提高综合生产率的源泉，而资源配置效率水平又由纯技术效率、规模效率和要素可处置度决定。当生产率指数 M^{t+1} (u^{t+1}, x^{t+1}, u^t, x^t) >1 时，综合生产率水平提高。构成 Malmquist 生产率指数的四个变化率具有类似的特性，即当某一变化率大于 1 时，表明其是生产率提高的源泉，反之则是导致生产率降低的根源。

第五节　应用实例：我国上市商业银行全要素生产率的测算和分解

本节利用我国 11 家主要上市商业银行 2004～2008 年的投入产出数据，运用基于 DEA-Malmquist 生产率指数法对上市商业银行的全要素生产率进行测算和分解。

投入产出指标的选取主要参照"中介法"，以"利息收入""非利息收入"和"贷款总额"作为产出指标，以"利息支出""营业支出"和"存款总额"作为投入指标。在决策单元和数据期间方面，选取中国工商银行、中国银行、中国建设银行、交通银行、中信银行、民生银行、华夏银行、招商银行、浦发银行、深圳发展银行、兴业银行这 11 家目前已经公开上市的商业银行作为决策单元（DMUs），数据期间为 2004～2008 年，有关原始数据如表 13-1 所示。

表 13-1　2004~2008 年上市商业银行投入产出数据　　　　　单位：亿元

年份	银行	产出指标			投入指标		
		利息收入	非利息收入	贷款总额	利息支出	营业支出	存款总额
2004	中国工商银行	1972.45	107.3	30406.27	701.12	543.75	51151.97
	中国银行	1114.83	213.42	17971.18	392.75	396.36	26372.29
	中国建设银行	1471.96	110.91	21735.62	457.08	611.07	34911.21
	交通银行	344.25	76.23	6328.42	132.15	197.88	10248.98
	中信银行	177.83	6.78	2915.02	74.11	70.14	4350.2
	民生银行	151.34	27.21	2825.95	83.61	66.49	3797.09
	华夏银行	91.74	15.88	1754.91	44.71	44.74	2678.34
	招商银行	183.25	38.08	3630.97	67.55	74.9	5099.64
	浦发银行	160.78	20.35	3106.35	67.02	44.31	3947.36
	深圳发展银行	61.55	28	1210.84	36.98	28.7	1667.16
	兴业银行	124.02	6.33	1985.95	51.06	46.1	2831.87
2005	中国工商银行	2307.69	140.19	31310.96	842.02	695.37	56718.54
	中国银行	1387.39	197.21	18681.05	535	441.22	30091.87
	中国建设银行	1736.01	107.17	23953.13	570.5	727.45	40060.46
	交通银行	425.25	109.6	7658.8	183.95	219.45	12144.65
	中信银行	225.09	8.78	3579.79	98.51	80.92	5305.73
	民生银行	210.81	4.55	3732.32	87.1	86.35	4888.33
	华夏银行	116.47	20.35	2284.91	60.51	54.6	3141.67
	招商银行	258.77	25.37	4586.75	92.35	91.15	6343.04
	浦发银行	226.54	6.55	3772.23	87.41	57.58	5045.06
	深圳发展银行	86.64	5.57	1496.15	37.7	30.14	2018.16
	兴业银行	172.46	4.31	2374.6	79.41	62.08	3552.18
2006	中国工商银行	2716.49	171.63	35339.78	1081.07	1097.93	63263.9
	中国银行	1729.97	207.35	20646.14	694.19	513.11	33598.7
	中国建设银行	2151.89	98.44	27958.83	748.21	854.08	47212.56
	交通银行	545.46	134.07	9090.83	247.28	257.61	14135.67
	中信银行	294.91	13.35	4532.04	130.17	110.26	6184.16
	民生银行	273.61	12.83	4410.31	111.91	121.22	5833.15
	华夏银行	152.92	26.84	2538.03	79.06	75	3712.95

续表

年份	银行	产出指标			投入指标		
		利息收入	非利息收入	贷款总额	利息支出	营业支出	存款总额
2006	招商银行	339.9	35.75	5494.2	124.81	110.91	7737.57
	浦发银行	284.31	11.45	4608.93	106.48	76.38	5957.05
	深圳发展银行	115.51	6.53	1752.45	50.69	38.04	2322.06
	兴业银行	249.54	3.98	3182.36	117.03	86.45	4231.97
2007	中国工商银行	3572.87	296.92	39575.42	1328.22	1409.72	68984.13
	中国银行	2161.48	84.51	23360.67	825.34	716.07	36178.89
	中国建设银行	2829.09	240.1	31521.16	910.9	1178.62	53092.45
	交通银行	900.63	73.9	10834.25	364.03	310.89	15569.36
	中信银行	414.94	16.68	5656.59	153.24	147.35	7872.14
	民生银行	400.7	27.21	5472.96	174.9	161.02	6712.19
	华夏银行	228.77	30.13	2985.49	116.3	104.05	4387.82
	招商银行	515.85	70.56	6544.17	176.83	200.43	9435.34
	浦发银行	384.43	16.96	5356.58	142.63	151.14	7634.73
	深圳发展银行	180.44	12.02	2150.12	84.38	50.32	2812.77
	兴业银行	401.98	12.09	3930.29	193.52	112.07	5053.71
2008	中国工商银行	4332.35	458.05	42899.55	1736.93	1626.38	80777.32
	中国银行	2579.53	626.06	27514.82	1138.07	1098.26	44250.34
	中国建设银行	3554.38	399.72	36399.4	1315.97	1474.41	63429.85
	交通银行	1167.87	101.36	12993.65	511.49	402.77	18665.66
	中信银行	588.67	40.64	6509.42	227.76	225.4	9458.42
	民生银行	561.15	45.38	6464.43	259.02	244.2	7858.14
	华夏银行	344.02	41.19	3456.68	209.1	135.77	4853.5
	招商银行	726.35	84.23	8527.54	257.5	288.96	12506.48
	浦发银行	557.21	30.27	6812.67	241.87	192.29	9472.94
	深圳发展银行	264.65	19.15	2817.15	138.67	63.76	3605.14
	兴业银行	525.25	35.23	4899.86	263.32	157.45	6324.26

注：全部数据基本整理自各上市银行的年报及招股说明书中所附报表，2004 年部分银行数据来源于《中国金融年鉴》。

使用 Win4-DEAP 软件，对 2004～2008 年 11 家公开上市商业银行全要素生产率的变化情况进行计算，并将全要素生产率变化指数（即 Malmquist 生产率指数）分解为技术效率变化指数和技术变化指数，其中，技术效率变化指数又进一步分解为纯技术效率变化指数和规模效率变化指数。相关的计算及分解结果如表 13-2~表 13-4 所示。

表 13-2　2005~2008 年上市银行 Malmquist 生产率指数及其分解

年份	银行	①	②	③	④	⑤	年份	银行	①	②	③	④	⑤
2005	1	1.000	0.981	1.000	1.000	0.981	2007	1	1.039	1.052	1.000	1.039	1.093
	2	1.000	0.966	1.000	1.000	0.966		2	1.000	0.954	1.000	1.000	0.954
	3	1.000	0.968	1.000	1.000	0.968		3	1.000	1.067	1.000	1.000	1.067
	4	1.007	0.930	1.000	1.007	0.936		4	0.979	0.860	1.000	0.979	0.843
	5	0.980	1.047	0.979	1.001	1.026		5	1.041	0.986	1.032	1.009	1.026
	6	1.017	0.976	1.017	1.000	0.993		6	1.016	1.026	1.015	1.001	1.042
	7	1.160	0.929	1.015	1.143	1.077		7	0.964	1.038	1.000	0.964	1.000
	8	1.000	0.922	1.000	1.000	0.922		8	1.000	0.935	1.000	1.000	0.935
	9	1.000	0.889	1.000	1.000	0.889		9	1.000	0.834	1.000	1.000	0.834
	10	1.000	0.718	1.000	1.000	0.718		10	1.011	1.000	1.000	1.000	1.011
	11	1.000	1.069	1.000	1.000	1.069		11	1.000	1.196	1.000	1.000	1.196
	平均	1.014	0.940	1.001	1.013	0.954		平均	1.003	0.992	1.004	0.999	0.995
2006	1	0.912	1.011	1.000	0.912	0.923	2008	1	1.026	0.967	1.000	1.026	0.992
	2	1.000	1.025	1.000	1.000	1.025		2	1.000	1.336	1.000	1.000	1.336
	3	1.000	0.976	1.000	1.000	0.976		3	0.962	0.961	1.000	0.962	0.924
	4	1.000	0.978	1.000	1.000	0.978		4	0.993	0.973	1.000	0.993	0.966
	5	1.031	1.072	1.039	0.993	1.105		5	1.000	0.916	1.000	1.000	0.916
	6	0.984	1.033	0.985	0.999	1.017		6	1.000	1.001	1.000	1.000	1.001
	7	1.000	0.994	1.000	1.000	0.994		7	1.016	1.130	1.000	1.016	1.148
	8	1.000	0.952	1.000	1.000	0.952		8	1.000	0.942	1.000	1.000	0.942
	9	1.000	0.987	1.000	1.000	0.987		9	1.000	0.909	1.000	1.000	0.909
	10	1.000	1.052	1.000	1.000	1.052		10	1.000	1.050	1.000	1.000	1.050
	11	1.000	1.151	1.000	1.000	1.151		11	1.000	1.082	1.000	1.000	1.082
	平均	0.993	1.020	1.002	0.991	1.012		平均	1.000	1.018	1.000	1.000	1.018

　　注：（1）①②③④⑤分别代表"技术效率变化指数""技术变化指数""纯技术效率变化指数""规模效率变化指数"和"Malmquist 生产率指数"；（2）"银行"这列从 1 到 11 依次为中国工商银行、中国银行、中国建设银行、交通银行、中信银行、民生银行、华夏银行、招商银行、浦发银行、深圳发展银行、兴业银行，"平均"指各银行平均，使用的是几何平均；（3）变化指数是以上一年为基数得出的相对比值，因此只能从 2005 年开始计算。下同。

表13-3　2004~2008年上市银行平均全要素生产率变化指数及其分解情况

银行	①	②	③	④	⑤	银行	①	②	③	④	⑤
1	0.993	1.002	1.000	0.993	0.995	7	1.032	1.020	1.004	1.029	1.053
2	1.000	1.060	1.000	1.000	1.060	8	1.000	0.938	1.000	1.000	0.938
3	0.990	0.992	1.000	0.990	0.982	9	1.000	0.903	1.000	1.000	0.903
4	0.995	0.934	1.000	0.995	0.929	10	1.000	0.946	1.000	1.000	0.946
5	1.013	1.003	1.012	1.001	1.016	11	1.000	1.123	1.000	1.000	1.123
6	1.004	1.009	1.004	1.000	1.013	平均	1.002	0.992	1.002	1.001	0.994

注：2004~2008年各指数的平均指数是表13-2中各年指数的几何平均值。

表13-4　2005~2008年所有上市银行平均全要素生产率变化指数及其分解情况

年份	技术效率变化	技术变化	纯技术效率变化	规模效率变化	Malmquist 生产率指数
2005	1.014	0.940	1.001	1.013	0.954
2006	0.993	1.020	1.002	0.991	1.012
2007	1.003	0.992	1.004	0.999	0.995
2008	1.000	1.018	1.000	1.000	1.018
各年平均	1.002	0.992	1.002	1.001	0.994

注：①各年指数都是所有上市银行指数的几何平均值；②各年平均是各年数据的几何平均值。

根据表13-2~表13-4列示的计算结果，2004~2008年我国11家公开上市商业银行Malmquist生产率指数和相应的技术变化指数、技术效率变化指数、纯技术效率变化及规模变化等构成指数的相关情况得出如下几点基本判断：

第一，2004~2008年，11家上市商业银行的整体全要素生产率略有下降。具体表现为5年间所有银行平均的年均Malmquist生产率指数为0.994（见表13-3、表13-4右下格）。

第二，分年份来看，2005~2008年，2005年全要素生产率的下降最为明显，这一年11家银行平均的Malmquist生产率指数为0.954；2006~2008年的全要素生产率变化相对比较平稳，11家银行平均的Malmquist生产率指数分别为1.012、0.995和1.018。

第三，分银行来看，交通银行、招商银行、浦发银行、深圳发展银行4家银行的全要素生产率有较为明显的下降，5 年间的平均 Malmquist 生产率指数分别为 0.929、0.938、0.903 和 0.946；中国银行、华夏银行和兴业银行却有较为明显的上升，5 年间的平均 Malmquist 生产率指数分别为 1.060、1.053 和1.123；工商银行、建设银行、中信银行和民生银行的全要素生产率相对变化较小，5 年间的平均 Malmquist 生产率指数分别为 0.995、0.982、1.016 和 1.013。

第四，分构成看，在 Malmquist 指数的几个构成项中，技术变化指数的变动最为显著，5 年间所有银行平均的年均技术变化指数为 0.992，而纯技术效率变化指数和规模效率变化指数分别为 1.002 和 1.001；从年份看，又以 2005 年的技术变化最为明显，各银行平均的技术变化指数为 0.940，其他各年份则相对稳定，分别为 1.020、0.992 和 1.018；就各银行的情况看，虽然技术变化和规模变化对各银行全要素生产率变化的影响不尽相同，但大部分银行技术变化的影响相对更大。尤其在 2005 年，技术变化指数对各行全要素生产率变化的（负面）影响普遍比较明显，如表 13-1 所示。

本章小结

本章详细介绍了数据包络分析法和 Malmquist 指数在生产率测度上的应用。通过距离函数，可以实现 Malmquist 指数的非参数描述，将其分解为规模效率变化率、纯技术效率变化率、资源可处置性变化率和技术进步率的变化，为深入分析生产率及其变化提供了思路。

思考题

一、名词解释

数据包络分析法、C^2R 模型、Malmquist 指数、系统论、国家创新体系

二、简答题

1. 数据包络分析法有哪些特点？

2. 数据包络分析法有哪些基本模型？

3. 简要说明数据包络分析法的实际应用。

三、论述题

简单推导如何分解 Malmquist 指数。

第十四章　生产率测度的随机前沿方法

内容提要

　　生产率和效率的度量涉及生产函数。第十三章介绍的数据包络分析法的特点是将有效的生产单位连接起来，用分段超平面的组合也就是生产前沿面来紧紧包络全部观测点，是一种确定性前沿方法，没有考虑随机因素对生产率和效率的影响。本章将要介绍的随机前沿生产函数则解决了这个问题。

第一节　随机生产前沿理论

　　前沿生产函数（Frontier Production Function）反映了在具体的技术条件和给定生产要素的组合下，企业各投入组合与最大产出量之间的函数关系。通过比较各企业实际产出与理想最优产出之间的差距可以反映出企业的综合效率。传统的生产函数只反映样本各投入因素与平均产出之间的关系，称之为平均生产函数。但是 1957 年，Farrell 在研究生产有效性问题时开创性地提出了前沿生产函数（Frontier Production Function）的概念。对既定的投入因素进行最佳组合，计算所能达到的最优产出，类似于经济学中所说的"帕累托最优"，人们称之为前沿面。前沿面是一个理想的状态，现实中企业很难达到这一状态。

　　在实际应用中，前沿面是需要确定的。其确定方法主要有两种：一种是通过计量模型对前沿生产函数的参数进行统计估计，在此基础上，对技术效率进行测定，这种方法被称为效率评价的"统计方法"或"参数方法"；另一种是通过求解数学中的线性规划来确定生产前沿面，并进行技术效率的测定，这种方法被称为"数学规划方法"或"非参数方法"。参数方法的特点是通过确定前沿生产函数的参数来确定生产前沿面，针对不同研究对象所确定的生产函数也各不相同，技术效率的测度具有一定的针对性，而非参数方法只需通过求解线性规划来确定生产前沿面，方法简单易行，应用广泛。但非参数方法存在的最大局限是：主要运用线性规划方法进行计算，而不像参数方法有统计检验数作为样本拟合度和统计性质的参考。另外，非参数方法对观测数有一定的限制，有时不得不舍弃一些样本值，这就影响了观测结果的稳定性。

参数方法依赖于生产函数的选择，常用的生产函数有 Cobb-Douglas 生产函数、超越对数生产函数等。参数方法的发展经历了两个阶段：确定型前沿模型和随机型前沿模型。Aigner、Afriat 等分别提出了各自的确定型前沿模型，在不考虑随机因素影响的情况下求解前沿生产函数。但是，由于确定型前沿模型把所有可能产生影响的随机因素都作为技术无效率进行测定，使得其技术效率测定结果与实际的效率水平有一定的偏差。为了消除确定型前沿模型的这一缺陷，Meeusen 和 Vanden Broeck，Aigner、Lovell 和 Schmidt，Battese 和 Corra 提出了随机前沿模型（即 SFA 方法），对模型中的误差项进行了区分，提高了技术效率测定的精确性。

第二节　随机生产前沿参数估计方法

由于确定性前沿生产函数没有考虑到生产活动中存在的随机现象，Aigner, Lovell, Schmidt（ALS）和 Meeusen, Van Den Broeck（MB）同时于 1977 年引进了如下形式的随机前沿生产函数：

$$Y = f(X)\exp(v - u) \tag{14-1}$$

其中，v 代表影响生产活动的随机因素，一般假设它是独立同分布（i.i.d）的正态随机变量，具有 0 均值和不变方差；$f(X)\exp(v)$ 代表随机前沿生产函数；u（非负）代表着生产效率或管理效率，一般假设它是独立同分布的半正态随机变量或指数随机变量独立于 v_0。

Battese 和 Coelli 在前人研究的基础上进行了改进，引入了时间的概念，使 SFA 模型可以对面板数据进行效率评价。具体模型如下：

$$Y_{it} = f(x_{it}, \beta)\exp(v_{it})\exp(-u_{it}), \ i = 1, \cdots, N; \ t = 1, \cdots, T$$

$$\tag{14-2}$$

在式（14-2）中，Y_{it} 是第 i 个决策单元的 t 时期的产出，x_{it} 是第 i 个决策单元的 t 时期的全部投入，β 为模型参数，v_{it} 为随机误差项，$u_{it}=u_i\exp(-\eta(t-T))$ 为非负误差项，η 为被估计的参数。

图 14-1 以 C-D 生产函数为例，显示了 SFA 模型技术效率测度的优点。图中，由 C-D 生产函数确定的生产前沿面为 $\ln q_i=\beta_0+\beta_1\ln x_i$，而基于这个确定生产前沿面的随机前沿模型为 $\ln q_i=\beta_0+\beta_1\ln x_i+v_i-u_i$，也可以表示为 $q_i=\exp(\beta_0+\beta_1\ln x_i+v_i-u_i)$。A、B 两点分别表示随机影响为正或为负的情况：A 点表示随机影响为正，则随机误差项 v_A 为正数，生产前沿面上移到 $q_A^*=\exp(\beta_0+\beta_1\ln x_A+v_A)$，样本的技术效率为 $TE_A=\dfrac{q_A}{q_A^*}=\dfrac{\exp(\beta_0+\beta_1\ln x_A+v_A-u_A)}{\exp(\beta_0+\beta_1\ln x_A+v_A)}$，B 点表示随机影响为负，则随机误差项 v_B 为负数，生产前沿面下移到 $q_B^*=\exp(\beta_0+\beta_1\ln x_B+v_B)$，样本的技术效率为 $TE_B=\dfrac{q_B}{q_B^*}=\dfrac{\exp(\beta_0+\beta_1\ln x_B+v_B-u_B)}{\exp(\beta_0+\beta_1\ln x_B+v_B)}$。

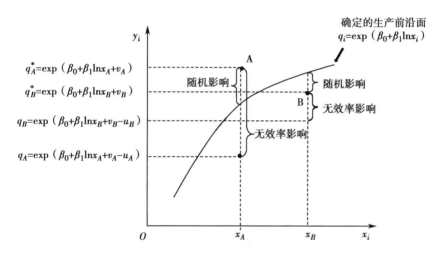

图 14-1 SFA 模型的技术效率

假设生产函数取 C-D 形式：

$$\ln y_i=\beta_0+\sum_n\beta_n\ln X_{ni}+v_i-u_i \quad i=1,2,\cdots,I \qquad (14-3)$$

在上述 v 和 u 的假设下，可以使用极大似然法（ML）或调整最小二乘法（MOLS）估计参数和误差项 v_i-u_i，进而得到技术效率 $TE_i=\exp(-u_i)$。

一、正态-半正态模型的极大似然估计

假设条件为:

(1) $v_i \approx \text{iid} N(0, \sigma_v^2)$。

(2) $u_i \approx \text{iid} N^+(0, \sigma_u^2)$。

(3) v_i 和 u_i 的分布相互独立,且与解释变量相互独立。

u,v 的密度函数以及 u 和 v 的联合密度函数,u 和 $\varepsilon = v - u$ 的联合密度函数分别是:

$$f(u) = \frac{2}{\sqrt{2\pi}\sigma_u}\exp\left(-\frac{u^2}{2\sigma_u^2}\right)$$

$$f(v) = \frac{1}{\sqrt{2\pi}\sigma_v}\exp\left(-\frac{v^2}{2\sigma_v^2}\right)$$

$$f(u, v) = \frac{2}{2\pi\sigma_u\sigma_v}\exp\left(-\frac{u^2}{2\sigma_u^2} - \frac{v^2}{2\sigma_v^2}\right)$$

$$f(u, \varepsilon) = \frac{2}{2\pi\sigma_u\sigma_v}\exp\left(-\frac{u^2}{2\sigma_u^2} - \frac{(\varepsilon + u)^2}{2\sigma_v^2}\right)$$

$$f(\varepsilon) = \int_0^\infty f(u, \varepsilon)du = \frac{2}{\sqrt{2\pi}\sigma}\phi\left(-\frac{\varepsilon\lambda}{\sigma}\right)\exp\left(-\frac{\varepsilon^2}{2\sigma^2}\right)$$

其中,$\phi\left(-\dfrac{\varepsilon\lambda}{\sigma}\right)$ 是标准正态分布函数。

$$\sigma = (\sigma_u^2 + \sigma_v^2)^{\frac{1}{2}}, \quad \lambda = \frac{\sigma_u}{\sigma_v}$$

技术效率表示为:

$$TE_i = E(\exp(-u_i)) : L = \prod_{i=1}^{I} F(\varepsilon_i)$$

对函数 L 取自然对数得到:

$$\ln L = \frac{I}{2}\ln\frac{2}{\pi} - I\ln\sigma + \sum_{i=1}^{I}\ln\phi\left(-\frac{\varepsilon_i\lambda}{\sigma}\right) - \frac{1}{2\sigma^2}\sum_{i=1}^{I}\varepsilon_i^2$$

于是,用 ML 法可给出参数 β、α、λ 的极大似然法估计,从而得到 σ_u、σ_v 以及技术效率的估计:

$$f(u \mid \varepsilon) = \frac{f(u, \ \varepsilon)}{f(\varepsilon)} = \frac{1}{\sqrt{2\pi}\,\sigma^*}\exp\left\{ -\frac{(u - \mu^*)^2}{2\sigma_*^2} \right\} \Big/ \left[1 - \phi\left(-\frac{\mu^*}{\sigma^*} \right) \right]$$

其中，$u_* = -\varepsilon\sigma_u^2/\sigma^2$，$\sigma_*^2 = \sigma_u^2\sigma_v^2/\sigma^2$

$$TE_i = E(\exp\{-u_i\} \mid \varepsilon_i) = \left[\frac{1 - \phi(\sigma_* - \mu_{*i}/\sigma_*)}{1 - \phi(-\mu_{*i}/\sigma_*)} \right] \exp\left\{ -\mu_{*i} + \frac{1}{2}\sigma_*^2 \right\}$$

二、正态-指数模型的极大似然估计

假设：

（1）$v_i \approx N(0, \ \sigma_v^2)$。

（2）$u_i \approx$ i.i.d 指数分布。

（3）v_i 和 u_i 的密度函数以及 u 和 v 的联合密度函数、u 和 $\varepsilon = v - u$ 的联合密度函数分别是：

$$f(u) = \frac{1}{\sigma_u}\exp\left(-\frac{u}{\sigma_u} \right)$$

$$f(v) = \frac{1}{\sqrt{2\pi}\,\sigma_v}\exp\left(-\frac{v^2}{2\sigma_v^2} \right)$$

$$f(u, \ v) = \frac{2}{\sqrt{2\pi}\,\sigma_u\sigma_v}\exp\left(-\frac{u}{\sigma_u} - \frac{v^2}{2\sigma_v^2} \right)$$

$$f(u, \ \varepsilon) = \frac{2}{\sqrt{2\pi}\,\sigma_u\sigma_v}\exp\left(-\frac{\varepsilon}{\sigma_u} - \frac{(\varepsilon + u)^2}{2\sigma_v^2} \right)$$

$$f(\varepsilon) = \int_0^\infty f(u, \ \varepsilon)du = \frac{1}{\sigma_u}\phi\left(-\frac{\varepsilon}{\sigma_u} - \frac{\sigma_v}{\sigma_u} \right)\exp\left(\frac{\varepsilon}{\sigma_u} + \frac{\sigma_v^2}{2\sigma_u^2} \right)$$

技术效率可表示为：

$$TE_i = E(\exp(-u_i)) : L = \prod_{i=1}^I F(\varepsilon_i)$$

对函数 L 取自然对数得到：

$$\ln L = -I\ln\sigma + I\left(\frac{\sigma_v^2}{2\sigma_u^2} \right) + \sum_{i=1}^I \ln\phi(-A_i) + \frac{1}{\sigma_u}\sum_{i=1}^I \varepsilon_i$$

其中，$A_i = -\overline{\mu}_i/\sigma_v$，$\overline{\mu}_i = \varepsilon_i - (\sigma_v^2/\sigma_u)$。

于是用 ML 法可给出参数 β、σ_u、σ_v 以及技术效率的估计：

$$f(u \mid \varepsilon) = \frac{f(u, \varepsilon)}{f(\varepsilon)} = \frac{1}{\sqrt{2\pi}\,\sigma_v \phi(-\bar{\mu}/\sigma_v)} \exp\left\{ -\frac{(u-\bar{\mu})^2}{2\sigma^2} \right\}$$

$$TE_i = E(\exp\{-u_i\} \mid \varepsilon_i) = \left[\frac{1 - \phi(\sigma_* - \mu_{*i}/\sigma_*)}{1 - \phi(-\mu_{*i}/\sigma_*)} \right] \exp\left\{ -\mu_{*i} + \frac{1}{2}\sigma_*^2 \right\}$$

三、正态-半正态模型的矩估计（MOLS）

此时的假设与正态-半正态模型的 ML 估计的假设是同样的，模型是：

$$\ln Y_i = [\beta_0 - E(u_i)] + \sum_n \beta_n \ln X_{ni} + v_i - [u_i - E(u_i)]$$

首先，上述模型具有 0 均值和不变方差，因而可用 OLS 估计得到参数 β_n 的一致估计量，$\beta_0 - E(u_i)$ 的 OLS 估计量不是一致的。

其次，用矩估计法得到 v_i 和 u_i 的方差估计为：

$$E(u_i) = \sqrt{2/\pi}\,\sigma_u, \quad V(u_i) = [(\pi - 2)/\pi]\sigma_u^2, \quad E(u_i^3) = -\sqrt{2/\pi}(1 - \pi/4)\sigma_u^3$$

最后，用 u_i 的方差估计量对 OLS 截距估计进行调整（MOLS）。

关于这两种估计方法的比较，Olson、Schmidt 和 Waldman 基于蒙特卡罗试验指出：选择哪种估计取决于 λ 值和样本大小。当样本容量小于 400 且 $\lambda < 3.16$ 时，矩估计优于 ML 估计；当 λ 较大时，ML 估计优于矩估计，并且随着样本容量的增加，这种优势也增加。但是，由于 MOLS 估计的第一步没有使用分布假设，所以其第一步估计对 v_i 和 u_i 的分布是稳健的。

第三节　基于随机前沿的生产率测度及分解方法

生产率的增长由三部分组成：一是技术进步（如新技术的采用和新产品的发现）；二是技术效率（如管理效率的提高和生产经验的积累）；三是规模效率（组建和管理大企业乃至大国经济的能力）。在实践中，这一新的生产率概念主要应用生产函数进行分解，而前沿生产函数的估计又较多依赖于面板数据的采用。对生产率进行分解的前沿生产函数模型主要分两种：一种为随机性的参数型模型；另一种为确定性的非参数型模型。前者通常先估计一个生产函数，考虑到该生产函数中误差项目的复合结构及其分布形式，并根据误差项的分布假设不同，采用相应的技术方法来估计生产函数中的各个参数。其最大优点是通过估计生产函数对个体的生产过程进行了描述，从而使对技术效率的估计得到了控制；缺点是对效率的偏倚方向设定及效率和技术进步参数之间的识别尚无法提供灵活、可行的解决方案。后者首先根据样本中所有个体的投入和产出构造一个能包容所有个体生产方式的最小的可能性集合，即所有要素和产出的有效组合。

设 $P(x) = \{y: x$ 可以生产 $y\}$，$d_0(x, y) = \min\{\delta: (y/\delta) \in P(x)\}$ 代表厂商所采用的生产技术，那么全要素生产率（TFP）、技术效率变化率（TE）和技术效率（TC）可表示为：

$$TFP_{st} = \left[\frac{d_0^s(y_t, x_t)}{d_0^s(y_s, x_s)} \times \frac{d_0^t(y_t, x_t)}{d_0^t(y_s, x_s)}\right]^{\frac{1}{2}} = \frac{d_0^t(y_t, x_t)}{d_0^s(y_s, x_s)}\left[\frac{d_0^s(y_t, x_t)}{d_0^t(y_t, x_t)} \times \frac{d_0^s(y_s, x_s)}{d_0^t(y_s, x_s)}\right]^{\frac{1}{2}}$$

$$TE_{st} = \frac{d_0^t(y_t, x_t)}{d_0^s(y_s, x_s)}$$

$$TC_{st} = \left[\frac{d_0^s(y_t, x_t)}{d_0^t(y_t, x_t)} \times \frac{d_0^s(y_s, x_s)}{d_0^t(y_s, x_s)}\right]^{\frac{1}{2}}$$

由 $TFP_{st} = TE_{st} \times TC_{st}$ 可以得到：

$$\ln(TFP_{st}) = \ln(TE_{st}) \times \ln(TC_{st})$$

其中，TE 代表技术效率的变化，TC 代表技术进步，二者均以 S 期为基期，即假定基期数值为 1，求出比较期的数值，它们均可能大于 1，若以对数形式表示，其含义是相对于基期的增长率，因而对数形式更符合平常的生产率核算要求。

下面主要讨论随机前沿的生产率测度及分解方法。

假设随机前沿生产函数有如下形式：

$$\ln y_{it} = f(x_{it}, t, \beta) + v_{it} - u_{it} \qquad i = 1, 2, \cdots, N; \ t = 1, 2, \cdots, T$$

这里 $f(\cdot)$ 是合适的生产函数形式，如超越对数函数；t 是时间趋势，技术进步（TC）在估计了参数后，可得到：

$$d_0^t(x_{it}, y_{it}) = TE_{it} = E(\exp(-u_{it}) \mid e_{it})$$

其中，$e_{it} = v_{it} - u_{it}$，可用于计算效率变化成分。

$$d_0^s(x_{is}, y_{is}) = TE_{is} = E(\exp(-u_{is}) \mid e_{is}), \ e_{is} = v_{is} - u_{is}$$

$$TC = \left[\left(1 + \frac{\partial f(x_{is}, s, \beta)}{\partial s}\right)\left(1 + \frac{\partial f(x_{it}, t, \beta)}{\partial t}\right)\right]^{\frac{1}{2}}$$

也可计算效率变化指数：$TEC = TE_{it} / TE_{is}$。

第四节　基于随机前沿的生产率变化的测度及分解

本节在前文基础上进一步对生产率变化率（TFP）的分解进行讨论。

设生产函数为：

$$y = f(x, t, \beta) \exp(-u) \tag{14-4}$$

对式（14-4）两边取对数，然后对时间 t 进行全微分可得：

$$\frac{\Delta y}{y} = \frac{d\ln y}{dt} = \frac{\partial \ln f(x, t, \beta)}{\partial t} + \sum_n \frac{\partial \ln f(x, t, \beta)}{\partial \ln x_n} \frac{\partial \ln x_n}{\partial x_n} \frac{dx_n}{dt} + \left(-\frac{\partial u}{\partial t} \right)$$

$$= \frac{\partial \ln f(x, t, \beta)}{\partial t} + \sum_n \varepsilon_n \frac{\Delta x_n}{x_n} + \left(-\frac{\partial u}{\partial t} \right)$$

$$\tag{14-5}$$

其中，Δ 表示变量的变化量；x_n 是投入要素 n（资本 k 或劳动力 l）的投入向量；$\varepsilon_n = \dfrac{\partial \ln f(x, t, \beta)}{\partial \ln x_n}$ 为投入要素 n 的产出弹性。由于全要素生产率的增长率是产出增长率与投入增长率之差，即

$$\frac{\Delta TFP}{TFP} = \frac{\Delta y}{y} - \sum_n s_n \frac{\Delta x_n}{x_n} \tag{14-6}$$

其中，s_n 是投入要素 n 在总成本中的份额，将式（14-5）代入式（14-6）得：

$$\frac{\Delta TFP}{TFP} = \frac{\partial \ln f(x, t, \beta)}{\partial t} + \left(-\frac{\partial u}{\partial t} \right) + (RTS - 1) \sum_n \zeta_n \frac{\Delta x_n}{x_n} + \sum_n (\zeta_n - s_n) \frac{\Delta x_n}{x_n}$$

$$\tag{14-7}$$

其中，$RTS = \sum_n \varepsilon_n$，是所有投入要素产出弹性之和，用来衡量行业规模经济效应；$\zeta_n = \dfrac{\varepsilon_n}{RTS}$，用来测度投入要素 n 在前沿生产函数中的相对产出弹性。

按式（14-7）右边的排列顺序就可以将 TFP 的增长依次分解为技术变化率、技术效率变化率、规模效应变化率和资源配置效率变化率。由于无法获得可靠的要素价格，无法计算投入要素支出比例，资源的配置效率在此忽略不计。因

此 TFP 的变化率依次分解为技术变化率、技术效率变化率和规模效应变化率，则式（14-7）可改写为：

$$\frac{\Delta TFP}{TFP} = \frac{\partial \ln f(x,\ t,\ \beta)}{\partial t} + \left(-\frac{\partial u}{\partial t}\right) + (RTS-1)\sum_n \zeta_n \frac{\Delta x_n}{x_n} \qquad (14-8)$$

即　$TFP = TP + TE + SE$

其中，TFP 为全要素生产率的变化率，$TFP = \dfrac{\Delta TFP}{TFP}$；$TP = \dfrac{\partial \ln f(x,\ t,\ \beta)}{\partial t}$ 为技术变化率，TP 为正、为零、为负分别对应着技术变化使得生产前沿向上移动、不动、向下移动；$TE = -\dfrac{\partial u}{\partial t}$ 为技术效率变化率，TE 为正、为零、为负分别对应着技术效率的下降、不变、上升。技术效率变化率可以被解释为生产者远离生产前沿、保持相对距离、向生产前沿移动，当然在此过程中生产前沿也随时间移动。SE 为规模效应变化率，$SE = (RTS-1)(\lambda_k k + \lambda_l l)$，$RTS = \varepsilon_l + \varepsilon_k$，$\lambda_k = \dfrac{\varepsilon_k}{\varepsilon_l + \varepsilon_k}$，$k$ 为资本要素的变化率，$\lambda_l = \dfrac{\varepsilon_l}{\varepsilon_l + \varepsilon_k}$，$l$ 为劳动要素的变化率，一般在实际计算中有：$k \approx \ln k_{t+1} - \ln k_t$，$l \approx \ln l_{t+1} - \ln l_t$。

第五节　全要素生产率增长分解的 Kumbhakar 法

根据 Kumbhakar（2000）的分析，全要素生产率增长的分解涉及六个概念：全要素生产率（Total Factor Productivity）、前沿技术进步（Frontier Technology Progress）、相对前沿的技术效率（Technical Efficiency Relative to the Frontier）、相对前沿技术效率的变化率、资源配置效率（Allocative Efficiency）以及规模经济性（Scale Economy）。

实际产出、前沿产出和相对前沿技术效率三者之间的关系为：

$$y_{i\tau} = f(x_{i\tau},\ t)\exp(-u_{i\tau}) \qquad (14-9)$$

其中，$y_{i\tau}$ 是企业 i（$i=1,\ \cdots,\ T$）在第 τ 期的实际产出（$\tau=1,\ \cdots,\ T$）。$x_{i\tau}$ 是投入要素向量。$f(\ \cdot\ )$ 是随机前沿生产函数中的确定性前沿产出部分。t 是测量技术变化的时间趋势变量。$u_{i\tau} \geq 0$，是技术非效率指数，衡量相对前沿的技术效率水平。为了避免混淆时间趋势变量 t 和标注投入产出时期的下标 τ，在下面的论述中省略标注时期的下标 τ 和企业下标 i，而只保留表示投入要素

的下标 j，x_j 表示投入要素 j。

一、前沿技术进步（FTP）

将对数形式的前沿生产函数 $f(\cdot)$ 对时间趋势 t 求导数，得到：

$$\frac{d\ln f(x,\ t)}{dt} = \frac{\partial \ln f(x,\ t)}{\partial t} + \sum_j \frac{\partial \ln f(x,\ t)}{\partial x_j/x_j} \cdot \frac{dx_j/x_j}{dt} \qquad (14-10)$$

式（14-10）的右边的第一项 $\dfrac{\partial \ln f(x,\ t)}{\partial t}$，即为前沿技术进步（FTP），表示在投入要素保持不变的条件下产出随时间的变化率。第二项衡量了投入要素增长所导致的前沿生产函数产出的变化。运用要素 j 的产出弹性表达式，$\varepsilon_j = \dfrac{\partial \ln f}{\partial \ln x_j}$，定义 $x_j = \dfrac{\partial \ln x_j}{\partial t}$，$\Delta x_j$ 代表要素 x_j 的变化率，则第二项可以表达成 $\sum_j \varepsilon_j \Delta x_j$，于是，式（14-10）可以写成：

$$\frac{d\ln f(x,\ t)}{dt} = FTP + \sum_j \varepsilon_j \Delta x_j \qquad (14-11)$$

二、相对前沿的技术效率（TE）及其变化率（ΔTE）

相对前沿的技术效率（TE）是指在某一技术水平下，某一组要素投入得到的实际产出水平与相应要素投入下的前沿技术产出水平之间的比例，TE 反映了一个企业在特定技术和要素投入规模下实际产出与最大可能产出间的差距。前沿生产函数是衡量技术效率的基准，故称为相对前沿的技术效率。

定义产出增长率为：$\Delta y = \dfrac{d\ln y}{dt}$。式（14-9）两边同取自然对数，然后对时间趋势 t 进行全微分，并利用式（14-11）将产出增长率分解为前沿技术进步、投入要素增长对产出增长的贡献及相对前沿的技术效率的提高：

$$\Delta y = \frac{d\ln f(x,\ t)}{dt} - \frac{du}{dt} = FTP + \sum_j \varepsilon_j \Delta x_j - \frac{du}{dt} \qquad (14-12)$$

定义相对前沿的技术效率的变化率为：$\Delta TE = -\dfrac{du}{dt}$。

三、全要素生产率的增长（ΔTFP）

按照增长核算（Growth Accounting）方法，全要素生产率的增长为：

$$\Delta TFP = \Delta y - \sum_j S_j \Delta x_j \qquad (14\text{-}13)$$

其中，S_j 是要素 j 在要素总成本中的份额，且有 $\sum_j S_j = 1$。在利润最大化条件下，要素的产出弹性值应该等于要素的费用份额，这是使用增长核算方法计算全要素生产率增长的理论依据。实际中，产出弹性和要素的费用份额可能不相等，这就是资源配置效率问题。

四、配置效率（AE）以及规模经济性（SE）

将式（14-12）代入式（14-13），经过适当的变换得到：

$$\Delta TFP = FTP - \frac{du}{dt} + \sum (\varepsilon_j - S_j)\Delta x_j$$

$$= FTP - \frac{du}{dt} + \sum_j (\lambda_j - S_j)\Delta x_j + (RTS - 1)\sum_j \lambda_j \Delta x_j$$

$$(14\text{-}14)$$

其中，$\lambda_j = \dfrac{\varepsilon_j}{\sum_j \varepsilon_j} = \dfrac{\varepsilon_j}{RTS}$ 是前沿生产函数中要素 j 投入的相对产出弹性，

有 $\sum_j \lambda_j = 1$。这样转换的目的是使得相对产出弹性 λ_j 与相对费用份额 S_j 具有可比性，以衡量资源的配置效率。$RTS = \sum_j \varepsilon_j$，表示规模总报酬的大小。式（14-14）右边的最后两项衡量了要素对生产率增长的两大效应：

配置效率（AE）：要素投入结构的变化对生产率增长的贡献 $AE = \sum_j (\lambda_j - S_j)\Delta x_j$。

规模经济性（SE）：要素的规模报酬对生产率增长的贡献 $SE = (RTS - 1)\sum_j \lambda_j \Delta x_j$。规模经济指在其他条件不变的情况下，产出增长比例高于要素规模综合增长比例。总之，式（14-14）中 TFP 的增长可以分解为前沿技术进步、相对前沿的技术效率提高、要素资源的配置效率及规模经济性四个部分。

通过随机前沿生产函数的估价结果，可以对 TFP 的增长进行分解。随机前沿生产模型不仅要考虑前沿技术进步，还需要考虑前沿技术进步与投入要素对生产率的交互效应，以及投入要素之间的替代效应。这里选用对数形式的时变（Time-Varying）技术效率随机前沿生产模型：

$$\ln y_{i\tau} = \alpha_0 + \sum_j \alpha_j \ln x_{ji\tau} + \alpha_T t + \frac{1}{2} \sum_j \sum_l \beta_{jl} \ln x_{li\tau} \ln x_{ji\tau} + \frac{1}{2}\beta_{Tt}n^2 + \quad (14-15)$$

$$\sum_j \beta_{T_j t} \ln x_{ji\tau} + v_{i\tau}\tau - u_i\tau$$

其中，$y_{i\tau}$ 是观察到的实际产出；时间趋势变量 $t = 1$，2，…，T，反映技术变化；x 是要素投入变量，下标 j 和 l 是要素标志（$j = L$，K；$l = L$，K）；误差项 $u_{i\tau}$ 表示企业由技术非效率造成的产出损失（不可观测），要求大于或等于零，并且独立于统计误差 $v_{i\tau}$ 项，假定 $v_{i\tau} \sim$ i. i. dN（0，σ_v^2）。按照 Battese 和 Coelli（1992）设定的随机前沿模型，假定时变非效率指数服从：

$$u_{i\tau} = u_i \exp[- \eta(t - T)] \qquad (14-16)$$

这里假定 u_i 的分布服从非负断尾正态分布，即 $u_i \sim N^+(\mu，\sigma_u^2)$。参数 η 表示技术效率指数（$-u_{i\tau}$）的变化率，该参数值为正表示公司相对前沿的技术效率不断改善，负值则表示相对前沿的技术效率不断恶化。

随机前沿生产模型（14-15）和时变技术非效率指数模型（14-16）中的参数用极大似然法联合估计得到。似然函数中构造了方差参数：$\gamma = \dfrac{\sigma_u^2}{\sigma_s^2}$，$\sigma_s^2 = \sigma_u^2 + \sigma_v^2$。

企业 i 相对前沿的技术效率（$TE_{i\tau}$），衡量实际产出与潜在最大产出的比率。采用 Jondrow、Lovell、Materov 和 Schmidt（1982）提出的混合误差分解方法（JLMS 技术），从混合误差 $v_{i\tau} - u_{i\tau}$ 中分离出技术非效率 $u_{i\tau}$。于是有：

$$TE_{i\tau} = \exp(- u_{i\tau}) \qquad (14-17)$$

基于随机前沿生产模型的估计，以及相对前沿的技术效率变化形式，就可推算企业的前沿技术进步、相对前沿的技术效率的变化、规模经济性以及配置效率。

根据 u 的表达式：$u_{i\tau} = u_i \exp [-\eta (t-T)]$，相对前沿的技术效率变化：

$$\Delta TE_{i\tau} = -\frac{\partial u_{i\tau}}{\partial t} = \eta \cdot u_i \exp[- \eta(t - T)] = \eta \cdot u_{i\tau} \qquad (14-18)$$

显然，相对前沿的技术效率变化不仅与行业的技术效率指数变化率参数 η 有关，而且与企业特定的技术非效率 $u_{i\tau}$ 有关。

计算 TFP 增长率中的规模经济性，必须首先计算前沿生产函数的要素产出弹性。在随机前沿生产函数模型（14-15）下，生产要素 j（资本 K 或劳动

L）的产出弹性为：

$$\varepsilon_j = \frac{\partial \ln f(x,\ t)}{\partial \ln x_j} = \alpha_j + \frac{1}{2}\sum_{l \neq j}\beta_{jl}\ln x_l + \beta_{jj}\ln x_j + \beta_{T_j}t,\ j = L,\ K;\ l = L,\ K$$

$$(14\text{-}19)$$

规模总报酬弹性 $RTS = \sum_j \varepsilon_j$，$RTS < 1$、$RTS = 1$ 和 $RTS > 1$ 分别表示规模报酬递减、不变和递增。于是，规模经济性 SE：

$$SE = (RTS\text{-}1)\ (\lambda_k \cdot k + \lambda_l \cdot i)$$

Δk、Δl 分别表示资本与劳动要素的增长率。

配置效率（AE）：

$$AE = (\lambda_k\text{-}S_k)\ \cdot \Delta k + (\lambda_l\text{-}S_l)\ \cdot i$$

根据随机前沿生产函数模型（14-15）以及前沿技术进步的定义，前沿技术进步对产出（全要素生产率增长）的贡献为：

$$FTP = \frac{\partial \ln f(x,\ t)}{\partial t} = \alpha_T + \beta_{TT}t + \sum_j \beta_{T_j}\ln x_j,\ j = L,\ K$$

第六节　应用实例：某产业技术效率测算

本部分选用 2003~2010 年中国某产业 19 个大类行业在全国和东、中、西部地区的面板数据来构建随机前沿生产函数模型。技术无效函数模型设计如下：

$$m_{it} = \delta_0 + \delta_1 EG_{it} + \delta_2 SCALE_{it} + \delta_3 FDI_{it} + \delta_4 TRADE_{it} + \delta_5 SOE_{it} + w_{it}$$

其中，EG、$SCALE$、FDI、$TRADE$ 和 SOE 分别表示产业集聚水平、各行业平均企业规模、外商和港澳台企业总资产比重、出口交货值占工业销售产值比重和国有制企业产值比重。δ_1、δ_2、δ_3、δ_4 分别为相应解释变量对技术效率的影响，$\delta_i > 0$ 表示解释变量对技术效率具有负的影响，$\delta_i < 0$ 表示解释变量对技术效率具有正的影响。w_{it} 是回归方程的随机误差项，假定其服从正态分布 $w_{it} \sim \text{iid.}\ N(0,\ \sigma_w^2)$。

使用随机前沿函数对中国某产业的 19 个大类行业在全国及东、中、西部地区 2003~2010 年的面板数据进行分析，由 FRONTIER 4.1 软件用最大似然法估计出，具体估计结果如表 14-1 所示。所有模型的估计结果中，全国及东、中、西三大区域某产业的 γ 值分别为 0.8141、1.0000、1.0000、1.0000，表明随机前沿模型合成误差项中的大部分成分来源于技术的无效性，且 LR 检验值均在 1% 的水平下显著，因此采用随机前沿模型是合理可靠的，技术无效可视为阻碍某产业技术效率的主要因素。从模型各参数的估计结果来看，几乎均较好地通过了显著性检验，拟合程度较为理想。

表 14-1 某产业随机前沿生产函数的最大似然估计结果

变量		全国		东部		中部		西部	
		系数	t 值	系数	t 值	系数	t 值	系数	t 值
生产函数	截距	6.368***	21.252	6.485***	18.682	6.005***	11.952	5.561***	15.470
	时间	0.086***	8.662	0.096***	9.345	0.069***	3.434	0.096***	6.788
	资本	0.215***	8.750	0.200***	6.553	0.332***	5.988	0.194***	5.744
	劳动	0.740***	24.773	0.771***	23.688	0.592***	10.925	0.805***	19.038
技术无效函数	截距	3.563***	11.521	4.328***	12.381	2.457***	5.280	2.269***	10.141
	产业集聚水平	-2.387***	-4.738	-0.463	-1.365	-1.322*	-1.784	-0.539**	-2.329
	企业规模	-0.489***	-6.763	-0.594***	-7.871	-0.232**	-2.560	-0.196***	-3.577
	外商直接投资	-0.396	-1.263	-0.478	-1.601	-1.1624	-1.380	-1.490***	-3.659
	对外贸易开放	1.645***	5.171	1.242***	4.166	1.841*	1.845	1.027***	2.705
	所有制结构	1.704***	6.763	1.236***	5.220	0.992***	2.899	0.665***	5.175
残差估计	σ^2	0.066		0.090		0.267		0.081	
	γ	0.814		1.000		1.000		1.000	
	log 似然函数值	-5.929		-22.375		-81.998		-19.412	
	LR 检验	155.09		140.705		43.911		97.189	
	截面数	19		19		19		19	
	年数	8		8		8		8	
	样本数	152		152		152		152	

技术效率及影响因素分析如下：

一、资本和劳动产出弹性分析

根据随机前沿生产函数的估计结果，从整体上看，劳动产出弹性要大于资本产出弹性，这主要是因为某产业属于知识技术密集型行业，对劳动力质量的要求较高，使得其生产活动中专业技术人员相对于资本是稀缺要素。另外也表明中国某产业大部分行业虽已开始了资本密集化进程，但投资质量不高，部分行业甚至已投资过度，近年来资本蜂拥而入而导致的太阳能、风能行业产能过剩就是鲜明例证。因此，对于某产业而言，一方面要加快培养和引进适应其发展需要的专业化人才，另一方面更要积极优化投资结构，提高投资质量，提升投资对经济增长的拉动作用。

二、技术进步和技术效率分析

从模型估计结果看，中国某产业的技术进步速度较快，以年均 8.6% 的幅度上升且统计显著，但技术效率水平整体较低，且在 8 年间仅增长了 0.229%，整体上呈现出技术效率低水平起伏波动的特征。这说明中国某产业全要素生产率增长主要来源于技术进步，而非技术效率。中国自 2002 年提出走新型工业化道路后，大力改造提升传统产业，支持金融创新、技术创新和加大人力资本开发力度，为中国某产业的发展提供了"三轮"驱动，使得最佳生产前沿面不断向外扩张。但在现有的条件下，中国某产业的实际产出并未实现最大化，技术效率平均水平一直维持在 0.36~0.39，在资源配置、技术应用及推广和管理水平等方面还存在很大的缺陷。目前集中体现在各地区盲目投资和重复建设现象严重，科技成果产业化和市场化程度低，高性能、高附加值的产品较少，以及管理低效和管理体制不健全等方面。

本章小结

本章介绍了随机生产前沿理论在生产率测度上的应用、全要素生产率及其增长率的分解，并以中国某产业 19 个大类行业的面板数据为样本，进行了实证检验。

思考题

一、名词解释

前沿生产函数、全要素生产率、技术效率、配置效率

二、简答题

1. 生产前沿面如何确定，有哪些方法？

2. 随机生产前沿的参数估计有哪些方法？

3. 全要素生产率可分解为哪几种比率？

三、论述题

简述全要素生产率增长的 Kumbhakar 分解法。

参考文献

[1] 白永秀，吴丰华. 新中国 60 年社会主义市场经济理论发展阶段研究 [J]. 当代经济研究，2009（12）.

[2] 蔡跃洲，郭梅军. 我国上市商业银行全要素生产率的实证分析 [J]. 经济研究，2009（9）.

[3] 蔡跃洲. 技术经济学研究方法及方法论述评 [J]. 数量经济技术经济研究，2011（11）.

[4] 陈戈止. 技术经济学 [M]. 重庆：西南财经大学出版社，2002.

[5] 陈峥嵘. 内生经济增长理论述评 [J]. 江海学刊，1996（6）.

[6] 董正平. 西方经济增长理论的演变及其借鉴意义 [J]. 北京社会科学，1998（3）.

[7] D. W. 乔根森. 生产率（第 1 卷）[M]. 北京：人民出版社，2001.

[8] 傅家骥，雷家骕，程源. 技术经济学前沿问题 [M]. 北京：经济科学出版社，2003.

[9] 傅家骥，吴贵生. 技术经济学 [M]. 北京：中国经济出版社，1987.

[10] 傅家骥. 对我国技术经济学研究对象的新议 [J]. 技术经济，1989（6）.

[11] 傅家骥. 工业技术经济学 [M]. 北京：清华大学出版社，1986.

[12] 傅家骥等. 工业技术经济学（第三版）[M]. 北京：清华大学出版社，1996.

[13] 傅家骥等. 技术创新学 [M]. 北京：清华大学出版社，1998.

[14] 古扎拉蒂. 计量经济学（上、下册）[M]. 北京：中国人民大学出版社，2000.

[15] 郭庆旺，贾俊雪. 中国全要素生产率的估算：1979—2004 [J]. 经济研究，2005（6）.

[16] 郭树生. 技术经济学的研究对象 [C]. 2009 年 1 月 6 日社科院数技经所内部讲座.

[17] 国家发展改革委，建设部. 建设项目经济评价方法与参数 [M]. 北京：中国计划出版社，2006.

[18] 国家计委，建设部. 建设项目经济评价方法与参数（第三版）[M]. 北京：中国计划出版社，2006.

[19] 杭育. 技术经济学 [M]. 北京：世界图书出版公司，1997.

[20] 郝世绵，赵瑾. 产业集群技术能力研究综述与启示 [J]. 安徽科技学院学报，2010，24（6）.

[21] 何刚，陈文静. 公共资本和私人资本的生产效率及其区域差异——基于分位数回归模型的研究 [J]. 数量经济技术经济研究，2008（9）.

[22] 胡晶，魏传华，吴喜之. 空间误差自相关随机前沿模型及其估计 [J]. 统计与信息论坛，2007（2）.

[23] 黄国桥. 谈西方经济思想对经济增长因素认识的演变及其现实意义 [J]. 云南财贸学院学报，1997（2）.

[24] 技术经济学编写组. 技术经济学原理与实务 [M]. 北京：机械工业出版社，2008.

[25] 贾春霖. 技术经济学（修订本）[M]. 武汉：中南工业大学出版社，1998.

[26] 科埃利等. 效率与生产率分析引论（第二版）[M]. 王忠玉译. 北京：中国人民大学出版社，2008.

[27] 雷家骕，程源，杨湘玉. 技术经济学的基础理论与方法 [M]. 北京：高等教育出版社，2004.

[28] 雷家骕，程源. 技术经济学科发展述评与展望 [J]. 数量经济技术经济研究，2004（8）.

[29] 雷家骕. 技术经济发展前沿 [M]. 北京：清华大学出版社，2004.

[30] 雷仲敏. 技术经济分析评价 [M]. 北京：中国标准出版社，2003.

[31] 黎诣远. 微观经济分析 [M]. 北京：清华大学出版社，1995.

[32] 黎诣远. 宏观经济分析 [M]. 北京：清华大学出版社，1995.

[33] 李纯波. 技术经济学原理 [J]. 冶金经济分析，1987（1）.

[34] 李京文，钟学义. 中国生产率分析前沿 [M]. 北京：社会科学文献出版社，2007.

[35] 李京文. 技术经济的过去、现在和未来 [J]. 数量经济技术经济研究，1987（1）.

[36] 李京文. 论技术经济学的理论来源、研究对象与研究方法 [C] //李京文. 科技富国论 [M]. 北京：社会科学文献出版社，1995.

[37] 李京文. 生产率与中美日经济增长研究 [M]. 北京：中国社会科学出版社，1993.

[38] 李京文等. 跨世纪重大工程技术经济论证 [M]. 北京：社会科学文献出版社，1997.

[39] 李善同，翟凡，徐林. 中国加入世界贸易组织对中国经济的影响——动态一般均衡分析 [J]. 世界经济，2000（2）.

[40] 李善同等. 中国经济的社会核算矩阵 [J]. 数量经济技术经济研究，1996（1）.

[41] 李双杰. 效率与生产率度量方法与应用 [M]. 北京：经济科学出版社，2010.

[42] 李子奈. 计量经济学——方法和应用 [M]. 北京：清华大学出版社，1992.

[43] 林岗. 增长经济学 [M]. 北京：人民出版社，1994.

[44] 林佳显，龙志和，林光平. 空间面板随机前沿模型及技术效率估计 [J]. 商业经济与管理，2010（5）.

[45] 林晓言，王红梅. 技术经济学教程 [M]. 北京：经济管理出版社，2008.

[46] 林晓言等. 建设项目经济社会评价 [M]. 北京：中华工商联合出版社，2000.

[47] 刘富华，曹东. 经济增长理论的最新发展及其与发展经济学的融合 [J]. 学术月刊，1997（5）.

[48] 刘晓君. 工程经济学 [M]. 北京：中国建筑工业出版社，2005.

[49] 刘晓君. 技术经济学 [M]. 北京：科学出版社，2009.

[50] 卢明森. 综合集成法——整体论与还原论的辩证统一 [C] //中国系统工程学会，上海交通大学：钱学森系统科学思想研究 [M]. 上海：上海交通大学出版社，2007.

[51] 钱学森. 系统科学思想研究 [M]. 上海：上海交通大学出版社，2007.

[52] 罗伯特·J. 巴罗，哈维尔·萨拉伊马丁. 经济增长 [M]. 何晖，刘明兴译. 北京：中国人民大学出版社，2000.

[53] 罗伯特·M. 索洛. 经济增长因素分析 [M]. 北京：商务印书馆，1999.

[54] 罗伯特·M. 索洛. 增长理论：一种说明 [M]. 天津：天津大学出版社，1969.

[55] J. L. 里格斯. 工程经济学 [M]. 吕薇等译. 北京：中国财政经济出版社，1989.

[56] 马阳. 技术经济学讲座：技术经济学的发展过程和前景 [J]. 科技和产业，2002（2）.

[57] 苗东升. 钱学森论系统方法论 [C]. 中国系统工程学会，上海交通大学：钱学森系统科学思想研究 [M]. 上海：上海交通大学出版社，2007.

[58] （美）乔根森. 生产率第一卷：战后美国经济增长 [M]. 李京文等译. 北京：中国发展出版社，2001.

[59] M. 赛尔奎. 生产率增长和要素再配置 [C] //H. 钱纳里等. 工业化和经济增长的比较研究 [M]. 上海：上海三联书店，1989.

[60] PRCGEM 课题组. 中国税制改革效应的一般均衡分析 [J]. 数量经济技术经济研究，2002（9）.

[61] 穆勒. 政治经济学原理 [M]. 金镝，金熠译. 北京：华夏出版社，2009.

[62] 齐建国. 技术经济学发展综述 [J]. 数量经济技术经济研究，1997（8）.

[63] （日）玉井正寿. 价值分析 [M]. 吕薇等译. 北京：机械工业出版社，1981.

[64] S. 库兹涅茨. 各国经济增长——国家经济增长的数量方面 [C]. 刘伟译. 资源配置与经济体制改革 [M]. 北京：中国财政经济出版社，1989.

［65］S. 库兹涅茨. 现代经济增长［M］. 北京：北京经济学院出版社，1989.

［66］亚当·斯密. 国富论（上卷）［M］. 北京：商务印书馆，1972.

［67］苏挺. 货币的时间价值浅谈［J］. 外国经济与管理，1982（1）.

［68］孙巍. 生产资源配置效率——生产前沿面理论及其应用［M］. 北京：社会科学文献出版社，2000.

［69］孙巍. 效率与生产率的非参数分析——方法、软件与应用［M］. 北京：社会科学文献出版社，2010.

［70］孙续元. 技术经济学理论的构建、发展与前瞻［J］. 经济评论，2001（3）.

［71］陶长琪，王志平. 随机前沿方法的研究进展与展望［J］. 数量经济技术经济研究，2011（11）.

［72］陶树人. 技术经济评价［M］. 北京：北京高等教育出版社，1991.

［73］陶树人. 技术经济学［M］. 北京：经济管理出版社，1999.

［74］万君康等. 技术经济学［M］. 上海：华中理工大学出版社，1996.

［75］王宏伟. 技术经济学理论基础述评［J］. 数量经济技术经济研究，2009（11）.

［76］王宏伟. 信息产业与中国经济增长的实证分析［J］. 中国工业经济，2009（11）.

［77］王韬，周建军. 我国进口关税减让的宏观经济效应——可计算一般均衡模型分析［J］. 系统工程，2004（2）.

［78］魏权龄. 评价相对有效性的 DEA 方法——运筹学的新领域［M］. 北京：中国人民大学出版社，1988.

［79］魏下海. 贸易开放、人力资本与中国全要素生产率——基于分位数回归方法的经验研究［J］. 数量经济技术经济研究，2009（7）.

［80］吴春友等. 工业技术经济学［M］. 大连：大连理工大学出版社，1998.

［81］武献华，石振武. 工程经济学［M］. 北京：科学出版社，2006.

［82］熊彼特. 经济发展理论［M］. 北京：商务印书馆，1990.

［83］徐斌. 技术经济理论发展问题研究［D］. 北京：北京交通大学博士学位论文，2002.

［84］徐寿波. 技术经济学（第四版）［M］. 南京：江苏人民出版社，1988.

［85］徐寿波. 技术经济学［M］. 南京：江苏人民出版社，1986.

［86］徐寿波. 技术经济学概论［M］. 上海：上海科学技术出版社，1980.

［87］徐寿波. 建国 60 年中国"技术经济"科学技术发展的回顾与展望［J］. 北京交通大学学报（社会科学版），2009（4）.

［88］许晓峰. 技术经济学［M］. 北京：中国发展出版社，1998.

［89］亚当·斯密. 国民财富的性质和原因的研究（上卷）［M］. 北京：商务印书馆，1988.

［90］杨季美等．技术经济学［M］．北京：中国铁道出版社，1994.

［91］袁明鹏等．新编技术经济学［M］．北京：清华大学出版社，2007.

［92］G.多西．技术进步与经济理论［M］．北京：经济科学出版社，1992.

［93］翟凡，李善同，冯珊等．一个中国经济的可计算一般均衡模型［J］．数量经济技术经济研究，1997（3）.

［94］张凤，何传启．国家创新系统——第二次现代化的发动机［M］．北京：高等教育出版社，1999.

［95］张富春．资本与经济增长［M］．北京：经济科学出版社，2000.

［96］张国初．前沿生产函数、要素使用效率和全要素生产率［J］．数量经济技术经济研究，1996（9）.

［97］张磊，王淼．西方技术创新理论的产生与发展综述［J］．科技与经济，2007，4（2）.

［98］张晓峒．计量经济学基础［M］．天津：南开大学出版社，2003.

［99］张信东，薛艳梅.R&D支出与公司成长性之关系及阶段特征——基于分位数回归技术的实证研究［J］．科学学与科学技术管理，2010（6）.

［100］张旭．转变经济发展方式的发展经济学考察［J］．理论学刊，2010（3）.

［101］郑世林，张昕竹．经济体制改革与中国电信行业增长：1994—2007年［J］．经济研究，2011（11）.

［102］郑友敬．技术经济基本理论与分析方法［M］．北京：中国展望出版社，1985.

［103］郑友敬等．超大型工程建设项目评价——理论方法研究［M］．北京：社会科学文献出版社，1994.

［104］郑玉歆，樊明太．中国CGE模型及政策分析［M］．北京：社会科学文献出版社，1999.

［105］郑玉歆．全要素生产率的测度及经济增长方式的"阶段性"规律［J］．经济研究，1999（5）.

［106］钟学义，陈平．技术，技术进步，技术经济学和数量经济学之诠释［J］．数量经济技术经济研究，2006（3）.

［107］周新川，陈劲．创新研究趋势探讨［J］．科学学与科学技术管理，2007（5）.

［108］朱彩飞．可持续发展研究中的物质流核算方法：问题与趋势［J］．生态经济（学术版），2008（1）.

［109］朱平芳，朱先智．企业创新人力投入强度规模效应的分位点回归研究［J］．生态经济（学术版），2010（1）.

［110］朱平芳，朱先智．企业创新人力投入强度规模效应的分位点回归研究［R］.2009.

［111］朱启贵．能源流核算与节能减排统计指标体系［J］．上海交通大学学报，2010（6）.

[112] 庄子银. 新经济增长理论的五大研究思路 [J]. 经济学动态, 1997 (5).

[113] Abreu, M., H. L. de Groot, Florax R. Spatial Patterns of Technology Diffusion: An Empirical Analysis Using TFP [J]. European Regional Science Association Conference Paper, 2004 (1): 7-14.

[114] Ackerberg, Daniel, C. Lanier Benkard, Steven Berry, and Ariel Pakes. Econometric Tools for Analyzing Market Outcomes [J]. Handbook of Econometrics, 2007 (1): 7-14.

[115] Adhikari, A., Mishra, A. K. and Chintawar, S. Adoption of Technology and Its Impact on Profitability of Young and Beginning Farmers: A Quantile Regression Approach. Selected paper [C]. Southern Agricultural Economics Association Annual Meeting, Atlanta, GA, 2009.

[116] Afriat S. N. Efficiency Estimation of Production Functions [J]. International Economic Journal, 1972 (1): 7-14.

[117] Aigner, D., Lovell, C. A. K. and Schmidt, P. Formulation and Estimation of Stochastic Frontier Production Models [J]. Journal of Econometrics, 1971 (6): 21-37.

[118] Allan G. J., Hanley N. D., McGregor P. G., Swales J. K. and Turner K. R. The Impact Of Increased Efficiency in the Industrial Use Of Energy: A Computable General Equilibrium Analysis for the United Kingdom [J]. Energy Economics, 2009, 29 (4): 779-798.

[119] Anselin, L. Spatial Econometrics: Methods and Models [M]. Kluwer Academic Publishers, Boston, 1988.

[120] Anselin, L., A. Varga, and Z. Acs. Local Geographic Spillovers between University Research and High Technology Innovations [J]. Journal of Urban Economics, 1997 (42): 422-448.

[121] Anselin, L., A. Varga, Z. Acs. Geographical Spillovers and University Research: A Spatial Econometric Perspective [J]. Growth and Change, 2000, 31 (4): 501-515.

[122] Aragon, Y., Daouia, A., Thomas - Agnan, C. Nonparametric Frontier Estimation: A Conditional Quantile - based Approach [J]. Econometric Theory, 2005, 21 (2): 358-389.

[123] Armington, P. S. The Geographic Pattern of Trade and the Effects of Price Changes [J]. IMF Staff Papers, 1969 (16): 179-199.

[124] Audretsch, D. B., Lehmann, E. E. and Warning, S. University Spillovers and New Firm Location [J]. Research Policy, 2005, 34 (7): 1113-1122.

[125] Autant-Bernard, C. and J. P. LeSage. Quantifying Knowledge Spillovers using Spatial Econ-

ometric Models ［J］. Early View, Journal of Regional Science, 2010 （1）: 7-14.

［126］ A. O. Hirschman. The Strategy of Economic Development ［M］. New Haven: Yale University Press, 1958.

［127］ Ballard, C. L., Fullerton, D., Shoven, J. B. and Whalley, J. A General Equilibrium Model for Tax Policy Evaluation ［M］. Chicago: The University of Chicago Press, 1985.

［128］ Banker, R. D., A. Charnes and W. W. Cooper. Some Models for Estimating Technical and Scale Inefficiencies in Data Envelopment Analysis ［J］. Management Science, 1984, 30 （9）: 1078-1092.

［129］ Barreto, R. A. and Hughes, A. W. Under Performers and Over Achievers: A Quantile Regression Analysis of Growth ［J］. Economic Record, 2004, 80 （248）: 17-35.

［130］ Barrios, E. B. and Lavado, R. F. Spatial Stochastic Frontier Models, East Asian Bureau of Economic Research ［D］. Microeconomics Working Papers, 2010.

［131］ Bartelmus, Peter. Quantitative Eco - nomics: How Sustainable Are Our Economies? ［M］. Springer, 2008.

［132］ Bassett, G. and Koenker, R. An Empirical Quantile Function for Linear Models with iid Errors ［J］. Journal of the American Statistical Association, 1982, 77 （378）: 407-415.

［133］ Battese, G. E., and G. S Corra. Estimation of a Production Frontier Model: With Application to the Pastoral Zone of Eastern Australia ［J］. Australian Journal of Agricultural Economics, 1977 （1）: 7-14.

［134］ Battese, G. E. and Coelli, T. J. A Model for Technical Inefficiency Effects in a Stochastic Frontier Production Function for Panel Data ［J］. Empirical Economics, 1995 （20）: 325-332.

［135］ Battese, G. E. and Coelli, T. J. Frontier Production Functions, Technical Efficiency and Panel Data: With Application to Paddy Farmers in India ［J］. Journal of Productivity Analysis, 1992 （3）: 153-169.

［136］ Bergman, L. Energy Policy Modeling: A Survey of General Equilibrium Approaches ［J］. Journal of Policy Modeling, 1990, 12 （4）: 67-91.

［137］ Bernini, C., Freo, M. and Gardini, A. Quantile Estimation of Frontier Production Function ［J］. Empirical Economics, 2004, 29 （2）: 373-381.

［138］ Bode, E. The Spatial Pattern of Localized R&D Spillovers: An Empirical Investigation for Germany ［J］. Journal of Economic Geography, 2004, 4 （1）: 43-64.

［139］ Bose, A. and Chatterjee, S. Generalized Bootstrap for Estimators of Minimizers of Convex Functions ［J］. Journal of Statistical Planning and Inference, 2003, 117 （2）: 225-239.

［140］Bulut, H. and Moschini, G. US Universities' Net Returns from Patenting and Licensing：A Quantile Regression Analysis ［J］. Economics of Innovation and New Technology, 2009, 18（2）：123-137.

［141］Békés, G., Kleinert, J. and Toubal, F. Spillovers from Multinationals to Heterogeneous Domestic Firms：Evidence from Hungary ［J］. The World Economy, 2009, 32（10）：1408-1433.

［142］B. Higgins, D. Savoie. Regional Development Theories and Their Application ［C］. Transaction Publisher, 1995：67-71.

［143］Cassiman, B. and Golovko, E. Innovation and the Export-Productivity Link ［Z］. IESE Business School Working Paper No. 688, 2007.

［144］Caves, D. W., L. R. Christensen and W. E. Diewert. The Economic Theory of Index Numbers and the Measurement of Input, Output, and Productivity ［J］. Econometrica, 1982, 50（6）：1393-1414.

［145］Cazals, C., Florens, J. P. and Simar, L. Nonparametric Frontier Estimation：A Robust Approach ［J］. Journal of Econometrics, 2002, 106（1）：1-25.

［146］Charnes, A., W. W. Cooper and E. Rhodes Measuring the Efficiency of Decision Making Units ［J］. European Journal of Operational Research, 1978（2）：429-444.

［147］Charnes, A., W. W. Cooper, B. Golany, L. Seiford and J. Stutz. Foundations of Data Envelopment Analysis for Pareto - Koopmans Efficient Empirical Production Functions ［J］. Journal of Econometrics, 1985（30）：7-14.

［148］Charnes, A. and W. W. Cooper. Programming with Linear Fractional Functionals ［J］. Naval Research Logistics Quarterly, 1962（9）：181-185.

［149］Chavas, Jean-Paul and Cox, Thomas L. A Non-Parametric Analysis of Productivity：The Case of U. S. and Japanese Manufacturing ［J］. American Economic Review, 1990, 80（3）：450-464.

［150］Chen, C. An Adaptive Algorithm for Quantile Regression ［A］//Hubert, M. et al., （Eds.）, Theory and Applications of Recent Robust Methods, Series：Statistics for Industry and Technology ［C］. Birkhauser, Basel, 2004：39-48.

［151］Coad, A. and Rao, R. Innovation and Firm Growth in High-tech Sectors：A Quantile Regression Approach ［J］. Research Policy, 2008, 37（4）：633-648.

［152］Coad, A. and Rao, R. Innovation and Market Value：A Quantile Regression Analysis ［J］. Economics Bulletin, 2006, 15（13）：1-10.

［153］Coelli T, Prasada Rao, Battese G E. An Introduction to Efficiency and Productivity Analysis

［C］．1998.

［154］ Coelli, T. J. A Guide to DEAP Version 2. 1: A Data Envelopment Analysis (Computer) Programme ［C］．CEPA Working Paper No. 8, 1996.

［155］ Coelli, T. J. Estimators and Hypothesis Tests for a Stochastic: A Monte Carlo Analysis ［J］．Journal of Productivity Analysis, 1995 (1): 7-14.

［156］ Cole, T. J. and Green, P. J. Smoothing Reference Centile Curves: The LMS Method and Penalized Likelihood ［J］．Statistics in Medicine, 1992, 11 (10): 1305-1319.

［157］ Crespo-Cuaresma, J. , Foster, N. and Stehrer, R. Determinants of Regional Economic Growth by Quantile ［J］．Regional Studies, 2000 (1): 7-14.

［158］ Dall'erba, S. Productivity Convergence and Spatial Dependence among Spanish Regions ［J］．Journal of Geographical Systems, 2005, 7 (2): 207-227.

［159］ Debreu, G. The Coefficient of Resource Utilization ［J］．Econometrica, 1951, 19 (3): 273-292.

［160］ Dimelis, S. and H. Louri. Foreign Direct Investment and Efficiency Benefits: A Conditional Quantile Analysis ［J］．Oxford Economic Papers, 2002: 449-469.

［161］ Dixon, P. B. , Parmenter, B. R and Powell, A. A. Notes and Problems in Applied General Equilibrium Economics ［C］．Amsterdam: North-Holland, 1992.

［162］ Dixon, P. B. , Parmenter, B. R. Computable General Equilibrium Modeling for Policy Analysis and Forecasting ［J］．Handbook of Computational Economics, 1996 (1): 7-14.

［163］ Dixon, P. B. , Rimmer, M. T. Dynamic General Equilibrium Modeling for Forecasting and Policy ［C］．Amsterdam: North-Holland, 2002.

［164］ Douglass C. North. Location Theory and Regional Economic Growth ［J］．The Journal of Political Economy, 1955, 63 (3): 243-258.

［165］ Ebersberger, B. , et al. Into Thin Air: Using a Quantile Regression Approach to Explore the Relationship between R&D and Innovation ［J］．International Review of Applied Economics, 2010, 24 (1): 95-102.

［166］ Ejermo, O. and Gråsjö, U. The Effects of R&D on Regional Invention and Innovation ［Z］．CIRCLE Electronic Working Paper Series, CIRCLE (Centre for Innovation, Research and Competence in the Learning Economy), Lund University, 2008.

［167］ Eurostat. Economy-wide Material Flow Accounts and Derived Indicators: A Methodological Guide ［C］．Luxembourg: European Communities, 2001.

［168］ Falk, M. Quantile Estimates of the Impact of R&D Intensity on Firm Performance

［J］．Small Business Economics，2010（1）：7-14.

［169］Fare，Rolf，Shawna Grosskoft，Mary Norris，and Zhongyang Zhang. Productivity Growth，Technical Progress，and Efficiency Change in Industrialized Countries［J］．The American Economic Review，1994，84（1）：66-83.

［170］Farrell，M. J. Estimating Efficient Production Functions under Increasing Returns to Scale［J］．Journal of the Royal Statistical Society. Series A（General），1962，125（2）：252-267.

［171］Farrell，M. J. The Measurement of Productive Efficiency Journal of the Royal Statistical Society［J］．Series A（General），1957，120（3）：253-290.

［172］Fingleton，B. A Multi-equation Spatial Econometric Model，with Application to EU Manufacturing Productivity Growth［J］．Journal of Geographical Systems ，2007，9（2）：119-144.

［173］Firpo，B. S. ，Fortin，N. M. and Lemieux，T. Unconditional Quantile Regression［J］．Econometrica，2009，77（3）：953-973.

［174］Fischer，M. M. ，T. Scherngell，M. Reismann. Knowledge Spillovers and Total Factor Productivity：Evidence Using a Spatial Panel Data Model［J］．Geographical Analysis，2009，41（2）：204-220.

［175］Fischer，M. M. ，A. Varga. Spatial Knowledge Spillovers and University Research：Evidence from Austria［J］．The Annals of Regional Science，2003，37（2）：303-322.

［176］Fotopoulos，G. European Union Regional Productivity Dynamics：A"Distributional"Approach［J］．Journal of Regional Science，2008，48（2）：7-14.

［177］Francois Perroux. Note on the Notion of Growth Pole［J］．Economie Appliquee，1995（17）：307-320.

［178］Girma，S. and Görg，H. Foreign Direct Investment，Spillovers and Absorptive Capacity：Evidence from Quantile Regressions［Z］．Discussion Paper Series 1：Economic Studies ，2005.

［179］Girma，S. and Görg，H. The Role of the Efficiency Gap for Spillovers from FDI：Evidence from the UK Electronics and Engineering Sectors［J］．Open Economies Review，2007，18（2）：215-232.

［180］Godin，Benoit. National Innovation System：The System Approach in Historical Perspective［D］．Project on the History and Sociology of STI Statistics，Working Paper No. 36，2007.

［181］Gouranga. Embodied Technology Transfer via International Trade and Disaggregation of

Labour Payments by Skill Level: A Quantitative Analysis in GTAP Framework [R]. The 3rd Annual GTAP Conference Working Paper, 2000.

[182] Greening L. A., Greene D. L. and Carmen Difiglio. Energy Efficiency and Consumption-the Rebound Effect-a Survey [J]. Energy Policy, 2000, 28 (6-7): 389-401.

[183] Gunnar Myrdal. Asian Drama [M]. New York: Pantheon, 1968.

[184] Gutenbrunner, C. et al. Tests of Linear Hypotheses Based on Regression Rank Scores [J]. Journal of Nonparametric Statistics, 1993, 2 (4): 307-333.

[185] Hanley N., Peter G. M., Swales J. K and Turner K. Do increases in Energy Efficiency Improve Environmental Quality and Sustainability? [J]. Ecological Economics, 2009, 68 (3): 692-709.

[186] Harberger, A. The Incidence of Corporate Income Tax [J]. Journal of Political Economy, 1962 (70): 215-240.

[187] He, X., and Zhu, L. X. A Lack of Fit Test for Quantile Regression [J]. Journal of the American Statistical Association, 2003, 98 (464): 1013-1022.

[188] Hendricks, W., Koencker, R. Hierarchical Spline Models for Conditional Quantiles and the Demand for Electricity [J]. Journal of the American Statistical Association, 1992, 87 (417): 58-68.

[189] Holland, J. H. Adaption in Natural and Artificial Systems [M]. Ann Arbor, MI: Univ. Mich. Press, 1975.

[190] Horridge, J. M., Parmenter, B. R and Pearson, K. R. ORANI-F: A General Equilibrium Model of Australian Economy [J]. Economic and Financial Computing, 1993 (3): 7-14.

[191] Horst Siebert. Labor Market Rigidities: At the Root of Unemployment in Europe [J]. The Journal of Economic Perspectives, 1997, 11 (3): 37-54.

[192] Hölzl, W. Is the R&D Behavior of Fast Growing SMEs Different? Evidence from CIS Ⅲ Data for 16 Countries [J]. Small Business Economics, 2009, 33 (1): 59-75.

[193] Ian Sue Wing. Computable General Equilibrium Models and Their Use in Economy-Wide Policy Analysis [D]. MIT Joint Program on the Science and Policy of Global Change, Technical Note No. 6, 2004.

[194] Ito, K. Foreign Ownership and Plant Productivity in the Thai Automobile Industry in 1996 and 1998: A Conditional Quantile Analysis [J]. Journal of Asian Economics, 2004, 15 (2): 321-353.

[195] Jaffe, A. Real Effects of Academic Research [J]. American Economic Review, 1989, 79 (5): 957-970.

［196］ Jefferson, Gary, Thomas. Rawski, Wang Li, and Zheng Yuxin. Ownership, Productivity Change and Financial Performance in Chinese Industry ［J］. Journal of Comparative Economics, 2000 (1): 7-14.

［197］ Johansen, L. A Multi-sectoral Study of Economic Growth ［C］. Amsterdam: North-Holland, 1960.

［198］ Jorgenson, Dale. Productivity, Volume 1: Postwar U. S ［J］. Economic Growth, 1995 (1): 7-14.

［199］ Jorgenson, D., Berndt, E., Triplett, J. Productivity and Economic Growth ［J］. Fifty Years of Economic Measurement: The Jubilee of the Conference on Research in Income and Wealth, 1990 (1): 7-14.

［200］ Jorgenson, D. W., Z. Grilliches. Issues in Growth Accounting: A Reply to E. F. Denison ［J］. Survey of Current Business, 1972 (1): 7-14.

［201］ Jorgenson, D. W. and Wilcoxen, P. J. Reducing U. S. Carbon Dioxide Emissions: The Cost of Different Goals ［C］//J. R. Moroney (eds.), Advances in the Economics of Energy Resources ［M］. Greenwich, CT: JAI Press, 1992.

［202］ Keller, W. J. Tax Incidence: A General Equilibrium Approach ［C］. Amsterdam: North-Holland, 1980.

［203］ Koenker, R., Portnoy, S. and Ng, P. Nonparametric Estimation of Conditional Quantile Functions ［C］. In: Dodge Y., (Eds.), L1 Statistical Analysis and Related Methods, Amsterdam: Elsevier, 1992: 217-229.

［204］ Koenker, R. and Bassett, G. Regression Quantiles ［J］. Econometrica, 1978, 46 (1): 33-50.

［205］ Koenker, R. and Machado. J. A. F. Goodness of Fit and Related Inference Processes for Quantile Regression ［J］. Journal of the American Statistical Association, 1999, 94 (448): 1296-1310.

［206］ Koenker, R. W. and d'Orey. Computing Regression Quantiles ［J］. Applied Statistics, 1987 (36): 383-393.

［207］ Koopmans, T. Analysis of Production as an Efficient Combination of Activities ［C］//In Activity Analysis of Production and Allocation, Chapter 3 ［M］. Wiley, New York, 1951.

［208］ Kumbhakar, S. C., and C. A. K. Lovell. Stochastic Frontier Analysis ［C］. 2000.

［209］ Kumbhakar, S. C. Modeling Allocative Inefficiency in a Translog Cost Function and Cost Share Equations: An Exact Relationship ［J］. Journal of Econometrics, 1997 (76): 351-356.

[210] Kumbhakar, S. C. Production Frontiers, Panel Data and Time-varying Technical Inefficiency [J]. Journal of Econometrics, 1990 (46): 201-211.

[211] Kumbhakar, S. C. Specification and Estimation of Production Risk, Risk Preferences and Technical Efficiency [J]. American Journal of Agricultural Economics, 2002 (84): 8-22.

[212] Le Gallo, J. and Dall'erba, S. Spatial and Sectoral Productivity Convergence between European Regions, 1975-2000 [J]. Papers in Regional Science, 2008, 87 (4): 505-525.

[213] Le Gallo, J. and Y. Kamarianakis. The Evolution of Regional Productivity Disparities in the European Union from 1975 to 2002: A Combination of Shift - Share and Spatial Econometrics [J]. Regional Studies, 2011, 45 (1): 123-139.

[214] Léopold Simar and Paul W. Wilson. Estimation and Inference in Two-stage, Semi-parametric Models of Production Processes [J]. Journal of Econometrics, 2007, 136 (1): 31-64.

[215] Léopold Simar and Paul W. Wilson. Non-parametric Tests of Returns to Scale [J]. European Journal of Operational Reserach, 2002, 139 (1): 115-132.

[216] Léopold Simar and Paul W. Wilson. Sensitivity Analysis of Efficiency Scores: How to Bootstrap in Nonparametric Frontier Models [J]. Management Sciences, 1998, 44 (1): 49-61.

[217] Léopold Simar and Paul W. Wilson. Two-stage DEA: Caveat Emptor [J]. Journal of Productivity Analysis, 2011, 36 (2): 205-218.

[218] Malmquist, Stern. Index Numbers and Indifference Curves [J]. Trabajos de Estatistica, 1953, 4 (1): 209-242.

[219] Mansur, A. and Whalley, J. Numerical Specification of Applied General Equilibrium Models: Estimation, Calibration, and Data [C] //Chapter 3 in Scarf, H. and Shoven, J. (eds.), Applied General Equilibrium Analysis [M]. Cambridge University Press, 1984.

[220] Martins-Filho, C. and Yao, F. A Smooth Nonparametric Conditional Quantile Frontier Estimator [J]. Journal of Econometrics, 2008, 143 (2): 317-333.

[221] Meeusenm W., and J. van den Broeck. Efficiency Estimation from Cobb-Douglas Production Functions with Composed Error [J]. International Economic Reviews, 1977, 2 (18): 435-444.

[222] Miles, W. Human Capital and Economic Growth: A Quantile Regression Approach [J]. Applied Econometrics and International Development, 2004, 4 (2): 5-18.

［223］ Moorsteen, R. H. On Measuring Productive Potential and Relative Efficiency ［J］. Quarterly Journal of Economics, 1961 (75): 451-467.

［224］ Mosteller, F. and Tukey, J. Data Analysis and Regression: A Second Course in Statistics ［M］. Reading, MA: Addison-Wesley, 1977.

［225］ Nelson, Richard. Economic Development from the Perspective of Evolutionary Economic Theory ［J］. Oxford Development Studies, 2008, 36 (1): 9-21.

［226］ Paci, R. and S. Usai. Externalities, Knowledge Spillovers and the Spatial Distribution of Innovation ［J］. GeoJournal, 1999, 49 (4): 381-390.

［227］ Paelinck, J. and Klaassen, L. Spatial Econometrics ［M］. Saxon House, Farnborough, 1979.

［228］ Parzen, M. I. , Wei, L. , and Ying Z. A Resampling Method Based on Pivotal Estimating Functions ［J］. Biometrika, 1994, 81 (2): 341-350.

［229］ Portnoy, S. and Koenker, R. The Gaussian Hare and the Laplacian Tortoise: Computability of Squared-error vs. Absolute-error Estimators, with Discussion ［J］. Statistical Science, 1997, 12 (4): 279-300.

［230］ Ragnar Nurkse. Foreign Aid and the Theory of Economic Development ［J］. The Scientific Monthly, 1957, 85 (2): 81-85.

［231］ Raymond Vernon. International Investment and International Trade in the Product Cycle ［J］. The Quarterly Journal of Economics, 1966, 80 (2): 190-207.

［232］ Robert Merton Solow. A Contribution to the Theory of Economic Growth ［J］. The Quarterly Journal of Economics, 1956, 70 (1): 65-94.

［233］ Robert Merton Solow, Technical Change and the Aggregate Production Function ［J］. The Review of Economics and Statistics, 1957, 39 (3): 312-320.

［234］ Saaty, T. L. The Analytic Hierarchy Process ［M］. Mc Graw-Hill, Inc. , 1980.

［235］ Scarf, H. On the Computation of Equilibrium Prices ［C］ //In Fellner, W. (eds), Ten Essays in Honor of Irving Fisher ［M］. New York: Wiley, 1967.

［236］ Scarf, H. The Approximation of Fixed Points of a Continuous Mapping ［J］. SIAM Journal of Applied Mathematics, 1967, 15 (5): 328-343.

［237］ Schmidt, A. , A. Moreira, et al. Spatial Stochastic Frontier Models: Accounting for Unobserved Local Determinants of Inefficiency ［J］. Journal of Productivity Analysis, 2009, 31 (2): 101-112.

［238］ Schulz, T. P. Testing the Neoclassical Model of Family Labor Supply and Fertility ［J］. The Journal of Human Resources, 1990, 25 (4): 599-634.

［239］ Shigeru Iwata, Mohsin S Khan, Hiroshi Murao. Sources of Economic Growth in East Asia:

A Nonparametric Assessment ［R］. IMF Staff Papers，2003.

［240］ Shoven，J. B. and Whalley，J. A General Equilibrium Calculation of the Effects of Differential Taxation of Income from Capital in the U. S. ［J］. Journal of Public Economics，1972 （1）：281-321.

［241］ Shoven，J. B. and Whalley，J. Applied General Equilibrium Models of Taxation and International Trade：An Introduction and Survey ［J］. Journal of Economic Literature，1984 （22）：1007-1051.

［242］ Shoven，J. B. and Whalley，J. Applying General Equilibrium ［M］. New York：Cambridge University Press，1992.

［243］ Shoven，J. B. and Whalley，J. General Equilibrium with Taxes：A Computable Procedure and an Existence Proof ［J］. Review of Economic Studies，1973 （40）：475-489.

［244］ Shoven，J. B. and Whalley，J. On the Computation of Competitive Equilibrium on International Trade ［J］. Journal of Economic Literature，1974 （4）：341-354.

［245］ Solow R M. Technical Change and Aggregate Production Function ［J］. The Review of Economics and Statistics，1957 （1）：7-14.

［246］ Spithoven，A.，Frantzen，D. and Clarysse，B. Heterogeneous Firm - Level Effects of Knowledge Exchanges on Product Innovation：Differences between Dynamic and Lagging Product Innovators ［J］. Journal of Product Innovation Management，2010，27 （3）：362-381.

［247］ Stewart F. International Transfer of Technology. Issues and Policy Options ［A］. In Streeten P，Jolly R （eds）. Recent Issues in World Development ［C］. Oxford：Pergam on Press，1981：67-110.

［248］ Technology Policy and Economic Performance：Lessons from Japan ［M］. Pinter Pub Ltd，1987.

［249］ Turner K. Negative Rebound and Disinvestment Effects in Response to an Improvement in Energy Efficiency in the UK Economy ［J］. Energy Economics，2009，31 （5）：648-666.

［250］ Van der Werf，Tzilivakis J，Lewis K，et al. Environmental Impacts of Farm Scenarios According to Five Assessment Methods ［J］. Agriculture，Ecosystems and Environment，2007 （118）：7-14.

［251］ Varga，A. Localised Knowledge Inputs and Innovation：The Role of Spatially Mediated Knowledge Spillovers in Hungary ［J］. Acta Oeconomica，2007，57 （1）：7-14.

［252］ Varga，A. University Research and Regional Innovation：A Spatial Econometric Analysis of

Academic Technology Transfers [M] . Dordrecht: Kluwer Academic Publishers , 1998.

[253] Varian, H. R. Microeconomic Analysis [M] . New York: Norton, 1992.

[254] Whalley, J. Trade Liberalization among Major World Trading Areas [M] . Cambridge, MA: MIT Press, 1985.

[255] Wilcox, R. R. Quantile Regression: A Simplified Approach to a Goodness – of – fit Test [J] . Journal of Data Science, 2008, 6 (4): 547-556.

[256] Yaşar, M. and Paul, C. J. M. Size and Foreign Ownership Effects on Productivity and Efficiency: An Analysis of Turkish Motor Vehicle and Parts Plant [J] . Review of Development Economics, 2009, 13 (4): 576-591.

[257] Yu, K. and Jones, M. C. Local Linear Regression Quantile Estimation [J] . Journal of the American Statistical Association, 1998, 93 (441): 228-238.

[258] Yu, K. Smoothing Regression Quantile by Combining k – NN with Local Linear Fitting [J] . Statistica Sinica, 1999 (9): 759-771.

[259] Zimmermann, V. The Impact of Innovation on Employment in Small and Medium Enterprises with Different Growth Rates [J] . Journal of Economics and Statistics, 2009, 229 (2-3): 313-326.